知库

教育与语言

高校继续教育的发展与创新
南昌航空大学的实践探索

郭代习　王浩兰　著

九州出版社

JIUZHOUPRESS

图书在版编目（CIP）数据

高校继续教育的发展与创新：南昌航空大学的实践
探索 / 郭代习，王浩兰著 . -- 北京：九州出版社，
2024. 10. -- ISBN 978-7-5225-3401-5

Ⅰ . G72

中国国家版本馆 CIP 数据核字第 2024L22N10 号

高校继续教育的发展与创新：南昌航空大学的实践探索

作　　者	郭代习　王浩兰　著
责任编辑	关璐瑶
出版发行	九州出版社
地　　址	北京市西城区阜外大街甲 35 号（100037）
发行电话	（010）68992190/3/5/6
网　　址	www. jiuzhoupress.com
印　　刷	唐山才智印刷有限公司
开　　本	710 毫米 × 1000 毫米　16 开
印　　张	19
字　　数	309 千字
版　　次	2025 年 1 月第 1 版
印　　次	2025 年 1 月第 1 次印刷
书　　号	ISBN 978-7-5225-3401-5
定　　价	98.00 元

目 录

CONTENTS

序 篇

昌航继续教育综述

南昌航空大学（本书简称"昌航"）继续教育是南昌航空大学高等教育事业的重要组成部分，自1980年创办成人高等教育以来，经过44年的发展，现已形成包括成人高等函授教育、业余教育、网络教育、高等教育自学考试和非学历教育培训等多层次、多形式的继续教育办学体系，是南昌航空大学培养社会人才、服务社会建设的重要力量。据不完全统计，自1985年有成人高等教育学历毕业生以来，至2023年，36824名夜大、函授生顺利毕业。

南昌航空大学继续教育历史是全国许多普通高校继续教育历史的一个缩影。由于本课题以南昌航空大学的继续教育发展与创新作为个案研究，书中涉及诸多校史内容，因此有必要对以下相关历史做一个简单的脉络梳理。

一、南昌航空大学历史概述

南昌航空大学是一所以工为主，工、理、文、管、经、法、教、艺等学科协调发展的多科性大学，肇始于1952年创建的汉口航空工业学校。

（一）历经三个历史时期，开启三次伟大创业

1. 1952年3月至1978年3月，是学校的中专教育时期，也是第一次创业时期，经历了初创、稳定发展、调整提高、由中专向大学过渡等主要阶段。1952年3月，承载新中国航空工业梦想，汉口航空工业学校在抗美援朝的烽火中诞生。1954年8月学校迁至英雄城南昌。中专教育时期的26年，学校校企合作、产教融合，后期办技工班，取得了较大的成就，为航空工业培养了近万名中等专业技术人才。从1958年起，一直是部属重点学校，在全行业和当地有一定的影响，为学校升格为本科院校打下了坚实基础。

2. 1978年4月至1998年，是学校本科教育的开创和稳步发展时期，也是第二次创业时期。1978年4月，经国务院批准成立南昌航空工业学院，学校进入了本科人才培养新阶段。学校明确发展定位，努力探索"扬长补短、办出特色"的办学新思路，教学、学科、科研及生产、基本建设等各项事业得到全面快速发展。品德评等评语制度得到中央领导肯定批示，在全国引起较大反响。1982年、1990年先后获得学士、硕士学位授予权，1991年被授予"航空工业创建四十周年有重大贡献单位"，1998年一次性通过教育部本科教学工作合格评估。

3. 1999至今，是学校建设多科性教学研究型大学的坚定探索时期，也是第三次创业时期。1999年学校管理体制从中央下放到地方，2002年前湖新校区奠基并经多年建设投入使用，2007年经教育部批准由学院更名大学，各项事业实现跨越式发展。2008年在教育部本科教学工作水平评估中获得"优秀"，拥有17个硕士学位授权一级学科点，14个硕士专业学位授权点，拥有3个江西省一流学科，5个国防特色学科，为学校全面建成"工科优势突出、航空特色鲜明、服务贡献彰显"的高水平教学研究型大学夯实了牢固基础。

（二）数易校名，几拓校址

1952年，学校在湖北武汉以汉口航空工业专科学校名义创办，因生源等原因更名为汉口航空工业学校，1953年2月更名为武汉第六工业学校，同年9月更名为中南第一工业学校。1954年8月，在抗洪抢险中由汉口迁至南昌东郊第六区肖坊乡第二交通路以北地区（今上海路校区），从此扎根红土地。1955年9月更名为南昌工业学校，1956年2月更名为南昌航空工业学校，1960年2月—1965年8月试办南昌航空工业专科学校，仍保留中专部，两块牌子一套人马。1969年6月，学校被撤销，历经停学办厂、并厂、迁厂，1972年4月恢复南昌航空工业学校，1978年4月由中专直接升格为南昌航空工业学院。2006年，主体迁址南昌西郊前湖校区，实行一校两区运作。2007年3月16日更名为南昌航空大学。2016年，作为独立学院的科技学院在九江共青城市科教城正式启用。

（三）隶属关系变更频繁

汉口航空工业学校创办时，隶属重工业部航空工业局，1952年8月始隶属第二机械工业部第四局（航空工业局）。学校从1954年迁到南昌后，党的组织关系归中共南昌市委领导。1958年2月11日，根据第一届全国代表大会第五次会议决定，第一机械工业部、第二机械工业部和电机工业部合并成立第一机械工业部，学校隶属于第一机械工业部第四局（航空工业局）。1958年11月21日，第一机械工业部第四局来电通知，将学校下放给320厂领导。1960年2月20日，第一机械工业部决定将学校升格为南昌航空工业专科学校，并规定，学校升格后，隶属第一机械工业部第四局领导。1960年7月15日，第一机械工业部第四局再次将学校下放给320厂领导。党政组织关系于1960年10月15日由南昌市委转归320厂领导。1960年9月成立新第三机械工业部，1962年3月确定学校行政上仍归第三机械工业部第四管理总局领导，党组织关系仍归中共南昌市委领导。从此，学校的隶属关系才相对稳定下来。1982年5月，第三机械工业部改名为航空工业部，学校隶属于航空工业部。1988年4月，航空工业部与航天工业部合并成立航空航天工业部，学校隶属航空航天工业部。1993年3月22日，全国人大八届一次会议通过国务院机构改革方案，撤销航空航天工业部，分别组建中国航空工业总公司和中国航天工业总公司。1993年4月22日，国务院印发《国务院关于成立中国航空工业总公司的通知》，学校隶属于中国航空工业总公司。1999年3月，学校管理体制从中央下放到地方，实行中央和江西省共建、以江西省管理为主的管理体制，标志着学校的发展进入一个新的历史阶段。

二、南昌航空大学继续教育学院历史概述

南昌航空大学继续教育学院是南昌航空大学直属的统一管理和实施成人高等教育、职业教育技能培训、高等教育自学考试的管理型学院。学院下设综合办公室、学历教育服务办公室、非学历教育服务办公室、教学服务办公室4个科级机构，2023年内设国家级继续教育基地管理办公室作为业务机构。

继续教育学院源起1980年开办的电大教学班和夜大学，其机构历史沿革

和主要领导大致如下（详见附录一、附录二）：

1. 电大、夜大办公室。1980年9月，学校开办了电视大学无线电电子技术专业教学班。1980年12月28日，第三机械工业部以"三教〔1980〕①2220号"《关于南昌航空工业学院举办夜大学的批复》同意举办"南昌航空工业学院夜大学"，主管教学的副院长张桢兼任夜大学校长，学校教务处处长张功煊、人事处副处长吕全录兼任夜大学副校长。1984年2月，人事处处长蔡德舆兼任夜大学副校长。1985年9月10日，任命南昌航空工业学院副院长孔祥林兼任夜大学校长。起初，学校在人事处设电大、夜大办公室，与人事处培训科合署办公，两块牌子，一套人马。1981年10月16日，电大、夜大办公室划归教务处领导，1982年4月又重归人事处领导。

2. 夜大学（处级建制）。1986年1月13日，学校以"院办字（1986）第4号"《关于增设部分机构的通知》发文，成立夜大学（处级建制）。夜大学正式成为独立的机构，同日任命张功煊为夜大学副校长（正处级），1986年10月15日，任命甘登和为夜大学副校长（正处级，列张功煊之后）。1988年4月2日，任命张润生为夜大学副校长（副处级）。夜大学有了专职干部管理队伍。

3. 函授部。1987年2月2日，国家教育委员会以"（57）教高三字001号"下发《关于批准普通高等学校举办函授教育、夜大学的通知》，同意南昌航空工业学院举办函授本、专科。1987年2月24日，学校以"院教成字（1987）第022号"《关于机构设置的通知》发文，经学院研究决定，设立：学院函授部。函授部与夜大学两块牌子，一套班子。并设立：夜大学办公室（科级建制）。

4. 成人教育处。为适应学校成人教育事业发展，理顺成人教育的管理机构，1988年1月1日，学校以"院人字（1988）第8号"《关于理顺成人教育管理机构的通知》发文，决定成立成人教育处，原设置的夜大学、函授部办公室更名为成人教育处办公室（科级建制），成人教育处负责夜大学、函授部、干部专修科等成人教育的业务和日常管理工作。夜大学、函授部两块牌子仍保留，用于有关业务工作。1991年10月4日，任命甘登和为成人教育处

---

① 本书中〔〕（）〔〕使用不规范，保持文件历史原貌，不做修改，特此说明。

处长，张润生为成人教育处副处长。1992年7月14日，任命罗志华为成人教育处处长兼夜大学校长。

5. 成人高等教育学院。1994年1月29日，学校以"院人字（94）第14号"《关于成立"昌航机械工业总公司"筹备小组等机构的通知》发文，经党委研究决定：撤销成人教育处，成立南昌航空工业学院成人高等教育学院，承接成人教育处职责。1994年2月22日，任命罗志华为成人高等教育学院院长。1997年12月24日，南昌航空工业学院副院长刘高航兼任成人高等教育学院院长。之后，敖冬元、夏璇先后任院长。张润生、郑长林、刘九生、吴朝栋、徐传新等先后担任成人高等教育学院副院长。

6. 继续教育学院。[①]2007年3月21日，学校以"校人字〔2007〕23号"《关于成人高等教育学院更名的通知》发文，经学校五届107次党委会研究决定，成人高等教育学院更名为继续教育学院。4月6日在上海路校区校门口举行揭牌仪式。2007年5月10日，任命夏璇为继续教育学院院长，之后，钱振林、卢再鸣、上官飞、王浩兰先后担任院长。徐传新、谢友宝、郑初华、乐军等先后担任副院长，雷荣兴、冷福全先后任助理调研员。

7. 党组织。2000年3月撤销"机关（二）"党总支的成人教育学院党支部，成立成人教育学院直属党支部。吴朝栋、夏璇先后任书记。2003年9月撤销成人高等教育学院直属党支部，组建成人高等教育学院党总支部，夏璇、刘九生先后任书记。2007年4月成立继续教育学院党总支部，钱振林、杨志明、程波、上官飞先后任书记，徐传新、乐军先后担任副书记。2021年8月2日，以"党字〔2021〕22号"发文：成立中共南昌航空大学继续教育学院直属支部委员会；撤销中共南昌航空大学继续教育学院总支部委员会。上官飞、王浩兰、郭代习先后担任直属党支部书记。

继续教育学院在学校党委、行政领导下，在分管校领导直接领导下，依托学校工、理、文、管、经、法、教、艺等学科门类齐全和师资力量雄厚的优越条件办学，历经中等职业教育时期（1952.3—1978.3）、夜大学函授部起步时期（1978.4—1993）、成人高等教育学院时期（1994—2006）、继续教育

---

① 2024年8月26日，学校党委以党字〔2024〕45号《中共南昌航空大学委员会关于部分学院设置调整的通知》发文，继续教育学院更名为职业与继续教育学院，不再保留继续教育学院。

学院时期（2007—2023），筚路蓝缕，从无到有，发展至今具有高中起点专科、高中起点本科和专科起点本科三个层次，设置62个专业，其中高起本专业共计17个，专升本专业共计38个，高起专专业共计7个。高等教育自学考试主考本科专业2个，同等学力申请硕士学位专业11个。

　　继续教育学院历届领导班子认真贯彻落实国家教育事业发展规划，严格规范办学行为，严格教学过程管理，不断进行制度建设，努力提升经济效益和社会效益，推进学校继续教育事业转型发展，取得较大进步，获评江西省成人教育先进集体、江西省自考30年优秀主考学校和江西省高等教育自学考试主考院校、江西省自学考试本科（专升本）综合改革试点院校、全国示范学习服务中心试点建设单位、国家级专业技术人员继续教育基地、全国"优秀成人继续教育院校（培训机构）"、江西省退役军人创新创业培训承训机构、人社部数字技术工程师培育项目培训机构。

　　2023年12月，南昌航空大学制定发布了《南昌航空大学继续教育高质量发展实施方案》，高屋建瓴，指引学院昂首迈入继续教育高质量发展时期。我们坚信，在学校党委和行政的领导下，在分管校领导直接领导下，继续教育学院全体工作者一定踔厉奋发、开拓进取、善作善为，充分发挥学校航空类专业优势，以适应新时代对人才培养的需求，积极发展成人继续教育和职业教育，积极推进开放办学，服务行业、服务地方经济建设，为广大百姓提供终身学习服务，为航空工业事业、地方经济建设和社会发展作出更大贡献。

第一篇

01

中等职业教育时期（1952.3—1978.3）

南昌航空大学的成人教育发端于中专时期的职业教育。职业教育，是工匠的摇篮、技术技能人才成长的地方。职业教育，是指为了培养高素质技术技能人才，使受教育者具备从事某种职业或者实现职业发展所需要的职业道德、科学文化与专业知识、技术技能等职业综合素质和行动能力而实施的教育，包括职业学校教育和职业培训。1951年，重工业部航空工业局遵照周恩来总理"下决心自办航空院校"的指示，确定了"在抓生产的同时抓人才培养"的方针，也就是建厂同时建校，边生产边培训。这就是早期的产教融合、校企合作方针。在这一大背景下，1952年3月，南昌航空大学的前身汉口航空工业学校成立，而且是在一个航空工厂的基础上组建而成的，之后建立的校办工厂在行业内颇具实力。从1952年招收首届中专生，至1978年最后一届中专生毕业，学校办中专26年，招收学生11206人，毕业学生9947人。特别是在1973年至1978年间办两年制技工班，招收学生1574人，毕业学生1544人。[①]学校与企业联系紧密，深度融合，大部分毕业生在航空企事业单位工作，动手能力强、上手快、留得住、干得好，深受企业欢迎。此外，学校还举办师资培训班，开展职工教育，举办各类短期培训班，为学校升格大学和开办成人高等教育打下扎实基础。

---

① 南昌航空工业学院院史编委会办公室编：《南昌航空工业学院院史（1952—1985）》，南昌航空工业学院院史编委会办公室1988年1月内部编印，第293页。

第一章

中专时期的成人教育

我国的职业教育最早始于150多年前洋务派在福州创办的船政学堂。20世纪50年代，中国学习苏联模式，开始工业化进程。为了快速填补人才缺口，国家把重心放在培养周期短、人才实用性强的中等职业教育上。国民经济主管部门创办了一批中等专业技术学校，培养技术干部和管理干部。不过，从新中国成立到改革开放前期建立的一大批老中专技工学校作为国家计划经济的产物，仍然属于普通教育的一个分支，还不是现代意义上的职业教育。

1952年3月至1978年3月，是南昌航空大学的中专时期，在1960年至1965年曾经试办大专，1962年停止招生，至1965年2月共毕业两届学生292人。因此，1952年至1978年的26年，主体是办中等专业教育，服从国家航空工业发展大局，要求学生毕业后能担任航空工业制造厂的施工员、技术员和检验员等工作。[①] 学校以热加工工艺见长，一度"半工半读"。1973年至1978年间举办两年制技工班，还招收"厂来厂去"的电镀、焊接等专业的进修班，每年有一些班级到航空工厂和省内的部外工厂实行"开门办学"，加强了校企合作、产教融合。

一、建国初期我国成人教育概况

"成人"一词从不同角度来看，有不同的含义。"成人"在现代语境里有四种意思。一是从年龄角度来看，一个人从儿童长大成为法律意义上的公民，就可视为长大成人了；二是从心理角度来看，在父母心中孩子心理各方面，即认识、情感、意志、人格等都成熟了，有能力独自生活甚至可以养父母了，

---

① 孙一先:《南昌航空工业学院史》，航空工业出版社2002年9月版，第5页。

就可视为长大成人了；三是从生理或生物学角度看，身体各方面都已发展成熟的人，就可视为长大成人了；四是从社会学的角度看，一个人如果能够担任成人角色，如家庭角色、工作角色，担负成人义务，并拥有社会所给予的法律以及其他的各种权利，就可视为长大成人了。当然，不同的国家和地区，不同的历史条件，不同的文化传统和社会环境下，成人的年龄断界各不相同。我国有专家认为，成人可以定义为：已进入生理的成熟期，心理和情绪等已达到成熟状态，能扮演社会成人角色，参与全日制工作，履行公民、配偶、父母的权利和义务，享有法律上规定的各种权利、被所在社会承认的人。[①]

由于对"成人"含义的理解不同和国情等方面的差异，对什么是成人教育，至今还没有统一的看法和公认的定义。一般来说，成人教育即是对一切已经从事生产和工务劳动者开展的教育。1987年6月23日，国务院转发的国家教育委员会《关于改革和发展成人教育的决定》指出，"成人教育主要是对已经走上各种生产或工作岗位的从业人员进行的教育"，成人教育是我国教育的重要组成部分，在整个教育事业中，它与基础教育、职业技术教育、普通高等教育同等重要。[②]成人教育的目的体现着成人发展的需要，也集中体现着社会发展的要求，规定着成人教育工作的方向，而不同历史时期，成人的需要和社会需求是多样的，因此成人教育目的也呈现多样性的特点。

成人教育同整个教育一样，是一种社会现象，是人类社会发展到一定历史阶段的产物。作为一种教育制度，世界成人教育产生于17、18世纪资产阶级革命和资本主义产业革命发展的英国。为推动生产，完成从手工业生产向机器生产过渡的技术革命，出现了制度不够完备的针对成年人的教育与训练。19世纪70年代，英国正式确立成人教育制度，并制定法规给予财政支持。此后，随着产业革命发展，成人教育也推广到欧美。

中华民族历史文化源远流长，成人教育在3000年前就开始萌芽，唐宋以来，书院盛行不衰。但是我国现代意义上的成人教育出现得较晚。19世纪中叶，西方入侵中国，已经衰落的中华传统成人教育被动接受西方成人教育体

---

① 齐高岱、赵世平：《成人教育大辞典》，石油大学出版社2000年9月版，第1页。

② 交通部教育司交通普通高校成人教育协作组编：《高等学校成人教育文件选编》，大连海运学院出版社1994年3月版，第41页。

系，逐步演变成近现代教育体系的一个组成部分。19世纪50至60年代，轰轰烈烈的太平天国运动试图推翻清朝封建政府，改革封建文化教育体系，推行新的教育制度，把教育分为儿童教育、妇女教育、士兵教育和群众教育，其中的妇女教育、士兵教育和群众教育属于成人教育。但由于战火连绵，该项教育制度并未很好地推行。19世纪末，出现了为成年人举办的通学所、宣讲所、学塾、讲堂、夜校等，这是我国成人教育的实践开端。1904年1月13日，在各方压力之下，清政府被迫改革，推行"新政"，颁布《奏定学堂章程》（癸卯学制），将"实业补习普通学堂"三年制列入《癸卯学制系统图》，与"四年高等小学堂"并行，[①] 这是我国历史上第一次确立成人教育的学制地位。1905年12月6日，清政府建立中央教育行政机构——学部，下设实业司，由实业教务科掌管农、工、商三类学堂，实业补习普通学堂，艺徒学堂等。从此，中国成人教育正式诞生。

成人教育在民国时期有所发展，工人教育、农民教育、乡村教育、妇女教育等大量的成人教育形式相继出现。当时的成人教育一般称为"社会教育"或"民众教育"。这一时期，成人教育的发展培育出成人教育思想与实践特色。"平民教育之父"晏阳初，乡村教育大家梁漱溟，民众教育家孟宪成、俞庆棠等等，都是成人教育中享誉中外的教育大家。但是，整个民国时期，内忧外患，民不聊生，成人教育很少取得实质性成果。

中华人民共和国成立后，成人教育作为社会主义教育事业的重要组成部分，随着整个经济社会和教育事业的创立和发展而兴起，取得了辉煌的历史成就。1949年，我国的文盲人数占总人口的80%以上，学校在校生人数只占总人口的5%。为了恢复和发展经济生产并使劳动人民在政治、经济、文化上彻底翻身，文盲和半文盲大量存在的历史包袱，必须得到逐步解决。为此，党和政府明确地把发展成人教育作为建国初期的重要国策。

1949年10月颁布的《中国人民政治协商会议共同纲领》规定："中华人民共和国的文化教育为新民主主义的，即民族的、科学的、大众的文化教育"，"有计划有步骤地实行普及教育，加强中等教育和高等教育，注重技术教育，

---

① 舒新城：《中国近代教育史资料》上册，人民教育出版社1961年10月版，第179页。

加强劳动者的业余教育和在职干部教育，给青年知识分子和旧知识分子以革命的政治教育，以应革命工作和国家建设工作的广泛需要"。[①] 这一方针确定了建国初期的文化教育总方针，也为成人教育的产生和发展提供了重要政策依据。这样，建国伊始，成人教育就被纳入国家大法，取得了有力的保障和重要的地位。根据《共同纲领》的文教政策，1949年12月5日，教育部颁布了《关于开展今年冬学工作的指示》，提出了以解放区的农村冬学运动形式，在广大农村开展冬学教育。冬学教育包括以"爱祖国、爱人民、爱劳动、爱科学、爱护公共财产"为主要内容的政治教育，也包括以识字扫盲为主要内容的文化教育。"在冬学中有计划地建立识字组读报组等类经常的组织，并选择条件较好的冬学有准备地在冬学结束以后转变为经常的农民半日学校，农民夜校或小学。"[②] 冬学的教师问题由各级政府组织落实。冬学教育的开展，为我国成人教育的开展创造了成功的经验。

1949年12月23日至31日，第一次全国教育工作会议召开。会议提出教育必须为国家建设服务，学校必须为工农开门的总方针，提出了要重视革命干部教育、工农教育、扫盲教育，要普遍创办工农速成中学，大量兴办工人业余补习教育，争取从1951年开始，进行全国规模的识字运动。1950年，政务院、教育部发布了《关于开展职工业余教育的指示》《关于举办工农速成中学和工农干部文化补习学校的指示》《各级职工业余教育委员会条例》《关于开展农民业余教育的指示》。同年9月，召开了第一次全国工农教育会议，教育部部长马叙伦在会上指出：工农教育在目前的基本任务就是"开展识字运动，逐步减少文盲"。[③] 会议把工农教育的方针、任务、制度、教学计划、师资、经费、领导关系等问题都用法令、条例的形式明文规定下来。在建国之初的3年多时间里，工农干部教育和广大工农的扫盲教育等成人教育开始如火如荼地开展起来。到1960年底，全国自上而下建立起职工教育管理机构，企业、工厂、全日制学校和有关团体大力推进职工的扫盲、初等、中等、高等

① 中南军政委员会教育部：《高等教育文件及参考资料》，中南军政委员会教育部1950年9月编印，第1页。

② 何东昌：《中华人民共和国重要教育文献》，海南出版社1998年9月版，第3页。

③ 臧永昌：《中国职工教育史稿（1915—1983）》，辽宁人民出版社1985年12月版，第245页。

教育，全国职工教育体系初步形成。"文化大革命"时期建立起以思想政治改造为主线的职工教育政策，原有的文化技术教育基本处于停滞状态。

中华人民共和国建立后，百废待兴，国家加快了工业化进程，对各种技术人才的需求急剧增长。为了尽快培养人才，满足经济建设的要求，国家制订"一五"计划，从苏联引进中等技术学校教育和技工学校教育的模式，建立起以中专（3—4年学制，培养中等专业技术干部）和技校（3年左右学制，培养中等技术操作工人）等中等专业学校为主体的职教体系。于是，从20世纪50年代开始，中专和技校发展迅猛。国家实行统分统配制度，学生毕业后，根据计划安排被直接分配到相应的工厂。同时，为了适应工业大发展的需要，国家通过各种途径鼓励半工半读的学校教育制度和半工半读的工厂劳动制度，即学校的学生进入工厂实践，工厂工人进入学校学习的两种劳动制度和两种教育制度。通过"工学结合"，不仅为在校学生提供了很多实践机会，也为工厂培养了大量专业技术人才。

在这样的背景下，南昌航空大学的前身——汉口航空工业学校诞生了，职业教育和成人教育从1952年创校开始就应运而生。

二、昌航创校初期的教师培训

新中国成立甫始，尽管百业待兴，但随着1950年抗美援朝战争的爆发，党中央果断作出在"一五"计划期间优先发展航空工业的战略部署。重工业部航空工业局遵照周恩来总理"下决心自办航空院校"的指示，确定了"在抓生产的同时抓人才培养"的方针，也就是建厂同时建校，边生产边培训。这就是早期的产教融合、校企合作方针。

1951年9月17日至22日，航空工业局在沈阳召开了第一次航空工厂厂长会议，确定立即兴办航空教育，决定创建南京、北京、哈尔滨和汉口4所航空工业专科学校。12月，航空工业局决定将武汉311厂改建为汉口航空工业专科学校，并派干部到311厂负责学校筹建工作。但因生源、师资等问题，将汉口航空工业专科学校改为汉口航空工业学校。

1952年3月15日，学校正式启用"汉口航空工业学校"印章。当时学校的筹建工作十分艰苦，办学条件很差，最大的困难是师资队伍严重短缺。武汉311厂改建为学校时，工程技术人员只有15人，即使把这15个知识分子摇身一变全部转为教师，也远远不能满足教学任务的需要。由于师资缺乏，第一届学生入校后，政治课无专职教师，上课采取做报告形式，由领导干部与政治辅导员轮流讲课。体育课无专业老师（直至1953年才调来一位体育老师），由学生会和各班学生自行组织文体活动。12个学生班只有一位语文教师，第一学期的语文课不得不安排几位学理工但文学基础较好的教师担任。由于师资短缺，1952年11月，航空工业局发文通知，明确规定：校长、副校长都需要兼课，每周最多四小时，至少两小时；政治辅导处主任、副主任兼课4—6小时；教务主任、副主任兼课6—8小时；专科主任、副主任任课6—12小时；班主任任课8—12小时；专任教师任课12—18小时。

通过中央和各地区、各部门的大力支持，从全国各地调集教师来校任教。开学前的1952年4月，学校仅有教师29人，到1954年，学校有教职工325人，其中教师107人，但是教师中有教授衔的只有1人，副教授衔的也只有1人，大学本科生70人，专科毕业生23人，高校毕业生只占86.9%。而且这些创建学校的教职工没有办中等学校的管理经验，教师中的绝大多数没有中等专业教育的教学经验。因此，对新办学校教职工的教育培训工作成为当务之急。

建校初的1952年3月，学校设立了校长办公室、保密室、政治辅导处、教务处、总务处、基建科，并没有设立专门的培训机构，教师的继续教育由教务处组织实施。不久教务处与政治辅导处合并成了教导处。

对教师的培训，主要通过三种途径：一是加强政治学习，二是加强业务培训，三是有计划地组织教师去航空工厂实习以及到外校学习、进修。1952年6月开始，学校结合政治理论学习，组织业务学习，其内容根据各部门工作的需要制定。另外，教务部门开始组织教师和教务处的有关工作人员学习新的教学法，主要是学习苏联的教学方法，内容包括教育方针、教学要求、综合授课法、五级分制、课堂辅导制度等。

向苏联学习，建设社会主义新中国，是新中国成立初期党和政府外交政策的基本方针。当时，全国各大、中专院校都在按照苏联模式进行院系调整和专业设置改革，建立新的教育体制。与此同时，开始了学习苏联教育经验，进行一系列的教学改革。

1952年5月初，航空工业局召开第二次教育工作会议，根据中央指示精神，会议决定宣布给各校聘请苏联专家指导办学，要求各校认真向苏联专家学习。同年9月，8位苏联专家分别到航空工业局和北京、哈尔滨、沈阳3所航校工作。1953年教育部提出进行以学习苏联先进经验为中心的教学改革。1954年5月初，苏联专家杜纳也夫来汉航指导工作，就教学方法和学习内容等问题提出了意见。

学校在1953—1954年教学工作报告指出，在教学改革中，必须坚持向苏联学习，而向苏联学习又必须"创造物质条件，尽量汇集资料，组织教员突击俄文"。[①] 为了使教师掌握向苏联学习的工具，学校从1952年暑期开始至1954年暑期，先后举办三届俄文业务学习班，五次俄文速成班，速成班集中时间学习两周，学习期间完全停止工作。培训工作取得一定成绩，约有30%的教师可以借助字典阅读俄文资料。[②]1954年12月至1955年1月期间，国家聘请的3位专家相继来学校工作，他们分别是铸造专业苏联专家列·菲·斯波鲁焦尼、表面处理专业专家帕·安·吉林、焊接专业专家列·恩·库德列绍夫。1954年12月至1956年11月，苏联专家来校工作的近两年当中，对学校专业建设、教材编写、教学工作的组织与管理等方面都给予热心指导，为学校工作提供了一整套经验。

到航空工厂参观学习是教师培训很重要的一项内容，但是，还有一部分教师由于各种原因按当时的规定不能去航空工厂参观学习或带学生下厂学习，极大地影响了他们的思想情绪与工作积极性。1953年5月，为了充分发挥教师在教学中的主导作用，迅速提高教学质量，学校抓了两方面的工作，一是检查了执行知识分子政策的情况，二是开展了"尊师爱生"活动，把执行落实知识分子政策有机结合起来。学校党委贯彻党的知识分子政策，公开检查了对知识分子，特别是对1949年前大专院校毕业的知识分子存在的不正确做法和错误认识。注意从知识分子中发展党员，搞清一些教师存在的家庭、社会关系、个人历史等问题，使绝大多数教师能被批准去航空工厂参观学习，

① 《1953—1954年教学工作总结报告》，南昌航空大学档案馆电子档案，1954-永久-0001-003。

② 《1953—1954年教学工作总结报告》，南昌航空大学档案馆电子档案，1954-永久-0001-003。

放下思想"包袱"。1954年3月，根据第二机械部第四局《关于培养与提高专业师资工作的指示》精神，学校制定了师资培训计划，安排一部分专业教师去高等学校进修和去航空工厂实习。

三、首届学员的文化补课

汉口航校创校时，有一个非常特殊的情况，1952年入校的首届629名学生中有627名是从中国人民解放军和人民志愿军干部、战士中选拔，另外2名是从学校校办工厂中转入学习，他们文化程度普遍不高，也存在一个学前继续教育的问题。

从招收的首届学生学历来看，这600多名学员中有高中肄业的，大多数为初中毕业生，甚至有读到初中二年级尚未毕业的，[①] 文化程度参差不齐。从年龄来看，他们从部队转业而来，年龄大小不一，最小的只有十六七岁，最大的31岁，[②] 比刚毕业的教师还大。总体上来看，18—20岁者288名，21—25岁者311名，26—30岁者10名，[③] 他们之中很多人初中学过的数理化知识遗忘不少。据统计，"初中二年到初中毕业及相当此程度的358人，高中半年至一年半或相当程度的271人"。[④] 后者虽有此学历程度，但因离校太久，知识已很生疏，"实际上一般只等同于初中程度"。[⑤] 学生到校后，学校组织学生温习功课，之后举行了一次初中文化大测验，结果代数、几何、物理不及格的都在50%以上，其中平面几何不及格的达到77.3%。[⑥] 这样的生源质量，是很难适应中专时期的学习的，后来，由于种种原因，有个别学员无法继续求学而

---

① 夏立先、胡健：《深深的回忆，深切的怀念》，《峥嵘岁月》编写组：《峥嵘岁月》，江西科学技术出版社2022年9月版，第2页。

② 彭本善：《难忘的岁月——回忆建校初期的岁月片段》，夏立先主编：《岁月情深：昌航六秩回眸》，南昌航空大学校庆办公室2012年10月编印（内部版），第8页。

③ 《接收学生的总结报告》（1952年8月14日），南昌航空大学档案馆电子档案，1952-永久-0001-001。

④ 《一九五二年年终工作总结》，南昌航空大学档案馆电子档案，1952-永久-0001-006。

⑤ 《接收学生的总结报告》（1952年8月14日），南昌航空大学档案馆电子档案，1952-永久-0001-001。

⑥ 《一九五二年年终工作总结》，南昌航空大学档案馆电子档案，1952-永久-0001-006。

返回部队，或转学医药学校，或提前退伍，分配工作。[1]

鉴于学生的基本情况，学校在开学前的7—9月，为学生进行了3个月的"文化补课"，集中补习初中数学、物理、化学3门课程。文化补课原拟定了一个两月计划，在7月14日前每周补18小时，其中物理8小时，代数6小时，几何4小时。7月校长会议后，决定延长一个月。因天气关系，每周补课时间有所缩短，但整体内容较之前增加了。

首届学生是由军区部队抽调的知识分子，多是1950年、1951年参加军干校的青年学生，极少数人参加过解放战争，部分人参加过抗美援朝，有的是部队的文化教员、宣传队员，有的立过功、受过奖，都经过部队1—2年的锻炼，大都具有刻苦耐劳的精神，因此学习热情很高，也很勤奋。

新分配来的教师从祖国的四面八方汇集而来，立即着手给学生补课，不分白天黑夜。武汉的夏天异常炎热，首届学生分成12个班，每班大约50人，在简陋的教室里勤奋苦读。那时教室里没有电风扇，上课热了扇扇子。天热时晚上拉着电灯到操场补课，蚊蝇飞蛾肆意侵扰。但是，老师们不辞辛劳，诲人不倦；同学们如饥似渴，刻苦攻读。

绝大部分学员从头至尾参加了补课，有50多人到校较晚，只补习了两个月，但最后也赶上了进度。在补课中，教师们比较普遍地采取了苏联先进的教学方法，补课同时，对师生加强了思想政治教育，教师认真地教，学生勤奋地学，使补课基本上达到了要求。在补课的后一阶段，曾进行了新教学法的总结，在总结中，学生普遍反映数学、物理的学习能力大大提高，"学到了过去两三年学不到的东西"。根据最后一次测验的结果，物理成绩按照五分制，得4分、5分的占78.6%，代数占54.4%，平面几何占53.3%，2分以下的不到10%。[2] 就是在这样的情况下，完成了"文化补课"的壮举。通过文化补课，教师在业务上、教学思想和教学方法上为正式开课打下基础，学生也为转入正规学习打下了较好的文化基础。

1952年10月9日，在完成"补课"任务后，学校举行了庄严的第一届学

---

[1]　夏立先、胡健：《深深的回忆，深切的怀念》，《峥嵘岁月》编写组：《峥嵘岁月》，江西科学技术出版社2022年9月版，第2页。

[2]　《一九五二年年终工作总结》，南昌航空大学档案馆电子档案，1952–永久–0001–006。

生开学典礼，开始了中专时期的学习。1954年8月，学校从汉口迁到南昌东郊第六区肖坊乡第二交通路以北地区（今上海路校区），开始了创建新校的艰难历程，之后，学校更名为南昌航空工业学校，开启了全面探索以中专为主体的办学道路。

四、职工业余文化教育

1952年9月6日，全国总工会发出《关于在工人群众中推行速成识字法开展扫除文盲运动的指示》。根据全国总工会扫除文盲的指示，学校进行了布置，职工业余教育在1952年创校时正式开始。从1953年2月开设速成识字班，至1954年止，扫除文盲半文盲72人，在当时的情况下，基本完成扫除本校文盲的任务。[①]1955年，国家对职工教育做了必要的调整，一是以业余学习为主，二是建立规范性的业余教育制度，以保证学习质量。1955年12月，当时的高等教育部和教育部，根据年初全国总工会联合召开的全国职工业余教育会议的精神和要求，又与全国总工会联合召开了全国职工业余教育会议，提出大力开展从小学到大学的正规职工业余教育。1955年，学校正式成立业余文化学习班，1956年9月全部交由学校行政领导。

1956年3月29日，中共中央、国务院向全国发布了《关于扫除文盲的决定》。《决定》指出："在全国范围内积极地有计划有步骤地扫除文盲，使广大劳动人民摆脱文盲状态，具有现代的文化，这是我国文化上的一个大革命，也是国家进行社会主义建设中的一项极为重大的政治任务。"[②]

1956年1月6日至9日，航空工业局召开局属专科和中等专业学校校长会议，主要研究如何充分挖掘学校培养人才的潜力，以适应航空工业加速发展的需要。会议决定：自1956年起，北京、哈尔滨、沈阳、南昌4所老航校实行"二部制"，实行春、秋两季招生，培训任务按原指标扩大1倍。学校迎来了大发展和大调整时期，1960年至1965年期间试办专科，师资队伍、管理队伍也相应扩大。学校通过多年的建设，成功建设了在国内同类学校有较大影

---

① 《南昌航空工业学校职工业余文化教育七年规划》，南昌航空大学档案馆电子档案，1956–永久–0003–007。

② 何东昌：《中华人民共和国重要教育文献》，海南出版社1998年9月版，第595页。

响力的校办工厂，为学生实习、实训提供了一个扎实的平台，同时职工队伍也扩大不少。1953年，学校教职工人数为315人，1954年学校教职工人数为325人，1955年学校教职工人数为403人，1956年学校教职工人数为544人，1957年学校教职工人数为582人，比1953年增长85%。职工队伍的扩大，又带来了文化程度偏低的现象。根据1956年第二季度的统计，学校有文盲3人，初小程度52人，高小程度50人，初中程度88人。

1956年7月18日，学校根据中央和第二机械工业部1956年4月30日"（56）机二密教在字第62号"通知精神，提出《上报职工业余文化教育七年规划的报告》，提出"职工业余文化教育七年规划"，计划在1956年至1962年7年间将高小程度50人和初中程度88人，共计138名小学和不到初中毕业水平的职工，全部提高到初中毕业水平，并能领取南昌市文教局正式颁发的证书。其余部分及文盲（包括1958年以前新参加工作的职工）90%提高到高小毕业程度，并经南昌市文教局考试合格颁发小学毕业证书。另外10%部分提高到初小或高小程度。业余文化学习班全部由学校行政领导，设专人负责学习班教务工作，教师则由学校教师兼任，给予津贴。教学计划、教学大纲及教材均根据南昌市文教局及第二机械工业部的规定进行。小学每周6教学小时，初中每周8教学小时，高中、专业每周12教学小时。[①]

同时，学校还做了《业余文化学习班两年规划》，利用职工子弟学校校舍及设备，并适当使用学校地方。目标是配合7年规划，向科学进军，全面地提高职工文化水平，在原有的基础上开办班次相互衔接的学习班，使得不同程度的职工能按程度分别就学。学校行政负责领导业余学习班，设专职干部1人，脱产负责学习班事宜。每班设班主任1人，聘请兼任教师担任。授课教师则全部聘请学校教师兼任，以每一教师负责一班中的一门课为原则。学校工会协助组织、动员和宣传等。按南昌市文教局的规定开课，教学计划亦按南昌市文教局规定执行。专业班按第二机械工业部颁发的教学计划开课。小学每星期一、三、五晚上2教学小时，共计每周6小时。初中每星期一、三、

---

① 《南昌航空工业学校职工业余文化教育七年规划》，南昌航空大学档案馆电子档案，1956–永久–0003–007。

四、五晚上2教学小时，共计每周8小时。专业、高中每星期上课12小时。[①]

五、迁校南昌后的培训工作

（一）岗位、职业培训

1954年8月，学校从汉口迁至南昌。随着隶属关系的不断变动，学校内部的组织机构也随之不断变化。除了教务处负责培养学生，1955年9月，学校通知更改校内一些组织机构的名称，设立了人事科，负责教师和职工培训工作。

学校积极推进校企合作。1956年2月4日，学校报告第二机械工业部第四局，提出"对厂校联系的意见"，在借阅资料、实习指导、实际操作、实习场地等方面，积极主动争取"工厂一切可能的与最大的帮助"。[②]为加强厂校之间的联系，加强理论和实际的结合，1956年2月28日，学校与国营320厂签订《关于加强厂、校联系的决定（草案）》，双方协商决定：由昌航指定一定数量的教师，经厂校共同审查报第四局批准后，由工厂发给正式出入证，在批准时间内可以经常持证到工厂有关车间和科室参观学习；工厂尽可能经常供给学校生产上的先进经验和新的成就，以充实教学内容；建立双方专家工作交流机制；双方在图书资料交换、仪器设备工具使用等方面互相给予协助与方便；安排好师生实习环节；学校帮助工厂办好业余中等专业学校等。[③]通过校企合作，进一步协调了机制，加强了产教融合。

学校积极承担部分校外培训任务。1960年2月，遵照第一机械工业部第四局通知，学校举办热加工专业干部班。2月份开学，修业期一年半。由部属各厂选送技术室主任、总工长等干部参加，入学的学员共24人。1960年9月，根据第一机械工业部第四局指示，学校举办数学师资训练班，从中专二年级学生中抽调49人进行培训，修业期为一年。1965年3月31日，根据第三机械工业部关于在中专试办干部班的指示，学校招收了在职学员56名，学习年限

---

① 《南昌航空工业学校业余文化学习班两年规划》，南昌航空大学档案馆电子档案，1956–永久–0003–007。

② 《对厂校联系的意见》，南昌航空大学档案馆电子档案，1956–永久–0003–001。

③ 《关于加强厂、校联系的决定（草案）》，南昌航空大学档案馆电子档案，1956–永久–0003–002。

为两年。试办干部班的目的是适应航空工业生产建设发展的需要，有步骤地改革目前各类基层干部的培养制度，逐步地建立起一条从基层工人群众中培养生长干部的线路。干部班分基层干部班和技术干部班两种。昌航试办基层干部班。基层干部班主要吸收航空工业系统具有初中以上文化程度、5年工龄以上、年龄一般在30岁以下的优秀工人和基层干部，为企业培养基层和中层的生产领导干部。学员经过两年学习，达到中专程度的水平，并具有一定的生产管理知识。[①]1965年5月13日，由三、四、五、六、七机部联合委托昌航举办的"电镀工艺及镀层质量检验短期训练班"开学。学习40多天，6月25日结束。短期训练班办得很成功，得到上级表扬。三、四、五、六、七机部短技班联合办公室在总结中写道："南昌航校自一月份接到计划任务之后，立即以教务副校长为领导，召集了15专科、教务、总务等单位的领导干部会议，多次研究与统一安排了'电镀工艺'班工作，积极进行了讲义编写及其他筹备工作，从而保证了提前半个月开班。"[②]1966年2月14日至3月27日，根据第三机械工业部的通知，学校举办防锈技术训练班，由部属48个单位的防锈技术人员参加。"文化大革命"开始之后不久，学校停办，培训工作全部停止。

1973年2月学校恢复办学后，还举办了一些短期培训班。1973年7月，学校开办电镀短训班，专业范围主要是电镀与金属氧化工艺，从江西、陕西、贵州3省航空系统单位内招学员50人，培训1年，"胜利完成了任务"。[③]1974年9月，又举办第二届电镀工人短训班。1976年2月13日，第三机械工业部发出《关于认真做好几个短训班筹备工作的通知》，通知学校举办4个短训班：英语短训班，由部628所委托举办，约30人，修业期为2月20日至7月15日；电镀工人短训班，由南昌市委托举办，约30人，修业期为3月1日至5月1日；液压短训班，由中南地区机动设备协作组委托举办，约50人，修业期为3个

---

① 《关于在部属中专校试办干部班的通知》，南昌航空大学档案馆电子档案，1965–长期–0024–008。

② 《一九六五年上半年三、四、五、六、七机部联合举办短技班工作总结》，南昌航空大学档案馆电子档案，1965–长期–0024–009。

③ 《关于一九七三年招收电镀短训班学员工作小结》，南昌航空大学档案馆电子档案，1973–永久–0005–019。

月；金相短训班，由部科技局委托举办，约30人。[①]1977年4月1日，遵照第三机械工业部测试工作会议精神，由学校举办普及的金柏检验技术短训班，为期4个月，规模30人，培养对象为具有初中文化水平并从事金柏检验工作两年以上的青工。[②]1977年10月8日，遵照第三机械工业部指示，学校举办日语短训班，负责政治思想指导及教学组织工作，江西师范学院负责日语教学工作，学习期限三个半月，至1978年1月25日结业。[③]

学校大规模举办技工班。1973年2月，学校实现了办厂、并厂、迁厂后的正式复校，主要是办技工班，招收经过一定劳动锻炼，具有初中毕业文化程度，年龄16岁至22岁，政治思想好，身体健康的上山下乡及回乡知识青年，学制为2年，全部培养为技术工人，毕业后由第三机械工业部统一分配。设置车工、铣工、钳工、热处理、焊接5个工种。学生在校学习期间的待遇按当地省、市统一规定执行。1973年至1976年，学校共招收技工班学生1220人，培养毕业生973人。[④]1977年10月，第三机械工业部决定学校从1977年暑期停止招收技工班学生。这些技工班学生毕业到工厂后，表现较好。工厂认为他们绝大多数人"组织纪律性比较强，有一定业务能力，对工作热情肯干，生活艰苦朴素，与广大工人结合好，是学校给工厂输送的新鲜血液，是广大工人所欢迎的新型技术工人"。[⑤]

（二）教师培训

1956年起，学校实行"二部制"，春、秋两季招生，办学规模突增，师资短缺严重。学校按第二机械工业部第四局指示，留下了本校20多名1956届中专毕业生留校任教，并且大部分立即开课。学校认为，全校教师总的水平还

---

① 《关于认真做好几个短训班筹备工作的通知》，南昌航空大学档案馆电子档案，1976-永久-0007-003。

② 《关于举办金柏检验技术短训班的请示报告》，南昌航空大学档案馆电子档案，1977-永久-0005-001。

③ 《关于举办日语短训班的通知》，南昌航空大学档案馆电子档案，1977-永久-0005-015。

④ 南昌航空工业学院院史编委会办公室编：《南昌航空工业学院院史（1952—1985）》，南昌航空工业学院院史编委会办公室1987年9月内部编印，第87页。

⑤ 《一九七二年复校以来我校两届毕业生在厂表现情况的调查报告》，南昌航空大学档案馆电子档案，1976-永久-0007-015。

远远没有达到应有的水平，教师水平不够高。为提高师资水平，学校加大了教师培训进修力度，主要做法有：

一是在校内外建立了夜大、夜中专班和各种进修班、小组。1956年学校"很大一部分教师参加了夜学学习"。[①]有冶金学（10人）、矢量分析（12人）、物理（98人）、俄文（12人），以及焊接原理、工具制造工艺学、医务病理等各种进修小组。这些参加者都是专科毕业，教龄二三年，不及大学水平或为讲好课进修有关课程的新任课教师，他们自愿结合专业组织起来，并配有老教师任辅导员，多数小组都定期讲授和实验，组织讨论。业余大学参加者有33人，旁听一门课者8人，业余中等专业班参加者44人。参加夜大学的多为青年教师，参加夜中专班和夜高中班的都是机关在职干部。上述学校任课者都是本校教师。[②]1958年8月，为了提高师资水平，学校先后组织了金属学、物理、化学、电工学等业余训练班和锻造新工艺讲座。各训练班每周讲课两小时，学习期为一年。1961年的学校工作计划，强调大力培养师资，提高师资水平。1962年，学校制订了教师进修工作计划，开展了各种形式的进修活动，规定除结合教学实践进修者外，大专水平以下的教师选修专科课程；开办了高等数学、物理化学、金属物理等进修班、组。一年中有60多名青年教师分别选修了一至三门课程。学校还选送了21名教师分别去了一些高等学校进修。1963年，学校在调整人员时加强了教学第一线，大专以上毕业的教师人数从1962年占教师总数的52%上升到75.7%。在开课的164名教师中，大专以上毕业的教师128名，占78%。已有3年以上教龄的有134名，占81.7%，5年以上教龄的105名，占64%。绝大多数教师工作负责，备课认真，积极改进教学方法，耐心辅导，受到学生欢迎。

二是落实知识分子政策。1957年二三月间，根据中共南昌市委指示，学校党委检查了对知识分子政策贯彻情况，通过学习检查，党委在改善知识分子的工作条件、工作安排、生活待遇、建党、培养提高等方面采取了一系列

---

① 《为逐步减轻学生学习负担，进一步提高学生成绩而斗争》，南昌航空大学档案馆电子档案，1956-永久-0003-006。

② 《关于团结，教育，改造知识分子工作总结》，南昌航空大学档案馆电子档案，1961-永久-0003-003。

措施。学校做好知识分子的政治审查，对40名教师做了恰当的政治审查结论，解除了他们的政治"包袱"；对原来政审不合格，不能去航空工厂进修培训和指导学生实习的20名教师，经过审查做了结论，除了一名未批准之外，都可下厂。学校关心教师的进修提高，制定了教师培养提高的规划。为了改善教师在校内进修的环境，设置了两个教师进修室。由于党委认真贯彻了党的知识分子政策，切实为知识分子解决了一些工作和生活上的实际问题，因此，广大知识分子的积极性进一步高涨。

三是进一步加强和稳定校办工厂实习指导教师队伍。除加强政治学习，以不断提高实习指导教师的政治素质外，还通过教学准备、编写实习讲义、教学检查、集体备课、公开课教学以及组织必要的技术技能的实际操作等措施，提高实习指导教师的业务水平，以保证实习教学的质量。

通过学校的各项培训工作，师资队伍建设进一步充实提高。1952年，学校仅有教职工222名，其中教师54名，至1965年有教职工675名，其中教师196名。教师学历结构也有大的改善。比如1962年221名教师中，大专以上文化水平的有127名。1963年，学校在调整人员时加强了教学第一线，大专以上毕业的教师人数从1962年占教师总数的52%上升到75.7%，在同类学校中位于前列。学校的人员编制基本上符合部、局规定。1962年，第三机械工业部规定教职工与学生之比为1：6，教师与学生之比为1：12。实际上，从1961年至1966年，部属航校教职工与学生之比平均为1：2.5，教师与学生之比平均为1：8.8，而南昌航空工业学校从1952年至1966年的15年间，教职工与学生之比平均为1：5，教师与学生之比平均为1：12，这在同类学校中不多见。

1966年5月开始，"文化大革命"的暴风骤雨席卷全国，南昌航空工业学校职工教育、岗位培训全部停顿。1972年4月第三机械工业部恢复南昌航空工业学校，举办技工班。教师队伍和职工队伍重新集结，重新培养，重新培训。通过努力，1973年，学校有教职工1 098人，其中教师127人。

"文化大革命"结束后，航空工业进入一个新的发展时期，面临的主要问题是航空工业与世界先进水平的差距越来越大，后继乏人。为解决高级工程技术人员和管理人员不足问题，第三机械工业部决定将一批条件较好的中等专业学校改建为航空高等院校。

1978年4月1日，经国务院批复，恢复和增设55所高等院校，其中南昌航空工业学校改建为南昌航空工业学院，学校从此步入大学时期，成人教育也开始向成人高等教育迈进。

第二篇

02

夜大学、函授部起步时期
（1978.4—1993）

1978年4月1日，国务院批准教育部的报告，决定增设南昌航空工业学院，以南昌航空工业学校为基础改建。从此，昌航进入本科教育时期，各项事业快速发展，到1993年，已经形成了以全日制本科教育为主体的多层次（研究生、本科生、专科生）、多形式（全日制、夜大学、函授和干部专修班）办学的教育体系。学校的成人高等教育和成人继续教育事业相继开创和初步发展。

　　自改革开放以来，高等教育迎来了大发展时期。为了满足广大的社会需求，我国实行了多层次的高等教育，包括普通高等教育、成人高等教育、高等教育自学考试、广播电视大学和现代远程教育等部分。

　　昌航成人高等学历教育始于1980年9月开办的电视大学无线电电子技术专业教学班。之后，不断增加办学形式。1980年12月28日，第三机械工业部同意举办"南昌航空工业学院夜大学"，1981年只是面向航空系统内部招生，1983年开始面向社会招生。1983年开始举办了干部专修班。经航空工业部教育司审定，1987年2月2日，被国家教委列入第六次批准的普通高等学校举办函授教育名单，从1987年9月起，首次举办了高等函授专科教学班，并分别在上海、武汉、杭州、成都、郑州等地设立函授站。

　　1978年4月—1993年，是昌航成人高等教育起步时期，也可以称为"夜大学、函授部起步时期"，或者称为"夜大学为主时期"，主要办夜大学。在成人高等教育的初步办学过程中，十多年来，昌航成人高等教育从无到有，有一定的发展，在学历层次上，以专科教育为主，本科其次。在办学指导思想上，注意把办学的社会效益，即为国家培养符合规格要求的建设人才放在首位。在办学规模上，既根据社会对人才的需要，又考虑学校教学师资、设施条件的承受能力，因而在专业设置、招生规模方面均有所控制。至1990年

6月，成人高等教育在籍（含在校）学生566人，教学班23个。其中成人高等学历教育学生数占普通高等教育学生数的30%左右。[①] 据不完全统计，从1985年首届夜大学员毕业至1993年，夜大、函授生有945人顺利毕业。另外，接受劳动部、民航总局等部门委托，举办"专业证书"教学班两期，135人领取了专业证书。成人高等教育已成为昌航的基本任务之一，成为高等教育的重要组成部分。通过举办成人高等教育，发挥了昌航的办学潜力，加强了昌航与社会的联系。

---

① 《关于我院成人高等教育治理整顿情况的报告》，南昌航空大学档案馆电子档案，1990-永久-0026-013。

第二章

成人高等教育的开创

1980年9月，学校开办了电视大学无线电电子技术专业教学班，开启了成人高等教育的征程。1980年12月28日，第三机械工业部以"三教〔1980〕2220号"《关于南昌航空工业学院举办夜大学的批复》同意学校举办夜大学的请示，夜大学名称为"南昌航空工业学院夜大学"，标志着学校独立举办成人高等教育的开始。

一、广播电视大学教学班的开办

（一）全国广播电视大学的恢复和初步发展

随着国家拨乱反正和改革开放的推进，科技与教育受到全党和全社会的高度重视，第六个五年计划期间（1981—1985年），社会主义现代化建设在新形势下全面展开，成人教育也得到恢复和初步发展，其中广播电视大学的恢复和发展尤为迅猛。

广播电视大学属于我国高等教育五个主要层次之一。一般来说，广播电视大学并不是指某一所具体的高等院校。依据国家教育委员会1988年5月16日发布的《广播电视大学暂行规定》，广播电视大学是采用广播、电视、印刷和视听教材等媒体进行远距离教学的开放性高等学校，是在教学上实行统筹规划、分级办学、分级管理的远距离教育系统。广播电视大学的主要任务是举办以高等专科为主的学历教育，同时，为高等教育自学考试及社会各界的职业技术教育、岗位培训、专业培训、继续教育提供教学服务。[1]

---

[1] 齐高岱、赵世平：《成人教育大辞典》，石油大学出版社2000年9月版，第570页。

广播电视大学最早出现于20世纪20年代。随着无线电广播技术的出现和应用发展，逐渐被高等教育所青睐。1922年，作为工业革命最早爆发的英国率先利用广播技术开展了高等教育。随着电视技术的出现和应用发展，美国最先将电视技术应用于教育。随之，世界各国争相应用，促进了20世纪70年代广播电视大学的蓬勃发展。1960年3月8日，我国创办了第一所利用电视进行教学的北京电视大学，吴晗任校长。电视大学的招生对象是具有高中或相当于高中文化的在职人员，学制为四年或五年。培养目标是使学员基本掌握综合大学的基础理论，为其专业提高打下基础。北京电视大学从创办到1966年停办，六年共培养出全科毕业生8000多名，单科结业生50000多人次，显示了它的作用。继北京电大创立之后，上海、沈阳、长春、哈尔滨、广州等城市也建立了电视大学，吉林省和重庆市等地成立了业余广播大学，成人教育的远距离教育又有了新发展。"文化大革命"期间，电视大学基本停办。

"文化大革命"结束后，在邓小平教育思想指导下，全国成人教育得到迅速恢复。1978年底开始由职工教育向扫盲教育和广播电视高等教育方面展开。在邓小平亲自批示下，1978年2月6日，中共中央批准教育部、中央广播事业局《关于筹建电视大学的报告》，《报告》提出由教育部和中央广播事业局在北京电视大学的基础上联合创办中央广播电视大学。这所学校面向全国，为业余性质，学员学完全部课程能达到相当于大学毕业水平。

1978年11月26日至12月3日，教育部和中央广播事业局在北京联合召开全国广播电视大学工作会议，指出了开办电视大学的指导思想和重要意义。会议指出，加速培养大量又红又专的人才，是一项极为迫切的任务，必须采取多种形式、多种途径发展高等教育事业，以适应社会主义现代化建设的需要。广播电视大学的特点是采用现代化的教学手段，进行远距离教学。电视教学节目便于收看，对象广泛。可以挑选高水平的教师授课，采用形象化的教学方法进行教学，较易被接受。我们国家地广人多，师资缺乏，要求学习的人数众多，利用广播电视进行教学，有着广阔的前景，具有很强的生命力。会议制定了《中央广播电视大学试行方案》，明确中央广播电视大学以电视和广播为主，并准备增加函授教学手段，成绩考核采取学分制，国家承认毕业生的学历相当于高等学校专科毕业，但不解决学生的工作与分配问题。中央广播电视大学在业务上与省、市广播电视大学建立联系。1979年1月11日，国务院批转了这次会议的报告纪要，要求各省、市、自治区，国务院各部委大力支持广播电视大学的筹办工作，切实解决工作中的问题，注意总结经验，努力把广播电视大学办好。①

1979年2月，中央广播电视大学正式开学，其他28个省、自治区、直辖市的广播电视大学也相继开办。全国广播电视大学开学后，配备有专、兼职教师两万余人，形成了1949年以来空前未有的广播电视大学的规模。根据电大学生比较分散等特点，为确保广播电视大学有稳定的正常的教学秩序，不断提高教学质量，1980年11月20日，教育部发布了《广播电视大学学生学籍管理暂行规定》。

（二）成功举办两期电视大学教学班

1979年1月，经江西省人民政府批准，江西广播电视大学正式成立，当年进行了首次招生。1979年2月1日，第三机械工业部转发《国务院批转教育部、中央广播事业局关于全国广播电视大学工作会议的报告》的通知，指出广播电视大学是我国高等教育事业发展中的新事物，对于加速培养人才，提高广大职工的科学文化水平，将有重大作用。目前，许多单位已举办了广播电视大学的全科班或单科班，如四二〇厂、一三二厂、一六二厂、一六一厂、四院的七二一大学，还结合广播电视大学的课程，办起了电视教学班。希望各单位根据自己的实际情况，实事求是，积极认真地开展这方面的工作，在工作中有什么经验和问题，请随时报部。②隶属于第三机械工业部的昌航，立即开展了举办电视大学教学班的工作。

1980年学校在人事处下设广播电视大学办公室，开始在教职工中招收学生。1980年9月，学校开办了电视大学无线电电子技术专业教学班。招收学员13人（后又从外单位电大转来3人），学习3年，成绩合格则发给专科毕业证书。同时招收了电大单科学员11人，其中数学5人（2年半）、物理2人（1

---

① 《第三机械工业部转发〈国务院批转教育部、中央广播事业局关于全国广播电视大学工作会议的报告〉的通知》，南昌航空大学档案馆电子档案，1979–定期–0034–024。

② 《第三机械工业部转发〈国务院批转教育部、中央广播事业局关于全国广播电视大学工作会议的报告〉的通知》，南昌航空大学档案馆电子档案，1979–定期–0034–024。

年半）、化学2人（2年）、英语2人（1年半）。[①]为了保证教学质量，学校对电大教学班开设的课程均配有辅导教师。学校电视大学无线电电子技术专业第一届学员经过3年学习，于1983年12月顺利完成学业，有15名学员获得了中央电视大学统一印制的专科毕业证书，其中包括2名知青，脱产14人，半脱产1人。[②]

对于电大学员毕业后的待遇问题，学校1983年12月5日下发的"（83）院人字第98号"《关于我院第一届广播电视大学毕业生分配问题的通知》称：学校第一届广播电视大学《电子技术》班学员将于今年12月毕业，为了搞好毕业生的分配工作，有关问题通知如下：第一，这批学员的学历按教育部（82）教计资字145号文规定，即：经过考试成绩合格，取满学分，并经办学单位对学员在学习期间的思想品德和身体健康情况作出鉴定，获得毕业证书者，承认其具有高等学校专科毕业的学历。第二，教育部（82）教计资字145号文第二条规定："毕业生原来是在职职工的，毕业后可以当干部（技术人员），也可以当工人，原则上仍回原单位。"根据此规定和学校现实状况做如下安排：由校人事处根据工作需要，对毕业生提出分配方案，经学校批准后实施；原是工人编制的学员，仍按工人分配到有关单位工作。今后能否转干，根据学校工作和干部编制需要以及中央和省的规定办理。第三，毕业生分配后的见习期限和工资待遇，按教育部（82）教计资字145号文件办理。[③]据此通知，校内参加学习的人员毕业后大部分充实到各实验室，成为实验室的骨干力量，大多数受到用人单位的欢迎。

1981年、1982年，电视大学教学班均未招生。1983年8月，学校又开办了工业企业经营管理教学班，共有学员11人（其中有3人是外单位人员），包

① 《职工教育情况》，南昌航空大学档案馆电子档案，1980–永久–0024–046。

② 《航空工业部统计报表制度（职工教育部分）》，南昌航空大学档案馆电子档案，1983–永久–0003–028。

③ 《关于我院第一届广播电视大学毕业生分配问题的通知》，南昌航空大学档案馆电子档案，1983–永久–0009–011。

括2名知青。^①1984年，又增加1名。^② 这个班按规定于1986年7月毕业。

此外，学校还于1984年组织了7名学员参加320厂开办的党政干部专修科电大教学班学习，学制2年。后来，由于学校开办了夜大学，造成电视大学生源不足，上述两个电大教学班毕业后，学校没有继续开设电视大学教学班。

为了提高职工科学文化素质，适应大学工作的需要，学校还组织了20人参加外单位函授班学习和13名干部参加高等教育自学考试。图书馆、财务处部门参加函授学习的较多，获得专科毕业证书。

二、夜大学的批准设立

（一）国家大力发展高等学校函授教育和夜大学

夜大学主要是利用夜晚等业余时间实施高等教育的一种办学形式，是我国业余高等教育事业的一种重要形式，一般由普通高等院校举办。高等学校举办的夜大学旨在提高在职人员和社会知识青年的理论、文化水平，为社会主义建设培养专门人才。中华人民共和国成立初期，百废待兴，人才缺乏。为加速人才培养，1949年12月，教育部发布《关于中国人民大学实施计划的决定》，要求该校开办夜大学。1950年，中国人民大学夜大学正式招生，成为中华人民共和国成立后最早的一所夜大学。夜大学开始在高校中进行试点，此后，全国的夜大学得到迅速的发展。

中华人民共和国成立后，高等教育进行了较大的院系调整。1953年高等教育部成立后，致力于推动高等学校函授教育和夜大学教育在全国范围内逐步开展。1953年，中国人民大学在创办夜大的基础上，又率先办起了函授大学，其他高等院校紧随其后，相继办起了函大和夜大。在第一个五年计划（1953—1957年）期间，全国举办函授教育的高校共有58所，举办夜大的高校有36所，共有函授生35000人，夜大学生12000人。^③1955年，高等教育部

---

① 《航空工业部统计报表制度（职工教育部分）》，南昌航空大学档案馆电子档案，1983-永久-0003-028。

② 《航空工业部统计报表制度（职工教育部分）》，南昌航空大学档案馆电子档案，1984-永久-0004-002。

③ 董明传、毕诚、张世平：《成人教育史》，海南出版社2002年3月版，第73页。

发布《关于中国人民大学第一届函授专修科教学工作情况的通报》，总结了中国人民大学举办成人高等教育的发展成果，为函授教育和夜大学在高校的推广提供经验。1955年5月底，全国文化教育工作会议进一步加大对成人高等教育的宣传，要求通过函授教育或举办夜大学等办法对在职人员开展教育。1956年，江西省全日制高等院校开始举办函授和夜校教育，至1962年底，江西省办有函授教育的全日制高等院校有江西农学院、江西中医学院、江西教育学院3所，在校函授学院学生达10312人；举办夜大学的全日制高等院校有江西医学院、江西工学院、九江医学专科学校和赣南医学专科学校等，在校学员648人。①至1965年，全国83所高等学校举办了夜大学，在校学生达18000人。1966年以前，江西省全日制高等院校举办的夜大学主要设有医疗专业和外语专修班。此外，中等函授教育也有所发展，尤其师范学校，多数办有教师函授教育。所有这些，标志着我国的远距离教育开始起步了。"文化大革命"期间，一度全部停顿。

　　"文化大革命"结束后，中国出现了罕见的高学历人才断层现象，1976年中国每万人口中接受过高等教育的仅有11.6人，在世界排名倒数第九位，因此，补偿在职成人的学历层次成为高校继续教育办学的一项重要任务，高等学历继续教育呈现蓬勃发展之势。1978年12月，党的十一届三中全会后，中国进入到改革开放的新时期。高等教育继续坚持"两条腿走路"的教育方针，既重视普通高等教育，又重视成人高等教育。1980年9月5日，国务院批转《教育部关于大力发展高等学校函授教育和夜大学的意见》，《意见》指出，为适应我国国民经济发展的需要，教育事业在80年代应该有一个大的发展。发展高等教育应贯彻两条腿走路的方针，采取多种形式办学。要恢复和发展高等函授教育和夜大学，并将其纳入高等教育事业之中。《意见》指出，高等学校除办好全日制大学外，还应根据自己学校情况积极举办函授教育和夜大学。这对于扩大高等教育事业的规模，改变我国教育发展与经济发展不相适应的状况，加速培养"四化"建设需要的各种专门人才，促进干部队伍的结构改革，提高全民族的科学文化水平，都有重要意义。当时我国全日制高等学校

---

① 　江西省教育考试志编委会：《江西省教育考试志（1977—2010）》，江西高校出版社2015年12月版，第131页。

招生人数有限，大多数高中毕业生不能升入全日制高等学校。《意见》要求到1985年全国高等学校举办的函授教育和夜大学本科、专科在校学生总数，要达到相当于全日制高等学校在校学生人数三分之一以上。[①]这为发展成人高等教育提供了广阔空间。

（二）批准设立"南昌航空工业学院夜大学"

1979年9月8日国务院"国发〔1979〕225号"《关于举办职工、农民高等院校审批程序的暂行规定》规定，普通高等院校举办高等函授、夜大学，由主管业务部门审批，报教育部备案。[②]1980年9月23日，第三机械工业部以"三教〔1980〕1573号"向各航空高等院校下发《关于转发国务院批转教育部大力发展高等学校函授教育和夜大学意见的通知》，通知指出，过去，航空高等院校举办的函授教育和夜大学对提高航空工业战线职工的文化科学技术水平起过很好的作用，"文化大革命"中，全部停办。为适应航空工业现代化的需要，各航空高等院校除办好全日制教育外，还要充分挖掘学校潜力，积极恢复和发展函授教育和夜大教育，并制定恢复和发展函授教育和夜大学的规划意见。[③]

根据国务院和第三机械工业部的指示精神，昌航在开办电视大学教学班的同时，积极筹办夜大学。1980年12月3日，学校以"（80）院教字第104号"《关于我院举办夜大学的请示》上报第三机械工业部教育局，拟在学校举办夜大学。报告指出，学校绝大部分青年工人、机关干部及教学辅助人员都是原南昌航空工业学校历届中专毕业生，这种状况远远跟不上建设"四个现代化"步伐，也适应不了办好一个航空学院的要求。为了提高他们的文化技术水平和工作能力，学校拟定举办夜大学。[④]

---

① 辽宁省高等教育局、沈阳师范学院教育科研所合编：《高等教育文件选编（1977.11—1982.6）》，辽宁省高等教育局1982年12月编印，第65页。

② 《国务院批转教育部关于举办职工、农民高等院校审批程序的暂行规定》，南昌航空大学档案馆电子档案，1979-定期-0034-028。

③ 《关于转发国务院批转教育部大力发展高等学校函授教育和夜大学意见的通知》，南昌航空大学档案馆电子档案，1980-永久-0043-011。

④ 《关于我院举办夜大学的请示》，南昌航空大学档案馆电子档案，1980-永久-0043-007。

1980年12月28日，第三机械工业部以"三教［1980］2220号"《关于南昌航空工业学院举办夜大学的批复》同意学校举办夜大学的请示，夜大学名称为"南昌航空工业学院夜大学"。希望学校继续加强对夜大学的领导，注意积累经验，不断提高教学质量，努力为"四化"多做贡献。①

从学校的请示和第三机械工业部批复内容来看，南昌航空工业学院夜大学的基本情况归纳如下：

1. 办学形式：业余。每周利用两个半天和3至4个晚上上课，除时事政策学习外，周授课时数12至14学时；共计2400学时左右。

2. 招生专业，工科：请示为机械制造专业，批复为机械加工专业。文科：汉语言文学专业。

3. 招生范围：为本校思想表现好，具有高中毕业或相当于高中毕业的文化程度，身体健康，年龄一般在30岁左右，最大不超过35岁的在职教职工。文科班招生对象主要面向在职中青年干部和中小学教师。凡参加夜大学学习的人员，要求本人报名、单位批准，经过考试，择优录取。工科班考高中数学、理化、政治；文科班考高中语文、政治、史地。

4. 招生规模：第一届的招生规模为60至80名（工科、文科各30至40名）。

5. 学制年限：5年。

6. 培养目标：要求通过5年夜大学学习，专业水平达到全日制普通高等院校同类专业4年本科毕业水平。

7. 师资来源：政治课（党史、哲学、政治经济学）师资由本校马列主义教研室解决。外语课（英语）师资由基础课部外语教研室解决。专业基础课和专业课师资由本校内调剂和校外聘请解决。

8. 领导体制：夜大学为学校的处一级单位，设校长、副校长、教务长和办事人员，由学校直接领导。拟从1981年2月份正式开办。

9. 教学计划：基本按全日制大学机械加工专业、汉语言文学专业所开课程教学计划进行，考试、考查全按全日制大学的办法执行。

"南昌航空工业学院夜大学"的批准设立，标志着学校独立举办成人高等

---

① 《关于南昌航空工业学院举办夜大学的批复》，南昌航空大学档案馆电子档案，1980–永久–0043–005。

教育的开始。

三、夜大学的初步建设

学校对夜大学的举办和建设是认真规范的，基本按照"五条标准"办学。国务院"国发〔1976〕44号"《关于办好"七·二一"大学的几点意见》和国发"〔1979〕225号"《关于举办职工、农民高等院校审批程序的暂行规定》，对举办职工、农民高等院校有严格的规定，确定了"五条标准"，即学生入学时要具有高中毕业的文化水平，学校要按照大专水平的教学计划和教学大纲进行教学，要有一定数量能胜任教学的专职教师和兼职教师，要有专职的领导人员，有必须的办学设备。[①] 学校对成立夜大学进行了积极认真的准备，专门制订了教学计划，举行了入学考试等，基本按照"五条标准"办学。

（一）加强组织建设

1981年6月8日，学校将夜大学领导班子配备情况上报第三机械工业部，由学校主管教学的副院长张桢兼任夜大学校长，学校教务处处长张功煊、人事处副处长吕全录兼任夜大学副校长。[②] 经第三机械工业部同意，1981年7月2日，根据学校党委第20次、27次会议研究决定，以"（81）院办字第49号"《关于我院夜大学领导干部的任命通知》发出上述任命，并任命肖方珍为夜大学教务副主任（副科级）。[③] 1984年2月24日，经学校党委会研究决定，以"（84）南航党字11号"《关于调整我院夜大学领导成员的通知》，调整学校夜大学领导成员，张桢兼任夜大学校长，学校师范部调研员张功煊、人事处处长蔡德舆兼任夜大学副校长。[④] 1985年9月10日，任命南昌航空工业学院副院长孔祥林兼任夜大学校长。

学校设有夜大、电大办公室，负责教学管理、学籍管理和处理日常事务，还配备了专职教师。夜大学自创办以来，其组织机构随着学校组织机构的改

---

① 《国务院批转教育部关于举办职工、农民高等院校审批程序的暂行规定》，南昌航空大学档案馆电子档案，1979-定期-0034-028。

② 《我院夜大学领导班子配备的函》，南昌航空大学档案馆电子档案，1981-永久-0022-001。

③ 《关于我院夜大学领导干部的任命通知》，南昌航空大学档案馆电子档案，1981-永久-0022-002。

④ 《关于调整我院夜大学领导成员的通知》，南昌航空大学档案馆电子档案，1984-永久-0001-013。

革和教育事业的发展几经变迁。夜大学成立之初的日常管理工作由人事处培训科负责。夜大办公室和学校人事处培训科合署办公，两块牌子，一套人马。1981年10月16日，学校以"（81）院办字第74号"下发《关于调整学院部分机构的决定》。将原教务处师资培训科与人事处职工教育科合并为职工教育科，归人事处领导。原人事处下设电大、夜大办公室归教务处领导。①1982年4月，学校以"（82）院办字第34号"下发《关于调整学院部分机构的通知》，将电大、夜大办公室归人事处领导。②1983年12月，学校开展了机构改革工作，改革方案经过先干部后教职工"两上两下"的充分讨论，出台了办法，以"（83）南航党字24号"下发《关于公布我院机构设置的通知》，人事处下设干部科、人事科、培训科。将原职工教育科改名为培训科，统一管理夜大电大、师资培训、出国进修、实验员培训、自学考试、文化补习和工人技术培训、考核等工作。夜大电大的教学计划和师资配备由教务科研处教学研究科负责。③1984年4月2日发布了《关于印发〈学院各单位职责范围〉（试行）的通知》，学校机构进行了调整，教务科研处负责电大、夜大的教学计划和师资配备工作，设有专职教务副主任。人事处培训科，负责全校教师、干部、工人的业务进修、培训以及职工业余教育工作。④从1981年底上报第三机械工业部的夜大学"职工高等院校教师情况"来看，学校的夜大、电大配置了4名专职教师，其中讲师1名，普通教员3名。4名专职教师中，具有本科学历的2名，具有大专学历的2名。⑤其中的2名专职教师是数学老师。

随着夜大学的发展，学校准备成立专门的夜大机构，从学校本部分离出去，成为学校的一个附属机构，任命专职的副校长，以适应夜大发展的需要。⑥1986年1月13日，学校以"院办字（1986）第4号"《关于增设部分机

① 《关于调整学院部分机构的决定》，南昌航空大学档案馆电子档案，1981-永久-0049-005。

② 《关于调整学院部分机构的通知》，南昌航空大学档案馆电子档案，1982-永久-0006-006。

③ 《关于公布我院机构设置的通知》，南昌航空大学档案馆电子档案，1983-永久-0007-012。

④ 《关于印发〈学院各单位职责范围〉（试行）的通知》，南昌航空大学档案馆电子档案，1984-永久-0005-003。

⑤ 《第三机械工业部统计报表制度（职工教育部分）》，南昌航空大学档案馆电子档案，1981-永久-0044-045。

⑥ 《南昌航空工业学院夜大学工作总结》，南昌航空大学档案馆电子档案，1985-永久-0015-009。

构的通知》，成立夜大学（处级建制）。^①夜大学正式成为独立的机构。同日，任命张功煊为夜大学副校长（正处级），免去其基础一部正处级调研员职务。龚达亮为夜大学教务主任（正科级）。^②1986年10月15日，任命甘登和为夜大学副校长（正处级，列张功煊之后），同时免去蔡德舆兼任的夜大学副校长职务，^③免去甘登和红光机械厂党总支书记职务。^④1988年4月2日，任命张润生为夜大学副校长职务（副处级）。夜大学有了专职干部管理队伍。

（二）严格教学管理

第一届夜大学机械加工和汉语言文学两个专业实际录取学员66名，其中工科班24名，文科班42名。首届学员于1981年3月正式开学上课。两个专业都制订了详细的教学计划。夜大所需课程和师资，工科班由学校教务处按教学任务下达给各教研室，从本校教师中聘任解决，文科班除校内解决一部分公共基础课师资外，专业课师资主要向江西大学、江西教育学院、江西师范大学等单位具有讲师及讲师以上职称的教师聘请。在做了充分准备之后，夜大顺利组织了教学工作。教学工作是严格进行的，经过一年的教学工作，有个别学员由于各种原因没有继续学习下去。从1982年底上报航空工业部（1982年5月第三机械工业部改名为航空工业部）的夜大学"职工高等院校情况"来看，1982年底，工科班（机械加工专业）有学生21名，文科班（汉语言文学专业）有学生39名，^⑤工科班和文科班各淘汰3名学员，2个班共淘汰了6名学员。从1983年底上报航空工业部的夜大学"职工高等（中等专业）学校分专业学生情况"来看，1983年底，工科班（机械加工专业）有学生21名，文科班（汉语言文学专业）有学生38名，^⑥又淘汰了1名学员。从1984年底上报航空工业部的夜大学"职工高等（中等专业）学校分专业学生情况"来看，

---

① 《关于增设部分机构的通知》，南昌航空大学档案馆电子档案，1986-永久-0012-001。

② 《关于张功煊等同志任免职的通知》，南昌航空大学档案馆电子档案，1986-永久-0012-019。

③ 《关于甘登和等同志任免职的通知》，南昌航空大学档案馆电子档案，1986-永久-0012-041。

④ 《关于甘登和等同志任免职的通知》，南昌航空大学档案馆电子档案，1986-永久-0012-041。

⑤ 《第三机械工业部统计报表制度（职工教育部分）》，南昌航空大学档案馆电子档案，1982-永久-0002-005。

⑥ 《航空工业部统计报表制度（职工教育部分）》，南昌航空大学档案馆电子档案，1983-永久-0003-028。

1984年底，工科班（机械加工专业）有学生20名，文科班（汉语言文学专业）有学生38名，工科班又淘汰了1名学员。①

（三）保障办学条件

夜大、电大使用大学部的设备和教室。有6个教室作为办职工教育的永久性和固定性的基地。所需要开设的实验课都由学校大学部各实验室承担，因此，教学设备、实验仪器都能满足教学需要。教学所需要的图书资料、教材都是通过图书馆和教材科解决，所以也基本适应教学需要。②

学校保障了学员的学习时间。学校领导对抓职工教育十分重视，在各方面舍得投入。1982年6月14日，学校在向江西省三机局上报的《关于我院开展职工教育工作的情况汇报》指出：在办夜大学的过程中舍得抽人力、花精力，舍得投资，同时在工作任务重的情况下也舍得给夜大学学员每周两个下午的工作时间学习，同时也舍得给10多个同志脱产3年上电大。③

1981年11月23日，第三机械工业部根据教育部9月召开的职工教育工作会议精神，下发《关于职工高等院校复查工作的通知》，对所属各有关厂所、直属院校已经验收的各类成人学校再认真进行一次复查，严格按照《五条标准》，切实充实办学条件。④经学校认真复查，1982年2月6日，上报第三机械工业部教育局，认为：我校夜大经"部三教（1980）2220号"文批准，办学一年多来基本按照"五条标准"办学。今后，我们将严格按照"五条标准"，进一步充实小学条件，加强教学管理，提高教学质量，达到培养目标。⑤

（四）加强学籍管理

为了贯彻党的教育方针，加强夜大学学生学籍管理，保证正常的教学秩序，提高教学质量，培养社会主义现代化建设人才，学校制订了夜大学学生

---

① 《航空工业部统计报表制度（职工教育部分）》，南昌航空大学档案馆电子档案，1984–永久–0004–002。

② 《关于我院开展职工教育工作的情况汇报》，南昌航空大学档案馆电子档案，1982–永久–0016–002。

③ 《关于我院开展职工教育工作的情况汇报》，南昌航空大学档案馆电子档案，1982–长期–0023–007。

④ 《关于职工高等院校复查工作的通知》，南昌航空大学档案馆电子档案，1981–长期–0055–007。

⑤ 《报我院职工高等院校验收情况复查表》，南昌航空大学档案馆电子档案，1982–长期–0023–002。

学籍管理规定。为进一步加强学校成人高等教育的学籍管理，根据航空工业部教育司组织航空高等院校讨论制订的《干部专修科、夜大学学籍管理细则》（讨论稿）和国家教委直属工科院校的《函授、夜大学学籍管理规定》（修改稿），1988年2月5日，学校对之前的夜大学学生学籍管理规定进行修订完善，以"院教成字（1988）第44号"下发《成人高等教育学籍管理细则（试行）》，不仅对夜大学，而且对干部专修科等成人高等教育的学籍提出了管理细则，自1988年1月开始试行。学籍管理具体内容归纳如下：

1. 入学和注册的规定：（1）新生须持录取通知书和学校规定的有关证件，按规定日期到校办理入学注册手续。报到时先交纳学费及教材费后，才能注册。因故不能按时入学者，须凭工作单位或组织证明事先向学校请假。无故逾期二周不报到者，取消入学资格，不保留学籍。（2）新生入学后，经复查不符合入学条件者，取消入学资格。（3）新生因特殊原因不能按时入学者，需本人申请，单位证明，经学校批准，可保留入学资格1—2年。（4）每学年开始时，须按规定时间持学生证到校办理缴费、注册、手续。无故逾期二周不注册者，做自动退学处理。

2. 学习与考勤方面的规定：（1）学生应自觉地参加学习，按教学要求独立完成作业和实验。凡全学期缺交作业或缺做实验达三分之一者，不得参加该课程的学期考核，成绩以不及格论。在补齐作业和实验后，经批准方可补考。（2）学生必须按时参加上课、听辅导及学校规定的各项实践性教学环节。因故不能参加者，必须请假，否则按旷课论处。旷课累计超过课程教学时数的三分之一者，不得参加该课程的考核，成绩以"不及格"记分。视其情节轻重，可给予批评教育或纪律处分，是否给予补考由系（部）主任决定。（3）学生由于特殊原因不能到校听课，由本人申请，单位证明，符合下列条件之一者，可批准免予听课（除实践性环节外），直接参加有关课程的考核：①一年级新生入学考试相关科目成绩在80分以上；其他学生上一学期各门课程考核成绩平均在80分以上。②有自学笔记和自学作业，经教师审阅，确认已较好地掌握了该课程的基本理论和基本知识。经学校批准，免予听课的学生，有关课程考核成绩的记载，以该课程结束考试成绩为主，适当参考平时成绩。

3. 成绩考核方面的规定：（1）学生必须参加教学计划规定的课程和实践

性教学环节的考核。考核成绩一律记入学生学籍档案。（2）考核分为考试和考查两种。考试可采用口试、笔试或口试笔试结合等形式。课程设计、毕业设计（论文）采用答辩评分，并以评语方式考核。考核成绩的评定，考试采用百分制记分，考查采用五级分制（优、良、中、及格、不及格）记分。（3）考试成绩评定以期末考试为主，适当参考平时成绩。平时成绩占该课程的比例，可根据各门课程性质确定，但不超过30%。考查成绩主要依据学生平时听课、完成实验和课外作业、平时测验成绩等综合评定。（4）学生因故不能参加考试，必须持有关证明，事先向系（部）主任请假，经批准后方可缓考。缓考不及格可补考一次。（5）学生每学期不及格的课程均可补考一次。重修课程考试不及格可补考一次。经批准以自学形式重修课程考试不及格也可补考一次。补考按规定时间进行。（6）学生考试作弊或旷考（含考试不交卷），该门课程以"0"分记，并不准参加正常补考，如确有悔改表现，经批准在毕业前可给一次补考机会。记分时注明"作弊补考"或"旷考补考"字样。考试作弊情节严重者，应给予纪律处分。（7）学生在本校或同类院校学习，参加过同类专业的高等教育自学考试，已取得及格以上成绩的课程，经核准可以免修。（8）学生已掌握的课程，由本人申请，经学校免修考试，成绩达到及格以上者，可以免修。免修考试一学期前两周内进行一次。实践性教学一律不得免修。（9）学习成绩特别优秀或学有余力的学生可先修本专业较高年级的有关课程，若提前修完教学计划规定的课程，考核成绩合格，可准予提前毕业。

4. 升级与留级方面的规定：（1）学生学完本学年教学计划规定的课程，经考核成绩合格，准予升级。（2）经过补考，一学年累计有三门不及格者，应予留级。没有连续招生的专业，可留入相近专业学习，也可随班试读，不及格的课程在第二学期补考，补考后仍有三门不及格或达到第二次留级者，应予以退学。（3）留级或复学的学生，已修课程其成绩合格的可不重修。（4）在处理学生留级时，不及格课程门数，按下列规定计算：①凡一门课程分几个学期讲授，而每个学期都进行考核时，每学期均按一门课程计算；②按教学计划规定的各种实践教学环节，如单独考核不及格，均各按一门课程不及格计；③毕业实习、毕业设计（论文）不及格者，各按一门课程计算。

5. 休学与退学方面的规定：（1）学生有下列情况之一者，应予休学：①因病经县级以上医院诊断，须治疗或休养六周以上者；②根据考勤，一学期请假超过总学时40%者；③因特殊原因，本人申请或学校认为必须休学者。（2）学生休学必须提出书面申请，单位证明，学校审核批准。休学学生应交还校徽、学生证、借书证及向学校借用的一切物品，方可发给休学证书。（3）学生休学一年不能复学或复学后无对口或相近专业学习，均按退学处理。（4）学生有下列情况之一者，应予退学：①经补考后累计有四门课程不及格者；②一学期旷课累计达30学时以上者；③休学期满未办复学或不能复学者；④因病或其他特殊原因不能坚持学习者；⑤因其他原因自愿退学者。（5）学生办理退学手续，须交回学生证、校徽及其他借用的物品，学校发给退学证明。有考核成绩者，视情况发给肄业证书或成绩单。凡因旷课、勒令退学、自动退学者，一律不发肄业证书，学费和其他费用一律不退。已退学的学生不得申请复学，可根据招生规定重新报考。

6. 转学与转专业方面的规定：（1）学生要求转学，原则上都不予办理。特殊情况需要转学，应有单位信函证明，经学校审查报上级主管教育部门批准后办理。（2）学生报考或单位选送时，应充分考虑专业对口及培养规划的要求，入学后不可转换专业。特殊情况需转专业时，要由选送单位提出，学校审查批准后办理。

7. 奖励与处分方面的规定：（1）学生思想进步，遵纪守法，学习刻苦，成绩优良者，征求工作单位意见，学校审核批准，每学年可评一次"优秀学生""优秀学生干部"，并给予表扬和奖励。（2）学生因犯错误或违反校纪，视情节轻重和本人对错误的认识，分别给予批评教育乃至纪律处分。处分分警告、严重警告、记过、留校察看、勒令退学、开除学籍六种。警告、记过处分由系（部）主任审批。留校察看、勒令退学、开除学籍等处分报主管院长批准。

8. 毕业与结业方面的规定：（1）学生学完教学计划规定的全部课程，考核成绩及格者，准予毕业，发给毕业证书。（2）不及格的课程在毕业前经补考仍有不及格者，只发给结业证书。1—2门不及格或毕业设计（论文）不及格者，可在结业后一年内申请补考一次，补考及格者，换发毕业证书，毕业时间从换证时算起。①

（五）加强夜大学学位管理

1988年4月26日，学校以"院教成字（1988）第14号"下发《关于夜大学本科学生授予学士学位的规定（试行）》，对夜大学本科学生授予学士学位进行了规范管理。《规定》内容归纳如下：1. 规定授予学士学位的对象条件：凡学校夜大学本科毕业生，拥护中国共产党的领导，拥护社会主义制度、愿意为社会主义建设服务，遵守纪律和社会主义法制，品行端正，其课程学习和毕业设计（毕业论文或其他毕业实践环节）的成绩合格，表明已较好地掌握本门学科的基础理论、专门知识和基本技能，并具有从事科学研究工作或担负专门技术的初步能力者，由学校授予学士学位。2. 规定不授予学士学位的情形。有下列情况之一者，不授予学士学位：（1）凡考试考查课程，累计有四门经补考及格者；（2）凡旷考者或考试、考查（含必修课或指定选修课）有过舞弊行为者；（3）凡受过记过及其以上处分者（受处分后因表现突出被评为院级以上优秀三好学生、三好学生、优秀学生干部或有突出贡献者除外）；（4）凡留（降）级后又出现不及格课程经补考及格者；（5）结业生。3. 规定授予学士学位的程序：各系（部）按以上条款逐个审核夜大学本科毕业生的成绩和鉴定等，向学校学位评定委员会提名，经学校学位评定委员会审查通过，由学校授予学位，并颁发带有学士学位的毕业证书。4. 规定试行的时间：本规定自公布之日起试行。并规定，以上规定在试行中，如遇与上级主管部门的规定相抵触时，则以上级规定为准。②

1988年，学校第一次按照《关于夜大学本科学生授予学士学位的规定（试行）》对1983级夜大机电专业毕业生授予工学学士学位15人。

（六）加强夜大学学生的纪律建设

一段时间，夜大学部分学生学风不正，组织纪律松弛，缺课现象严重，迟到、早退现象较为普遍，为维护正常的教学秩序，保证夜大学学生的培养

---

① 《成人高等教育学籍管理细则（试行）》，南昌航空大学档案馆电子档案，1988–永久–0026–005。

② 《关于夜大学本科学生授予学士学位的规定（试行）》，南昌航空大学档案馆电子档案，1988–永久–0026–006。

质量，学校采取措施，端正学风，严肃纪律，加强管理。1990年9月18日，学校以"院教成字（1990）第176号"下发《关于整顿夜大学学生学习纪律的通知》，决定整顿夜大学学生的学习纪律。采取的主要措施有：第一，结合夜大学各教学班实际。以学校颁发的成人高等教育《学生学籍管理细则（试行）》《学生请假制度》《课堂教室规则》为内容，对学生普遍进行了一次端正学风和纪律教育，帮助学生加强纪律观念，自觉地克服目前存在的纪律松弛现象。对那些缺课严重和经常迟到、早退的学生，则区别情况，进行针对性的教育和批评，严重的要按制度规定给予处理。第二，认真执行学生请假制度。学生因公、因病、因事不能到校学习，必须由本人以书面形式事先办理请假报批手续。班主任和系（部）按审批权限，严格审查学生的请假手续是否符合规定，理由是否正当并签署意见；请假单由系（部）统一保存，并按照《学生学籍管理细则（试行）》，对请假超过规定学时者，要给予休学处理。第三，学生必须按时上下课。迟到或早退按缺课一学时处理。要严格考勤，由班主任检查和督促学生班干部如实填报考勤表，每月月底报系（部）办公室汇总。任课教师应检查学生的出勤情况，并将结果转告系（部）办公室。学生上课出勤情况可作为该生平时考核成绩内容之一。第四，为进一步加强考试管理，今后每学期各门课程的补考不论何种原因未参加补考者，其成绩一律按"旷考"论处。如不及格课程达到留降级或退学的规定门次，按规定及时处理。第五，系（部）主管领导要将学生的学风建设列入工作日程，定期召开会议分析学生学习情况，研究和部署学风建设工作。班主任要经常地深入课堂，加强对班级的组织与管理，教育学生勤奋学习，积极工作，争取学习和工作两不误。加强与学生工作单位的联系，每学期向学生工作单位通报学生在校学习情况，思想政治表现，了解学生在单位的工作表现和学习情况，帮助学生正确处理工作与学习的矛盾。以上措施，同样也适用于函授教育等教学班。①

（七）加强班主任管理

1990年9月20日，学校以"院教成字（1990）第181号"下发《南昌航

① 《关于整顿夜大学学生学习纪律的通知》，南昌航空大学档案馆电子档案，1990-永久-0026-014。

空工业学院夜大学班主任工作试行办法》，决定在夜大学学生班级设立班主任，在系（部）分管成人教育的负责人领导下开展工作，进一步加强对班级的管理。《办法》自1990年9月起执行。对班主任的主要职责和任务、聘任办法和条件、考核评比等都做了较详细的规定。[①]主要内容归纳如下：1. 规定班主任负有对学生进行思想政治教育和组织管理的责任，其主要职责和任务是：（1）教育学生端正学习态度，处理好工作与学习的关系，学好马列主义理论课，积极参加学院组织的有关活动。（2）负责学生入学教育、考前动员和日常的学风教育、纪律教育，培养"勤奋、文明、自强、求实"的校风。（3）与任课教师取得联系，了解学生学习成绩和完成作业情况。检查学生上课出勤，对经常旷课缺课和迟到早退的学生分情况进行教育、批评，直至按规定提出处理意见。（4）密切与学生工作单位的联系，每学期向学生工作单位通报学生在校学习和政治思想表现。每学期重点走访至少5名学生的工作单位或家庭，了解学生在工作单位的现实表现，介绍学校的教学要求和安排，学生在校学习和出勤情况。帮助学生安排好学习与工作时间。（5）每周深入学生课堂1—2次，参加听课，督促学生严格执行学校的规章制度，敦促学生班干部认真做好学生考勤记录。（6）每学年召开班级学生会议一次，总结工作，表彰先进，提出新的学年的学习和工作安排。负责做好学生的学年小结、毕业鉴定和优秀学生的评选工作。（7）协同系（部）和任课教师做好学期考试的组织工作，严格考试管理。2. 规定班主任聘任的办法：班主任由系（部）提名推荐，学院聘任。班主任每学年聘任一次，可连聘连任，如有必要，学院可随时解聘。3. 规定担任班主任的条件，主要有：（1）政治思想素质好，坚持四项基本原则，有一定的马列主义理论水平，作风正派，为人师表，严于律己。（2）关心热爱学生，工作责任心强，有一定的组织能力和活动能力。（3）熟悉有关学生教育、管理的各项规章制度。4. 规定对班主任的考核办法，主要有：（1）班主任的考核由系（部）负责。（2）班主任的考核办法，一是每学期期中和期末各进行一次，由班主任全面汇报本班级学生的政治思想表现、

---

① 《南昌航空工业学院夜大学班主任工作试行办法》，南昌航空大学档案馆电子档案，1990-永久-0026-015。

学习成绩和遵守学院规章制度情况，对存在的问题提出解决的措施。二是认真填写班主任工作日记，每月月末交系（部）主管领导考核。（3）班主任津贴由系（部）主管领导根据对班主任的平时考核签批。对认真履行职责且能较好完成任务者可按规定发给月津贴，对不认真履行职责不能完成任务者可以减发月工作津贴。教师担任班主任，能认真履行职责，且班风有明显进步的，除按规定发给月工作津贴外，参照全日制班主任工作条例中有关规定，按学期记教学工作量40—50学时。（4）每学年优秀班主任的评比参照全日制优秀班主任评选条件和办法，由系（部）负责组织和推荐。《办法》还规定，以上办法不仅适合夜大学的规定，成人高等教育其他办学形式的班主任工作，可参照本条例（试行）精神执行。这就为加强班级管理、促进成教发展起到更好的推动作用。

四、夜大学的初步发展

（一）加强专业建设

1983年，南昌航空工业学院夜大学在专业设置上有了新的增加，在原有机械加工专业和汉语言文学专业的基础上，增设了航空机电专业，制订了详细的教学大纲和教学计划，此专业也成为学校成人教育日后招生的主干专业、特色专业。

机电专业经过几年的招生和建设，其发展规划一直备受关注。根据航空工业部教育司的安排，1987年12月5日至8日，航空工业部部属院校夜大学"机械工程与电子控制"专业（本科）教学讨论会在南昌召开。参加会议的有航空工业部教育司的领导刘惠祥，南昌航院副院长孔祥林，南昌飞机制造厂、北京航院、西北工业大学、南京航院、沈阳航院、郑州航院、南昌航院等院校夜大学的负责人和有关专业的专家学者20多人。会议的主要议题是，在调查研究的基础上，对在夜大学设置有关机电专业的专业名称、专业方向、培养目标、课程设置和学时以及实践性教学环节的安排等几方面的主要问题，进行了有成效的讨论，并在此基础上制订了航空高等院校夜大学"机械工程与电子控制"专业（本科）的教学计划。会议还讨论了航空高等院校夜大学

"学生学籍管理制度"，会议一致同意将以上教学计划和制度上报航空航天工业部教育司审批，下达各院校试行。

会议认为，本教学计划讨论会的准备工作是比较充分的。北航、西工大、南航、昌航等均向会议报送了各院校制订的教学计划的初稿。昌航还分别在南昌飞机制造公司、南昌自动化仪表厂以及该院机械工程系、电子工程系、基础二部召开座谈会，广泛地征求了各方面的意见。

代表们畅所欲言，讨论热烈。会议对以下几个问题取得了一致意见：第一，由于现代工业的发展，机电一体化是机械工程类专业发展的方向。关于本专业的专业名称，会议确定为"机械工程与电子控制"专业。它的专业面较宽，有一定的灵活性，能比较全面地表述"机电一体化"的涵义。第二，在培养目标方面，会议认为本专业培养德智体全面发展，掌握机械制造与电子技术，从事机械制造与电子控制方面的高级专业技术人才。在政治上要求学生认真学习马列主义毛泽东思想，初步掌握马列主义基本原理，热爱祖国，坚持四项基本原则，为振兴中华而努力学习和工作。在业务上要求学生毕业后具有专业基础理论、专业知识和基本技能。要掌握与本专业有关的机械制造与电子技术，具有从事机械设计和制造的初步能力，并能应用电子技术改造机械设备，同时也能适应电子技术的应用。初步掌握一门外语，并具有较强的自学能力。第三，机电结合是机械工程发展的必然趋势。本专业是以机为主、电为机服务，还是机电并举，逐步发展为以电为主，机为基础，可根据我国工业发展的国情而定，但现阶段仍以机为主，逐步增加电的内容。第四，在加强技术基础课的基础上，在专业课的设置上要具有一些弹性，要考虑各地区工业水平的不平衡，各院校师资、设备条件的差异以及每届学生职业的不同，专业课和专业基础课可安排200左右的机动学时，作为限定选修课，以满足不同情况的要求。第五，要考虑高等成人教育的特点，在教学内容上，要处理好实用性和先进性的关系，在基本保证实用性的基础上，要具有一定先进性，教育与工业实际水平要适当超前，专业面要宽一些，要注意满足生产第一线的各种不同情况的需求，着重培养应用型人才。①

---

① 《航空部部属高等院校夜大学"机械工程与电子控制"专业（本科）教学计划讨论会纪要》，南昌航空大学档案馆电子档案，1988–永久–0026–022。

根据江西地区环保部门的要求，1986年拟增设环境保护专业，为社会培养急需的专门人才。为此，1985年12月5日，学校特以"（85）院人教字第120号"《关于我院夜大增设环境保护专业的请示》向航空工业部教育司请示。请示报告称：南昌市环境保护局为培养环境保护方面的专业人才，提高现有环境保护人员的素质，曾多次来我院协商。鉴于江西省内高等学校只有我院设有环境保护专业，为地方培养专门人才亦是部属高等院校义不容辞的责任。经我院研究，我院夜大拟增设环境保护专业，拟从1986年9月正式开学。航空工业部下达招生指标，不另外批文。①

（二）通过教育部夜大学本科、专科备案

1982年5月，第三机械工业部改名为航空工业部，昌航隶属关系转为航空工业部。1981年12月18日，教育部下发"（81）教工农字028号"《关于改变高等学校举办函授教育和夜大学审批程序及有关几个问题的通知》后，国务院有关部委和各省、市、自治区教育部门都陆续上报了1985年前普通高等学校举办函授部和夜大学的名单，经教育部汇总研究并与有关部委和各地磋商，确定100多所学校举办函授部、夜大学名单，1983年1月24日，教育部以"（83）教成字002号"《关于公布普通高等学校举办的函授部和夜大学名单的通知》予以公布，"南昌航空工业学院夜大学（本科）"在名单之中。航空工业部只有4所部属院校在列，其他3所大学是北京航空学院夜大学（本科），西北工业大学函授部（本科），郑州航空工业管理专科学校函授部、夜大学（专科）。②这说明，经过两年的初步建设，夜大学的质量是有保障的，得到了上级主管部门和教育部的肯定。

1992年9月8日，昌航以"院成字（1992）第187号"《关于申请举办夜大学专科层次学历教育的请示》上报航空航天工业部教育司，内称：经原第三机械工业部批准，我院从1980年起举办夜大学本科教育，原教育部以（83）教成字002号文公布和备案。我院夜大先后开办汉语言文学、环境工程、机械

---

① 《关于我院夜大增设环境保护专业的请示》，南昌航空大学档案馆电子档案，1986-永久-0025-009。

② 《转发教育部关于公布普通高等学校举办的函授部和夜大学名单的通知》，南昌航空大学档案馆电子档案，1983-长期-0023-005。

制造与电子控制、机械制造工艺及设备等专业。十多年来，为航空企事业和社会培养输送了一定数量的本科毕业的技术人才，为进一步适应经济建设和社会发展的需要，多层次培养人才，特报部批准我院夜大学增办以上专业的专科层次学历教育。①此申请得到批复。1993年2月23日，国家教委以"教成厅〔1993〕1号"《关于公布一九九三年度普通高等学校举办函授专科和夜大学本专科教育备案名单的通知》公布和备案，公布内容为："（学校名称）南昌航空学院，（办学形式）夜大学，（层次）专科，（批准文号）教字（1992）143号。"②

（三）招生办学情况

1981年7月21日，学校根据"中发〔1981〕8号"文件《中共中央、国务院关于加强职工教育工作的决定》和第三机械工业部1979年南京教育工作会议及江西省工办"〔81〕国工字第22号"文件精神，结合学校实际，制定《一九八一至一九八五年职工教育规划》，以"（81）院教字第52号"《关于我院职工教育规划的报告》，上报第三机械工业部审定。规划提出，学校的职工教育近期规划之一是办好夜大、电大，要为国家培养一批高级技术人才和管理人才。在招收1981级两个专业66名夜大学生的基础上，1982年夜大工科班（机械加工专业）招收新生40名，1984年夜大工科班招收新生40名，文科生（汉语言文学专业）40名。办文科的目的主要是培养机关党、政干部和学生政治辅导员、团干等。根据这一规划，1983年留出机动计划。初步计划是，1982年招收机械加工专业一个班，如果招生不足20人，则不开班，1983年继续招收，如果1982年能招收20人以上，则开班，1983年不招。之所以作出这样的计划，主要是囿于学校规模较小，青年职工人数不多等具体情况，按当时招生范围规定，只能内部招生，是否面向附近工厂、机关等扩大招生，尚待政策研究。③由于生源不足，根据实际情况，1982年，夜大学没有招生。

---

① 《关于申请举办夜大学专科层次学历教育的请示》，南昌航空大学档案馆电子档案，1992–永久–0043–004。

② 《关于公布一九九三年度普通高等学校举办函授专科和夜大学本专科教育备案名单的通知》，南昌航空大学档案馆电子档案，1993–长期–0036–009。

③ 《关于我院夜大学开办过程和现在情况的报告》，南昌航空大学档案馆电子档案，1982–长期–0023–004。

　　机械加工专业和汉语言文学专业在1982年和1983年连续两年没有招生。[①]1981级两个夜大班，仅限招收本学校在职职工，经严格考试入学。1983年，学校增设航空机电专业。随着高等教育事业的发展，从1983级开始，面向社会招生，参加江西省成人高等学校统一招生考试，当年秋季航空机电专业实现招生26名，录取分数稍高于江西省定标准。[②]首届夜大机电专业入学26人中，年龄最大的36岁，最小的20岁，中途考取研究生1人，转学1人，留级或其他原因未毕业3人，毕业21人，获得工学学士学位15人。有40%的毕业生在单位表现较为优秀，作出了比较突出的成绩，受到用人单位的普遍好评。[③]

　　1984年，根据教育、财政部《关于成人高等学校一九八四年由省、市、自治区统一招生考试的通知》，正式建立了由省、市、自治区统一招生考试办法。根据江西省1984年夜大学分专业招生计划，1984年机电专业招生计划60名，[④]最终实现秋季招生46名，机械加工专业和汉语言文学专业在1984年仍然没有招生。1983级航空机电专业学生被淘汰1名，1984年共有在校夜大学员129名。[⑤]

　　按学校计划，1985年夜大专业拟不招生。但应航空工业部三线单位355等厂的要求，1985年在贵州招收机械加工专业班（五年制本科）学员26人（编为85312班）。考虑到贵州偏远，教师来往不便，遂学员4年全部脱产来校住读，在南昌组织教学，但仍发夜大学文凭。[⑥]另外，在陕西012基地招收教师

---

① 《航空工业部统计报表制度（职工教育部分）》，南昌航空大学档案馆电子档案，1983–永久–0003–028。

② 《南昌航空工业学院夜大学工作总结》，南昌航空大学档案馆电子档案，1985–永久–0015–009。

③ 周琪、王晓帆：《南昌航院首届夜大机电专业本科毕业生情况调查报告》，《南昌航空工业学院成人高等教育：1997》，南昌航空工业学院成人高等学院1997年11月内部编印（赣新出内准字第60号），第74页。

④ 《关于下达一九八四年高等学校、中等专业学校招生计划的通知》，南昌航空大学档案馆电子档案，1984–长期–0046–009。

⑤ 《航空工业部统计报表制度（职工教育部分）》，南昌航空大学档案馆电子档案，1984–永久–0004–002。

⑥ 《关于我院成人高等教育治理整顿情况的报告》，南昌航空大学档案馆电子档案，1990–永久–0026–013。

英语班（夜大专科）学员16人。[①] 1985年12月底有6个班，在校学员165人。

　　1986年环境保护专业计划招生50人，机电专业计划招生40人，均在江西招生。[②] 在1986年招生录取时碰到了问题，从江西省成人高考的报名和考试成绩来看，考试成绩在330分以上的、第一志愿为机电专业的有66人，而第一志愿为环境保护专业的却只有18人，这与招生计划有较大背离。为此，学校拟调整专业招生名额，即机电专业增加10名，由40名改为50名，环境保护专业减少10名，由50名改为40名，招生总数不变，仍为90名。学校于6月23日电话请示航空工业部教育司，航空工业部教育司经请示国家教委并于6月24日电话答复昌航："在不超过招生计划总数（90人）的前提下，同意学院调整专业招生名额的意见，即机电专业增加10名，环保专业减少10名。"6月24日，学校又以"院教成字（86）76号"《南昌航空工业学院关于调整我院夜大学专业招生名额的请示》书面向江西省招生办公室请示。[③] 航空工业部教育司又以电报回复昌航："经请示国家教委，同意你院夜大学在总招生计划内可以调整，机电（50），环保（40）。"[④] 1986年，学校夜大学实际录取机电专业50人，环境保护专业36人。[⑤] 1986年学校还招收了干部专修科无损检测班（86322班）25人和环境工程班（86222班）18人。

　　1987年，机电专业计划招收2个班90人，高中起点，面向南昌市招生。[⑥] 实际录取44人，完成计划49%。成人高考最高分数419分，最低分数297分。[⑦] 后来至1992年毕业时，退学15人，结肄业1人，转出2人，转进2人，

---

① 《南昌航空工业学院夜大学工作总结》，南昌航空大学档案馆电子档案，1985–永久–0015–009。

② 《（航空工业部教育司）关于各类成人高等学校招生录取工作的通知》，南昌航空大学档案馆电子档案，1986–永久–0025–002。

③ 《南昌航空工业学院关于调整我院夜大学专业招生名额的请示》，南昌航空大学档案馆电子档案，1986–永久–0025–004。

④ 《同意你院夜大学在总招生计划内调整》，南昌航空大学档案馆电子档案，1986–永久–0025–003。

⑤ 《江西省一九八六年成人高（中）等专业学校录取新生情况统计表》，南昌航空大学档案馆电子档案，1986–永久–0025–011。

⑥ 《关于1987年函授、夜大学招生计划的报告》，南昌航空大学档案馆电子档案，1987–永久–0031–003。

⑦ 《江西省一九八七年成人高（中）等专业学校录取新生情况统计表》，南昌航空大学档案馆电子档案，1987–永久–0031–004。

1992年实际毕业22人。^①1987年计划招收干部专修科无损检测班（87322班）40人，实际录取22名，完成计划55%，另外接收进修生3名。^②

　　1987年7月，为陕西012基地培养的1985级英语专修科班16名学员顺利毕业。1987年6月25日，学校以"院教成字（1987）第112号"《关于夜大85级英语专修科班毕业证书发放的请示》向航空工业部教育司请示，内称：我院根据部教育司1985年10月的批示，为〇一二基地举办代培英语师资班，并将其中十六名知青转为夜大英语专修科学习，现修业期满，定于1987年7月毕业，经研究拟将毕业证书内容按如下格式填写：学生×××，于1985年9月至1987年7月在本院夜大学英语专业（全日制班二年制专科学习，修业期满，学完教学计划规定的全部课程，考试成绩及格，准予毕业。妥否，请批示。^③6月29日，航空工业部教育司同意学校意见。毕业证书由学校基础部领导（张、何）前往012基地发放。^④

　　1988年机电专业（本科）计划招生50名，实际录取40名，完成计划的80%，另接收进修生7名。无损检测干部专修科计划招生20名，实际录取12名，完成计划的60%，另接收进修生6名。为江西省教委所属高校举办的实验技术与管理教师班，计划招生30名，因实际报名人数少，只有4人上线。经与江西省教委协商后，决定停招。^⑤

　　航空航天工业部教育司下达1989年机械制造与电子控制专业夜大本科计划40名，实际录取42名，为计划数的105%。^⑥

　　实际上，以上计划人数、招生人数、入校报到人数、在校人数、毕业人数总在不断变化之中。比如，至1991年6月，机电专业（本科）1986、1987、

---

① 《江西省成人高校、中专学生毕业证验印申报表》，南昌航空大学档案馆电子档案，1992–永久–0043–010。

② 《南昌航空工业学院一九八七年成人高校招生工作总结》，南昌航空大学档案馆电子档案，1987–永久–0031–005。

③ 《关于夜大85级英语专修科班毕业证书发放的请示》，南昌航空大学档案馆电子档案，1987–永久–0031–007。

④ 《1987年7月颁发专科毕业证书登记表》，南昌航空大学档案馆电子档案，1987–永久–0031–008。

⑤ 《南昌航空工业学院一九八八年成人高等教育招生工作总结》，南昌航空大学档案馆电子档案，1988–永久–0026–017。

⑥ 《一九八九年成人高等教育招生工作总结》，南昌航空大学档案馆电子档案，1989–永久–0029–013。

1988、1989级入校报到人数分别为：42人、43人、36人、36人，在校人数分别为：21人、24人、31人、34人。[①]

航空航天工业部教育司下达昌航成人教育1990招生计划控制数在300名以内，其中机械制造与电子控制专业夜大本科计划45名，实际录取40名，完成计划的88.9%。[②]1991年，机械制造与电子控制专业夜大本科计划招生30名，实际录取23人。[③]1992年，机械制造与电子控制专业夜大本科计划30名，[④]实际招生32人。[⑤]1993年，机械制造与电子控制专业夜大本科计划35名，实际招生27人。[⑥]原计划夜大专科招收工商外贸文秘专业30名，但实际未执行。[⑦]

（四）首届夜大毕业生情况

第一届夜大学招收机械加工专业和汉语言文学专业共2个班，于1981年3月正式开学上课。夜大学汉语言文学专业只招收了一届学员，在首届学员毕业后，根据原教育部的规定不再继续招生。

从1981年3月开始，经过近5年的学习，夜大首届2个班学员完成了教学计划规定的全部课程，毕业设计（论文）、毕业答辩也于1985年12月28日前完成。机械加工专业有20名学员完成了毕业答辩，其中4名获得优等成绩，7人获得良等成绩，8人获得中等成绩，1人获得及格成绩。[⑧]同时，汉语言文学专业有35人完成了学业。首届学员应于1986年2月毕业，但由于昌航夜大教学是借助本校日校师资及聘请兄弟院校的教师任教，实际教学安排比原定教学计划有所变动，比原定计划提前一个月结束学业。鉴于此实际情况，经

①《函授、成人教育经费收支情况》，南昌航空大学档案馆电子档案，1992-永久-0043-013。

②《成人教育招生工作情况的报告》，南昌航空大学档案馆电子档案，1990-永久-0026-009。

③《江西省成人高等学校录取新生花名册》，南昌航空大学档案馆电子档案，1991-永久-0025-003。

④《关于下达航空系统成人高等（中专）教育一九九二年度招生计划的通知》，南昌航空大学档案馆电子档案，1992-永久-0043-001。

⑤《九二年录取新生花名册》，南昌航空大学档案馆电子档案，1992-永久-0043-012。

⑥《一九九三年成人高等教育招生工作总结》，南昌航空大学档案馆电子档案，1993-永久-0034-015。

⑦《关于申报1994年成人高等（中专）教育招生计划的函》，南昌航空大学档案馆电子档案，1993-永久-0034-001。

⑧《南昌航院毕业设计（论文）答辩记录表》，南昌航空大学档案馆电子档案，1985-永久-0015-005。

研究决定，1981级学员准于1985年底毕业。[①]学校给这55名夜大学员发了毕业证书。另有3名汉语言文学专业学员，因英语课程考核不及格，先发给结业证书，允许他们在一年内向学校申请补考，及格者换发毕业证书。学校以"（86）院成字32号"《关于我院夜大学首届毕业生情况的报告》向航空工业部教育司、江西省教育厅报告。[②]

昌航夜大是为适应学校教学工作的需要，提高学校机关干部、政治辅导员、共青团干部和实验员的科学文化素质及实际工作能力的迫切要求而举办的。1981年2月正式创立，3月开学，首届夜大66人入学，经过最终近5年的学习，58人最终毕业。夜大学员来自各个单位，利用业余时间学习，年限又长，一边工作一边学习，自学时间少，文科学员接触教师的机会少，要坚持5年的业余学习是很不容易的。绝大多数学员学习目的比较明确，很珍惜学习机会，在努力做好本职工作的前提下，克服各种困难，搞好学习，实属不易。学校对夜大高度重视，在学习时间和学习条件上给予保证。在教学管理上也是按全日制高校的管理办法进行，严格管理，严格要求，确保教学质量。从外校聘请的教师普遍反映：昌航夜大从教学安排、上课、课堂纪律、考试等各个教学环节都是一环扣一环，很正规。学员学习认真刻苦，要求严格，学风好，坚持办下去，教学质量是完全可以保证的。[③]首届夜大的培养质量是较好的，为学校输送了较高素养的专门人才。笔者初步统计，58名毕业生中，有6人评为教授，有13人锻炼成为学校的中层处级干部（其中11个正处级），另外一人成为校级副职（副厅级干部）。其他学员也成为各个岗位的骨干。[④]

1986年1月8日，昌航夜大学举行首届学员毕业典礼。学校领导和嘉宾对夜大学及学员给予高度评价。南昌航空工业学院院长刘荣光指出："我院夜大学首届学员大都是各自工作单位的新生力量和骨干。五年来，学员们在学院及各个单位的积极支持下，克服了各种各样的困难，坚持边工作边学习。不

---

① 《关于我院夜大学八一级学院毕业时间的请示》，南昌航空大学档案馆电子档案，1985-永久-0015-007。

② 《关于我院夜大学首届毕业生情况的报告》，南昌航空大学档案馆电子档案，1985-永久-0015-010。

③ 《南昌航空工业学院夜大学工作总结》，南昌航空大学档案馆电子档案，1985-永久-0015-009。

④ 依据《1985年12月颁发本科毕业证书登记表》统计，南昌航空大学档案馆电子档案，1985-永久-0015-011。

少学员既能完成组织上交给的工作任务，又能勤奋攻读，在学业上取得了良好的成绩，这是很不容易的事情。这种精神值得称赞。根据现在所了解的材料来看，我院夜大学的教育质量是比较好的，通过五年学习，大多数学员达到了预定的培养目标。"5年来，学校夜大学在工作中"认真制订并严格执行教育计划"，"把好任课教师关"，"严格学籍管理和考试纪律，进行必要的淘汰"，管理人员和任课教师付出了辛勤的劳动，这些都是值得借鉴的工作经验。夜大学是我国高等教育的一个重要组成部分，是成人高等教育的主要形式之一，根据国家高等教育事业的规划，今后将要得到进一步的发展。"五年来的实践证明，我院举办夜大学的决策是正确的，它不仅提高了我院参加学习的人员的素质，同时也促进了学院的其他工作。这是一条多出人才的重要途径，我们要继续走下去。"①

江西教育学院中文系副主任彭兆春副教授受邀在首届学员毕业典礼上致辞。几年来，江西教育学院中文系先后有7位教师在昌航夜大文科班参与了"文学概论""现代汉语""语言学概论""美学""马列文论选讲""中国古代文学""外国文学"等课程的教学及全体毕业论文的指导工作。彭兆春感慨地说，自昌航夜大创办以来，严格按照部颁的教学计划，完整系统地开设了有关专业的全部课程。汉语言文学专业的各门公共课、专业课也完全按照全日制本科院校的教学大纲、教学内容、教学课时安排教学。在5年的教学过程中，在领导的精心指导下，通过各种教学环节及考查考试，经过学员同志们刻苦的努力，终于圆满地完成了全部的学习任务，取得了可喜的成绩，而且实际掌握了大学本科的专业理论知识及专业技能。昌航夜大的教学实践证明，工科院校除了培养工科人才，也同样可以培养文科人才，而且办学的质量并不亚于其他种类的成人高校。几年来夜大坚持一边工作、一边学习的办学方针，卓有成效地为本院培养了首批合格的专业人才，这样既提高了自己队伍的素质，也大大加强了昌航各部门的力量。今天，首届学员的毕业，就是智

---

① 《在南昌航院夜大学首届学员毕业典礼上的讲话》，南昌航空大学档案馆电子档案，1985-永久-0015-008。

力投资的硕果，也是在教育体制改革中迈出的可喜的一步。①

　　江西师范大学中文系先后有8位教师在昌航夜大文科班任教。江西师范大学中文系副主任曾子鲁受邀在首届学员毕业典礼致辞。曾子鲁感叹道：江西师范大学中文系的教师在昌航夜大中文班授课的时间虽然不长，但感受很多，收获不小。我们特别难忘的是，学员同志们克服种种困难，一面工作，一面学习，孜孜不倦，持之以恒。他们那种如饥似渴的求知欲望，锲而不舍的钻研精神，尊师重道的良好风气，谦虚踏实的可贵品质，使我们很受感动，给我们留下了深刻的印象。经过2000个日日夜夜的顽强拼搏，中文班学员们已经系统地学习了大学中文本科的各门课程，经过严格的检查与考试，已掌握了一个本科大学生应有的专业知识和基本技能，具备了一个中文系本科生应具有的教学、科研与社会工作能力，已达到大学中文专业本科毕业生的水平。我们为他们所取得的成绩而感到由衷的高兴，为南昌航院增添了一批建设"四化"的人才而感到由衷的高兴，也为自己的劳动结下丰硕的果实而感到由衷的高兴。古人说过：人生也有涯，其学也无涯。我们相信，首届毕业的学员同志们一定能将所学的知识作为起点，在工作中发挥自己的才能，经常吸收新的知识，不断提高自己的思想水平与业务水平，为开创南昌航院教学改革的新局面发出更多的光和热！②

　　昌航机械系副主任王贤谅也在首届学员毕业典礼致辞中深有感触地说：今天我们欢聚一堂，参加首届夜大毕业典礼，心情无比激动。由于历史的原因，我们在座的大部分同志都没有机会参加高考，失去了一次极好的学习机会，然而，强烈的求知欲望又把我们汇集到了夜大学。5年的时间是漫长的，也是极为紧张和辛苦的，但我们的内心又是充实的。因为我们在1825个日日夜夜中，始终坚持了边工作边学习，没有因为学习而影响工作。现在，按照教学大纲的要求，我们系统地学完了大学的全部课程，顺利完成了学业。5年的学习，使我们增长了许多知识，同时也为今后的学习和工作打下了良好的

---

① 《在南昌航院夜大学首届学员毕业典礼上的讲话》，南昌航空大学档案馆电子档案，1985–永久–0015–008。

② 《在南昌航院夜大学首届学员毕业典礼上的讲话》，南昌航空大学档案馆电子档案，1985–永久–0015–008。

基础。①

　　昌航夜大首届学员的培养无疑是成功的，教学质量较好，取得较多成绩和收获，也获得了较好的社会声誉。历届夜大生培养质量是较好的，有的学生在校学习期间已考取重点院校的硕士研究生。②

五、优秀夜大生钟诗胜

　　夜大学从1981年开办到1999年停止招生，共招收和培养培训学生1053人，其中高达本学生523人，高达专373人，脱产干部专修科129人。夜大学的职工教育工作，为学校由中专改建学院、办好本科院校培养了一大批优秀的管理人才、教学人才和教辅人才，保证了学校教育教学质量和人才培养质量。夜大学培养的许多学生，后来成为学校的管理部门、教学部门和教辅部门的领导和骨干，夜大学因此被誉为南昌航空工业学院的"黄埔军校"。③

　　夜大学同样为社会培养出大量杰出的人才，在各行各业崭露头角，其中优秀学生的代表之一是钟诗胜。

　　钟诗胜1964年出生于江西省赣南老区龙南县的一个山村，1981年高中毕业考上江西省机械工业学校，读书刻苦认真，三年中专以全优成绩毕业，1984年分配到南昌陆军学院做实验员，深感知识不足，于是参加成人高考，1986年被录取到南昌航院夜大学机械制造与电子控制专业。入校后，他如饥似渴地学习科学文化知识，刻苦攻读夜大学所开设的各门课程。夜大学是业余学习，不脱产，安排在晚上上课。南昌陆军学院距离南昌航院有40余里，钟诗胜克服重重困难，经常骑着自行车来往学校，风雨无阻。在校几年，他每学年都以各门课程的优异成绩被学校授予夜大优秀学生称号。1989年，钟诗胜毕业后毅然报名参加攻读硕士学位研究生的国家考试。功夫不负有心人，他以报考哈尔滨工业大学机械学考生中的最好成绩被该校录取为研究生。

---

① 《在南昌航院夜大学首届学员毕业典礼上的讲话》，南昌航空大学档案馆电子档案，1985-永久-0015-008。

② 《关于我院成人高等教育治理整顿情况的报告》，南昌航空大学档案馆电子档案，1990-永久-0026-013。

③ 《南昌航空大学继续教育学院院史》，南昌航空大学继续教育学院2012年9月内部编印，第2页。

在攻读硕士学位期间，主要从事簿缘齿轮强度和刚度的研究并在英国发表论文1篇，国内发表论文2篇。1992年3月，钟诗胜通过硕士学位论文答辩并获工学硕士学位。学然后知不足。钟诗胜于1992年9月又考入华中理工大学机械学专业，攻读博士学位，师从周济院士。在攻读博士学位期间，他主要从事智能决策支持理论与实践的研究，主持完成了国家"八六三"高科技计划重点资助项目和国防科工委重点研究项目，参加了国家"八五"重点科技攻关项目"重型数控机床模块化设计与制造的研究"。在此期间，共发表论文16篇。钟诗胜在攻读硕士、博士学位期间，寒暑假都要回母校探视，受到学校领导和教师的欢迎。①

1996年7月—1998年7月，钟诗胜在哈尔滨工业大学机电工程学院博士后流动站工作，出站后留校任教。同年8月，由于成绩突出，直接由讲师特聘为教授。他在科研的道路上艰苦跋涉，一直从事先进制造技术的研究，在制造业信息化、数控技术及其应用、机电设备状态监测和故障诊断等领域有较好的工作积累，取得骄人的成就，负责并完成包括国家自然科学基金重点项目、国家863计划重点项目、国防预先研究项目、国防基础科研重大项目和欧盟科技计划项目在内的多个项目。2000年，36岁的钟诗胜被评为博士生导师，2003年8月—2003年12月在英国UMIST大学做访问学者。2005年7月—2006年6月，任江西省鹰潭市人民政府市长助理（挂职）。2007年1月任哈尔滨工业大学（威海）副校长，2021年4月开始任哈尔滨工业大学（威海）常务副校长。他还是中国机械工程学会机械工业自动化分会副主任委员。

钟诗胜，知识渊博，潜心于学术研究，精心教书育人，已经桃李天下。他对曾经的夜大学的老师充满感情，记忆犹新地说："从我的任课教师来说，我感觉，他们的教学艺术是非常好，非常高超的。上课是一门艺术啊！有的人肚里有货却倒不出，有的人则是夸夸其谈却肚里无货。那时，给我们上课的那些老师，无论是教高等数学的、教机械制图的，还是教机械零件的、教材料力学的……他们对教材钻研得都特别深，板书都特别严谨，讲得也都十分生动。从上课来讲，他们的授课艺术绝不亚于重点大学的教师。"对夜大的

---

① 《南昌航空工业学院成人高等教育：1997》，南昌航空工业学院成人高等学院1997年11月内部编印（赣新出内准字第60号），第71页。

经历，钟诗胜颇有感慨地说："说起在南昌航院读夜大的那段日子，的确是一种锻炼，他磨炼了我的毅力。这使我终生难忘，并且让我受用至今。"他还说："在南昌航院的那段日子，确确实实很辛苦。但是，自己给自己加压，也锻炼了毅力和敢于吃苦的精神。一旦确立了目标，就敢于向着目标往前冲，这便是在南昌航院读夜大时养成的。这也可以说是，我在南昌航院的最大收获。"①

六、成功经验和不足

通过五年的实践和总结，学校深深体会到，要办好夜大，培养德、智、体全面发展的高级专门人才，必须吸取以下几点经验：②

第一，必须按照职工业余教育的规律，组织好教学。

夜大学员基本来自学校各个单位，具有丰富的实践经验和感性知识，理解和分析问题能力较强。但也要看到很多学员都是各单位的骨干，工作忙、年龄大，记忆力较差，教师辅导时间相对较少，学员之间相互研究问题的时间不多，学习条件较差。在制订教学计划时，一方面要坚持培养目标的要求，另一方面要照顾到成人的特点，既要使学员掌握本专业比较系统的基础理论知识和专业知识，又要尽可能地使学员了解与本专业有关的科学技术的新发展，培养他们的自学能力和提高他们的分析、解决问题的能力。在教学中，学院加强了基础课和技术基础课的教学，学时比日校多，进展比日校慢。在教学方法上注意贯彻"少而精"的原则。在教学内容上，注意及时反映科学理论上的新成就。比如，物理课增加了真实气体方程的物理内涵、电磁波发射和传播的原理、全息摄影的原理及数学推导、人为双折射及其在光弹上的应用、园偏振光的数学模型等内容。理论力学增加了质点的相对运动等内容。夜大充分利用日校的实验设备，加强实践环节。物理、化学、电工、金相、材力等实验全部与日校相同，上机的次数较多，增强了学员测试技能和进行专题研究的能力。

夜大还注意加强政治理论课的教学。哲学、政治经济学课的教师，不仅

---

① 沈国英、罗黎明主编：《奋飞》，航空工业出版社2002年9月版，第182—188页。

② 《南昌航空工业学院夜大学工作总结》，南昌航空大学档案馆电子档案，1985-永久-0015-009。

讲述课本上的内容，而且同现实经济、生活中的现象联系起来讲述，内容丰富，讲述生动，学员听课聚精会神，回答问题准确，论述发挥得充分，比日校的要求高。学员考试成绩较好。

在教学安排上，夜大每学期安排3—4门课程，周学时控制在12—14学时，同时充分利用寒暑假，集中时间做实验，画零件装配图，做课程设计，减少与日校争师资和实验设备的矛盾。要求文科学员利用假期精读中外名著和参考资料，搞社会调查，搜集资料，撰写文章，提高写作能力。

第二，建立一支相对稳定的兼职教师队伍，确保教学质量。

要保证和提高夜大的教学质量，关键在教师。建立一支相对稳定的兼职的质量较好的教师队伍具有重要的意义。教与学是教学的两个方面，要提高教学质量，就必须发挥教师的积极性和学员学习的主动性。学的主动性，多半决定于教的效果，在教学中起主导作用的是教师。课堂讲授是教学中起主导作用的中心环节，其他各环节的进行都要以它为基础，所以课堂讲授的质量是决定教学质量的关键。因此，夜大在物色教师时，要求比日校高。夜大要求选派责任心强、教学经验丰富、教学效果好、热心于成人教育的具有讲师及以上职称的教师任教。比如，文科班5年中任课的教师全是讲师职称以上教师，绝大多数教师讲课质量高，在总共19门课中，有8门课由副教授讲授。江西教育学院、江西师范大学中文系派出了许多骨干前来任课，既有优秀的中年讲师，又有学识渊博、治学严谨、具有丰富教学经验的副教授，有关系的负责同志也亲自来昌航夜大学任教。江西教育学院中文系全系出动辅导毕业论文。刘荣光院长指出："这种支持和友谊是十分可贵的。"[①]

为聘任到好教师任教，夜大不厌其烦到各方面去争取、疏通，学校领导也亲自出面向各方面解释。在这方面，夜大是有经验教训的。有的教师讲授精练，语言丰富，条理清晰，能抓住重点、难点，善于启发诱导，掌握了成人教育的教学规律，学员听课积极性就高，教学效果就好。与此相反，教学效果差。如一名材料力学教师，第一次教夜大，缺乏讲授艺术，逻辑思维较差，思想方法片面，听不进学员意见，师生关系紧张，学员普遍学得不好，

---

① 《在南昌航院夜大学首届学员毕业典礼上的讲话》，南昌航空大学档案馆电子档案，1985-永久-0015-008。

不及格、补考的多。所以要选派责任心强、经验丰富、教学效果好、热心于成人教育的教师任教，稳定几年再轮换，以便总结经验，掌握规律，逐步提高教学质量。只有提高教学质量，夜大教育才有强大的生命力。

第三，严格教学管理，坚持正常的教学秩序。

夜大学员来自各个单位，他们的政治思想水平不一，学习基础、要求和条件也有差别。为了保证培养出合格毕业生，维护学校夜大的声誉，必须严格执行各项教学管理制度，把住招生考试，期中、期末考试和毕业考试三关。夜大招生时，除了看总分外，特别注意考生的数学、物理基础，对考试成绩有一定的要求，因为工科学生数学、物理基础差，就难以坚持后继课程的学习，入学后，淘汰率也高。严格要求，严格考试，这是把好教学质量关的一个重要环节。夜大规定每一门课程每个学期都要进行期中、期末考试，统一评分标准，严格执行考试制度，不及格者补考，经补考仍不及格者按学籍管理办法处理，该留的留，该退的退。因公、病、事请假，误了考试的还要补上，这样才可评定该课程的学期成绩。

严格执行考场纪律，每学期进行考前教育，重申凡有舞弊行为者，视其情节轻重进行纪律处分，其成绩按"0"分记载，不准补考。这样一抓，学员都能自觉地遵守考场规则。

严格上课、实验考勤。凡因故不能参加者，须提前请假，否则按旷课对待，学期末总计，同学习成绩单一起通知学员所在单位，使其了解学员在课堂学习情况。

外单位学员普遍反映昌航夜大管理过严，比别的成人高校严格多了。但昌航夜大认为，不严格要求，严格管理，就培养不出合格的人才。就想在夜大混张文凭的思想是不行的，夜大要为社会负责，要维护昌航夜大的声誉，决不能降低要求，决不能奉送文凭。

第四，领导重视、全校支持是办好夜大的重要保证。

学校领导非常关心夜大的建设，经常深入夜大学员之中，了解教与学的情况，有针对性地进行教育，及时解决学员提出的问题和要求。昌航系工科院校，文学书籍较少，远远不能满足汉语言文学专业学习的需要。为此，图书馆陆续增购了古典、外国文学方面的书籍和参考资料，还借给汉语言文学专业班

100余册图书，供全班学员广泛阅读，为文科学员学好专业课提供了物质保障。

夜大按日校教学大纲的要求，能与日校本科生一起考的课程，用日校本科生用的考卷一起考，与本科的评分标准一样。不能与日校统考的课程，学校领导亲自审批试题，把住考试关，确保教学质量。

夜大的教学日常事务，讲义的刻印，试卷的打印、保密等均未出过差错，与校内各单位的大力支持是分不开的。

第五，建立一支精干的，办事效率高，坚持原则，敢于管理的夜大管理干部队伍是办好夜大的重要一环。

夜大利用日校的师资和教学设施进行教学，管理系统不像日校那么严密、系统，管理干部少，而涉及面宽，管理起来比日校更麻烦，头绪更多，因此建立一支精干的，坚持原则，敢于管理，办事效率高的夜大管理干部队伍是非常重要的。昌航夜大办公室和学校人事处培训科合署办公，两块牌子，一套人马，管理范围宽，包括师资培训，出国进修，干部培训，职工培训，工人技术培训和夜大电大的管理。夜大的管理包括：教学计划的制定，教师的聘任，教材的订购与分发，财务管理，学籍管理，招生、考勤与学员单位联系等。还有接送所聘外单位的教师，解决学员之间的纠纷。但全科（包括培训科）只配有4人。全科同志同心协力，分工合作，不辞劳苦，不怕跑腿、磨嘴皮，对学员中提出的不合学籍管理规定的要求，能坚持原则。把夜大的教学和管理工作搞得井井有条，效率应该是高的。昌航夜大从无到有，逐渐发展，越办越好，与这支队伍的辛苦付出是分不开的。刘荣光院长指出，"夜大工作人员、任课教师付出了辛勤的劳动，学员们坚持了坚忍不拔、锲而不舍的拼搏精神"，[1] 这是学校夜大学的教育质量取得比较好的成绩的原因之一。

经过几年的办学实践，学校夜大学取得了一些成绩，积累了一些办学经验，但也深感夜大要正规办学是十分不易的，主要存在以下问题：[2]

第一，生源不足。根据有关规定，昌航夜大学前两届招收本校的在职职工，后因学校规模小，生源不足，第二届就没有实现校内招生。第三届开始面向

---

[1]《在南昌航院夜大学首届学员毕业典礼上的讲话》，南昌航空大学档案馆电子档案，1985–永久–0015–008。

[2]《南昌航空工业学院夜大学工作总结》，南昌航空大学档案馆电子档案，1985–永久–0015–009。

社会招生，报考的人多了，但随着各单位经济承包责任制的推广和各单位均注重经济效益，同意本单位职工报考夜大学的少了。各单位都有一些土政策限制本单位职工报考，而招社会知青，又存在本人的经济负担能力和就业的问题。

第二，学员基础较差，入学的成绩低，难以坚持学习，淘汰率较高。1984级、1985级学员虽然参加了全省统一考试，但录取分数线偏低。1984年江西省的入学录取控制线为240分（总共考5门课程），平均每门不到60分，与日校录取控制分数线相距较大。

第三，成人教育的领导体制不健全，有些社会办学的成人高校管理不严，办学条件较差，影响了成人教育的声誉。

第四，夜大学的管理系统仍需加强。虽然设有电大、夜大办公室，但是与人事处培训科合署办公，并非真正意义上的独立办学机构，且人员紧张，与教务处和各教学单位沟通协作存在一些问题。

第五，成人教育的任课教师来自不同单位，对于讲课酬金，各单位急需有一个统一的标准，否则容易助长向钱看的歪风。

当然，对于以上存在的问题，是各成人高校存在的普遍问题。这些问题其实也是前进中的问题。随着教育体制改革深入，这些问题将会很快得到解决，夜大学的发展前景仍然是广阔的。

为了进一步办好夜大学，学校做了如下设想：

第一，加强、充实夜大学的管理机构，配备专职的夜大学校长，充实管理人员，使夜大学管理机构从校本部分离出来。成为一个实体，作为学校的一个附属单位。

第二，简政放权，使夜大学具有一定的财务自主权。学校每年拨给夜大学一笔教育经费，另外从招收学员所得费用中提取一部分作为夜大学的正常开支的费用，使夜大学有职有权，提高办学自主性和积极性。

第三，根据社会需要和学校实际，增设部分专业，为社会培养急需的专门人才，解决生源不足问题。

第四，本科、专科、中专多层次办学。扩大招生来源，除向南昌地区招生外，另与航空工业部三线单位协作，为航空工业部三线单位培养人才。在保证教学质量的前提下，做到活而不乱。

第三章

成人高等教育的初步发展

自"文化大革命"结束后成人教育恢复，到1986年以前的初步发展，可以说是新时期中国成人教育的起步阶段。1987年6月国务院批转了国家教委《关于改革和发展成人教育的决定》，1987年10月党的十三大提出加强对劳动者的职业教育和在职继续教育，这意味着从1987年开始，我国成人教育在初步发展的基础上，开始了改革与发展的历程。在这个改革发展的历程中，昌航的成人高等教育也开始初步发展，高等函授教育的举办和初步发展是其标志性成果。1987年2月2日，国家教育委员会批准昌航举办函授本、专科教育，标志着昌航的成人教育开启了新的征程。1987年2月24日，昌航设立函授部。1988年1月1日，成立成人教育处，负责夜大学、函授部、干部专修科等成人教育的业务和日常管理工作，从此学校的成人高等教育取得较大发展。

一、成功申请举办函授本、专科教育

（一）全国成人教育改革和发展形势

函授教育是运用通信方式进行的一种远距离教育活动。学员以自学函授教材为主，面授为辅。教学环节包括自学教材，面授辅导，通信答疑，集中实验、实习，讲评作业，阶段测验，期末考查或考试，毕业设计或撰写论文等。举办单位为函授学校、全日制学校或经批准的机关、团体及其他事业单位。实施机构一般是函授辅导站。[①]

有组织的函授教育最早发生在1728年。美国波士顿市教师费利浦斯

---

① 齐高岱、赵世平：《成人教育大辞典》，石油大学出版社2000年9月版，第27—28页。

（Caleb Philipps）提供一种新的速写方法给任何想学习此种技术的民众。他按周寄送课程给这些民众练习，提供他们自学的材料。这种邮寄印刷品的教材，成为十八、十九世纪最闻名的函授方法。1833年11月30日，瑞典学者魏克贝雷德（Lurds Weckoblad）在《大学城周报》以通信的方式教民众学习作文。1840年，英国传教士、速记师伊萨克·彼德曼（Isaac Pitman）以函授的方式教导民众速写。他把速记教程通过邮政寄送给他的一位中途离校的学生自学，其后此种方式应用到其他科目。原先一直维持原始的邮寄讲述笔记的方式，其后为改善品质，开始设计便于个人在家学习的教材。1868年，英国伦敦发起的大学推广运动中，大学的函授教育开始推广，1873年很快被推广到美国，宾夕法尼亚州建立了斯克兰敦万国函授学校。时任京张铁道总工程师的詹天佑，选送铁道实习生到万国函授学校学习土木、铁道工程等专业，开启了中国人进修外国函授教育之先河。 1906年，斯克兰敦万国函授学校在上海创设中国日本总经理部，这是外国人在中国开办函授教育的开始。这一教育方式很快被中国人接受。1910 年 8 月，上海商务印书馆创办了师范讲习社，开始了中国人自己创办函授教育的历史。1915年7月，商务印书馆创设了函授学社，以后改为函授学校。这是我国函授教育有"函授"之名的开始。[①] 之后，函授教育逐渐在中国发展起来。1943年，国民政府教育部颁发《师范学院附设中心国民学校教育进修班及函授学校办法》18 条，指定部分大学办函授学校，以便优秀教师的在职进修。

中华人民共和国成立后，高度重视各类成人教育。函授教育是从中等师范函授办起的。1951年，东北实验学校设立函授部，北京成立了函授师范学校。1952年下半年，中国人民大学创建函授教育部，开始提供函授课程，开始了高等函授教育。1953年5月，东北师范大学开始函授教学。这是较早开始函授教学的高等院校。1955 年 5 月底，全国文化教育工作会议提出要通过函授教育或举办夜大学等办法对在职人员开展教育。为贯彻此次会议精神，1956 年 5 月，国家又发布《关于综合大学开办函授教育的通知》，对专业设置、教学任务、培养目标、学制年限等作出具体规定，进一步推动了函授教

---

① 肖永寿:《中国早期函授教育的产生和发展——商务印书馆函授教育的历史回顾》,《四川师范学院学报（高教研究专号）》1996年5月第3期。

育在高校的发展。1956年，江西省全日制高等院校开始举办函授和夜校教育，至1962年底，江西省办有函授教育的全日制高等院校有江西农学院、江西中医学院、江西教育学院3所，在校函授学生达10312人。1966年前，江西省全日制高等院校举办的函授部，设有中国语文、数学、农学、畜牧和中医等专业。有些院校还根据函授生分布情况建立了函授站。①"文化大革命"期间，全国函授教育受到干扰中断，直至1973年，部分高校开始恢复向农村地区的教师和高中毕业生提供函授教育。

"文化大革命"结束后，全国函授高等教育也逐步恢复。1978年6月上海师范大学成立了业余教育处，恢复中文专业的函授教育，学制四年半。同月，同济大学也恢复了函授部，招收建筑专业函授生。1980年4月，教育部召开全国高等学校函授教育和夜大学工作会议，明确了对加强此项工作的重要性和紧迫性的认识。1980年9月5日，国务院批转教育部《关于大力发展高等学校函授教育和夜大学的意见》，《意见》指出，高等学校举办函授教育和夜大学的工作，应当采取"积极恢复、大力发展的方针"，"要分期分批地把函授教育和夜大学工作开展起来"，"使之真正成为高等教育的组成部分"。② 中国的高等函授教育进入新的历史发展时期。

1986年12月，国家教委、国家计委、国家经委、劳动人事部、中央组织部和全国职工教育管理委员会在山东烟台联合召开了改革开放以后的第一次全国成人教育工作会议，李鹏总理在会上做了"改革成人教育，发展成人教育"的重要讲话。1987年6月23日，国务院批转了经这次会议讨论修改的国家教委《关于改革和发展成人教育的决定》。《决定》是一份里程碑式的重要文献，进一步将成人教育明确列为我国国民教育四大块之一，即国民教育包括基础教育、职业技术教育、高等教育和成人教育。为适应经济建设和社会进步的需要，《决定》对成人教育的管理体制、教育观念、方针政策、目标任务、工作重点等进行重大调整和变革，开启了成人教育改革与发展的新局面。

---

① 江西省教育考试志编委会：《江西省教育考试志（1977—2010）》，江西高校出版社2015年12月版，第131页。

② 辽宁省高等教育局、沈阳师范学院教育科研所合编：《高等教育文件选编（1977.11—1982.6）》，辽宁省高等教育局1982年12月编印，第65页。

《决定》提出"要从根本上改变成人教育与社会主义现代化建设不相适应的状况，必须在提高认识的基础上，坚持—要改革二要发展的方针，使成人教育适应社会发展的需要。成人教育要从我国国情出发，坚持直接有效地为社会主义建设服务的方向，把全面提高劳动者素质作为根本目的"。①《决定》还对成人教育的任务、重点、领导体制等一系列重要原则问题作出了具体的规定，推动了高等学历继续教育的深入改革，并且更加重视高等学历继续教育的办学效益与质量。强调要以专科办学为主，以质量为基础，有计划地大力发展。

1987年10月，中国共产党第十三次全国代表大会在京举行，第一次系统地阐明了社会主义初级阶段的理论和党的基本路线。十三大报告把提高劳动者素质，发展科学技术和教育事业放在极为重要的位置，明确指出："从根本上说，科技的发展，经济的振兴，以至整个社会的进步，都取决于劳动者素质的提高和大量合格人才的培养。百年大计，教育为本，必须坚持把发展教育事业放在突出的战略位置，加强智力开发。"并提出："必须下极大的力量，通过各种途径，加强对劳动者的职业教育和在职继续教育，努力建设一支素质优良、纪律严明的劳动大军。"② 十三大对教育事业及成人教育的地位、作用、意义的这些论述成为推动成人教育改革和发展的巨大力量。

党的十三大报告和国家教委《关于改革和发展成人教育的决定》在我国成人教育发展史上是一个重要的里程碑，指导全国上下改变旧观念、适应新形势，深化教育改革，解放了思想，使成人教育从传统的学历性教育转移到以经济建设为中心的应用知识与技能培养方面来，促进了成人教育面向现代化经济建设，着眼于现代劳动者素质的培养，揭开了我国20世纪80年代至90年代成人教育改革新的一页，从而把我国的成人教育事业推进到一个新的发展阶段。在这样一个大背景下，昌航的成人高等教育逐步建立起来，除了夜大学取得初步发展，函授高等教育也开始设立，虽然起步相对较晚，但发展势头较好。

---

① 交通部教育司交通普通高校成人教育协作组编：《高等学校成人教育文件选编》，大连海运学院出版社1994年3月版，第43页。

② 中共辽宁省委宣传部：《十三大报告学习对话》，辽宁人民出版社1987年11月版，第14页。

（二）申请举办函授高等教育

南昌航空工业学院隶属第三机械工业部，1982年5月第三机械工业部改称航空工业部。按照第三机械工业部1980年8月29日转发的教育部《关于高等学校基本函授教育和夜大学审批工作意见》，"国务院各业务部门所属高等学校举办函授教育和夜大学，报主管业务部门审查批准后，由主管业务部门报我部备案"。① 从1979年11月26日第三机械工业部向航空工业各企、事业单位下发的《一九八〇——九八五年航空工业职工教育工作规划》、《第三机械工业部职工教育暂行工作条例》和段子俊副部长在航空工业职工教育工作会议上的总结《大力发展职工教育为航空工业现代化贡献力量》等三个文件来看，当时部属各类成人高等学校招生主要适应面向本系统、本单位职工求学愿望的招生范围，"厂（所）办工学院、专科学校、业余大学和电视大学的培养目标和要求，按部或广播电视大学有关文件规定执行"，② 而且"把一九六七年以来进厂的三十五岁以下的青工作为培训的重点"。③ 1981年12月18日，教育部下发的《关于改变高等学校举办函授教育和夜大学审批程序及有关几个问题的通知》将"由主管业务部门审批，报教育部备案"的办法，改为"按照院校隶属关系，由国务院主管部门和省、市、自治区提出一个时期内所属院校举办函授教育和夜大学的名单，由我部汇总审定"，同时提出，"拟定名单的高等学校函授教育和夜大学，以在职人员为招生对象。请各部门，各省、市、自治区将所招函授和夜大学生纳入职工培训计划，实行对口培养。普遍招收知识青年，涉及的问题比较多，有的问题还需要进一步研究，目前暂不考虑。除已经批准招收知识青年的院校继续进行试点外，不要增加试点单位"。④ 1983年3月14日颁发的《航空工业部函授教育、夜大学工作条例（实行草案）》的通知指出，"高等函授教育和夜大学，以在职人员为招生

---

① 《转发教育部关于高等学校基本函授教育和夜大学审批工作意见》，南昌航空大学档案馆电子档案，1980-永久-0043-010。

② 《第三机械工业部教育暂行工作条例》，南昌航空大学档案馆电子档案，1980-永久-0043-003。

③ 《一九八零年——九八五年航空工业职工教育工作规划》，南昌航空大学档案馆电子档案，1980-永久-0043-002。

④ 《转发教育部〈关于改变高等学校举办函授教育和夜大学审批程序及有关几个问题的通知〉》，南昌航空大学档案馆电子档案，1982-长期-0023-001。

对象，实行对口培养"。① 鉴于上述政策，南昌航空工业学院因规模较小，青年职工人数较少，决定先集中精力，于1981年春成功举办了夜大学，函授教育尚不具备条件。

1983年前，各类成人高等学校招生主要适应面向本系统、本企业职工求学愿望，不实行统一入学考试。1984年3月13日，教育、财政部下发"（84）教成字006号"《关于成人高等学校一九八四年由省、市、自治区统一招生考试的通知》，建立了由省、市、自治区统一招生考试办法。1984年3月27日，航空工业部教育司以"教字〔1984〕34号"转发了教育、财政部的通知，要求部属各院校举办的干部专修科、函授部、夜大学等，凡招收已纳入国家成人高等教育招生计划，学制为二年以上、培养目标为大学专科或本科毕业水平的新生，均应遵照教育部规定参加学校所在地的省、市组织的统一招生考试。其具体组织按各省市规定执行。② 在此基础上，1985年，教育部决定自1986年开始实行全国统一的成人高等教育考试制度。

1983年3月14日，航空工业部发布《函授教育、夜大学工作条例（实行草案）》的通知，指出，目前航空系统函授、夜大尚在恢复阶段，各单位领导要提高对此项工作重要性和迫切性的认识，统筹安排，认真抓起来。已经开办的，应切实解决一些实际问题。实践证明，函授教育和夜大学，是一种既经济又有效地培养专门人才的重要途径。希望各级领导要列为重要的议事日程，加强对函授、夜大学的领导，把这件事办好。③

1986年2月3日，国家教委、财政部印发《一九八六年各类成人高等学校招生规定》，各类成人高等学校实行全国统一招生，由国家教委组织统一命题、统一考试时间、统一评分标准；各省市、自治区组织统一考试、统一评卷、制定最低控制分数线；各招生学校进行录取。自此该制度一直延续至今，这是我国高等学历继续教育发展史上的大事，成人教育的招生从此纳入了国

---

① 《关于颁发〈航空工业部函授教育、夜大学工作条例（实行草案）〉的通知》，南昌航空大学档案馆电子档案，1983-长期-0023-006。

② 《关于成人高等教育参加省（市）统一招生考试的通知》，南昌航空大学档案馆电子档案，1984-长期-0020-011。

③ 《关于颁发〈航空工业部函授教育、夜大学工作条例（实行草案）〉的通知》，南昌航空大学档案馆电子档案，1983-长期-0023-006。

家统一招生的轨道，标志着其进入了学历导向型的发展阶段，具有中国特色的双轨型高等教育制度得到确立。

1986年，国家教委专门召开了全国高等函授教育工作会议，研究和部署了在新的形势下发展高等函授教育的任务、方针和政策措施。在会上讨论定稿并于1987年2月正式发布了《普通高等学校函授教育暂行工作条例》。《条例》是我国举办高等函授教育的第一部行政法规，它对举办函授教育的管理体制、审批程序、办学任务、培养规格、专业设置原则以及教学、科研、师资队伍建设、函授生管理、经费等都做了明确的规定，为我国高等函授教育的进一步发展指明了方向和行为规范，标志着我国高等函授教育进入了一个全面发展的新阶段。自此，全国高等函授教育的发展非常迅速。

鉴于以上情况，1985年，昌航在夜大学进行职工教育培训实践的基础上，面向社会开始了成人函授教育和培训的探索和实践。学校在1985年召开的第二届教职工代表大会第一次会议上通过编制的《南昌航空工业学院一九八六——一九九〇年发展规划》中指出，学校的发展方向是：以工科为主，兼办师范，逐步建成理工结合的中等规模的航空高等工科学院。"七五"期间，要"努力办好我院夜大学，同时积极创造条件，开展函授教育等其他形式的成人教育"。[①]1986年7月1日，昌航以"院教成字（1986）第85号"《关于设置函授部的请示》上报航空工业部教育司转国家教育委员会。请示称：

为了适应社会主义现代化建设发展的需要，我院在办好全日制教育的同时，积极发展成人教育，挖掘潜力，为"四化"多做贡献。拟设置函授部，招收本科和专科的函授生。

一、专业设置

机械制造工艺与设备、热加工工艺及设备、无损检测和环境工程等四个专业。

---

① 《南昌航空工业学院一九八六——一九九〇年发展规划》，南昌航空大学档案馆电子档案，1986-永久-0002-011。

二、学制：

本科学制为五年半，专修科学制为三年半。

三、学生规模和招生面向：

学生规模为 1200 人，面向全国招生，以招收航空工业部系统职工为主。1987 年开始招生。

四、教学计划（另附）

五、现有办学条件：

1. 专业建设和师资情况

（1）机械制造工艺与设备专业：全日制设有此专业。1978 年开始招收本科生，现有专业教师 29 名，其中高级职称 1 名，中级职称 16 名。专业实验室面积（使用面积，下同）466㎡，能按本科专业教学大纲开出实验 88 学时，占应开时数的 80%。

（2）热加工工艺及设备专业：全日制设有铸造、锻压工艺及设备、焊接工艺及设备、金属材料和热处理等四个相近专业。1978 年均开始招收本科生；现有专业教师 75 名，其中高级职称 6 名，中级职称 40 名；专业实验室面积为 2459㎡，能按本科专业教学大纲开出实验 339 学时，占应开出实验时数的 90%。

（3）无损检测专业：全日制设有此专业。1982 年开始招收本科生；现有专业教师 18 名，其中高级职称 2 名，中级职称 10 名；专业实验室的面积为 562㎡，能按本科专业教学大纲开出实验 71 学时，占应开实验时数的 81%。

（4）环境工程专业：全日制设有此专业。1983 年开始招收专修科，1984 年开始招收本科生；现有专业和专业基础课教师 25 名，其中高级职称 3 名，中级职称 9 名；专业实验室面积为 3150㎡，能按本科专业教学大纲全部开出实验 140 学时。

2. 为了加强对函授教育的领导，我院已设置管理函授教育的专职机构（相当处、系一级），配备专职行政管理人员 7 名，专、兼职教师的编制，按照国家教委的有关规定，已申报航空工业部教育司审定。

3. 已制定函授教育管理必要的规章制度，函授各专业所需的函授教材和教学参考资料，也已基本备全。

　　当否。请批复。①

　　1987年2月2日，国家教育委员会以"（57）教高三字001号"下发《关于批准普通高等学校举办函授教育、夜大学的通知》，内称："现将我委第六次批准的国务院有关部委，有关省、自治区、直辖市及计划单列市所属普通高等学校举办函授教育、夜大学的名单印发给你们，请转告所属学校。"②国家教委第六次批准的这批名单中，江西省有江西工业大学一所高校的函授专科。航空工业部有5所高校，依次是：北京航空学院（函授本科）、南昌航空工业学院（函授本、专科）、西北工业大学（夜大学本科）、南京航空学院（函授本科）、沈阳航空工业学院（函授本、专科）。

　　国家教委第六次批准的普通高等学校举办函授教育、夜大学的名单中，南昌航空工业学院的函授本、专科在列，标志着昌航的成人教育开启了新的征程。1987年2月24日，学校"院教成字（1987）第022号"《关于机构设置的通知》："经学院研究决定，设立：学院函授部。函授部与夜大学两块牌子，一套班子。设立：夜大学办公室（科级建制）。"③为适应学校成人教育事业发展，理顺成人教育的管理机构，1988年1月1日，学校以"院人字（1988）第8号"《关于理顺成人教育管理机构的通知》，决定成立成人教育处，原设置的夜大学、函授部办公室更名为成人教育处办公室（科级建制），成人教育处负责夜大学、函授部、干部专修科等成人教育的业务和日常管理工作。夜大学、函授部两块牌子仍保留，用于有关业务工作。④全处共6人，其中副高1人、中级职称3人、初级职称1人、在编工人1人。机械系、化工系、电子系、基一部、基二部均有一名系主任兼管成教工作，并相应明确了一名兼职工作人员。1991年10月4日，任命甘登和为成人教育处处长，张润生为成人教育处副处

---

① 《关于设置函授部的请示》，南昌航空大学档案馆电子档案，1986-永久-0025-006。

② 《关于批准普通高等学校举办函授教育、夜大学的通知》，南昌航空大学档案馆电子档案，1986-永久-0025-005。

③ 《关于机构设置的通知》，南昌航空大学档案馆电子档案，1987-永久-0013-003。

④ 《关于理顺成人教育管理机构的通知》，南昌航空大学档案馆电子档案，1988-永久-0016-001。

长。1992年7月14日，任命罗志华为成人教育处处长兼夜大学校长。

二、早期函授招生办学情况

（一）1987、1988、1989年招生办学情况

1986年7月19日，学校以"院教成字（1986）第100号"《关于1987年函授、夜大学招生计划的报告》向航空工业部教育司报送1987年首届函授、夜大学招生计划，拟1987年函授部计划招生400人，高中起点，面向全国招生，均为专科，其中机制工艺及设备专业80人，热加工工艺及设备专业120人，无损检测专业120人，环境工程专业80人。加上夜大学在校生267人，计划当年成教在校生达到667人。[①]但后来，实际计划和招生情况变化较大，上级批准1987级首届函授生计划数为170名，其中无损检测专业函授专科135名，环境工程专业函授专科35名，实际总共仅录取专科生130名。

1987年，无损检测专业函授专科实际录取130名，另接收无损检测专业进修生40名。其中上海函授辅导站22名（另接收进修生18名），湖北函授辅导站45名（另接收进修生18名），成都函授辅导站31名（另接收进修生4名），南昌函授辅导站32名。吸收的40名进修生是根据厂所的迫切需要办理的，这些人员都是单位上的业务骨干，只是成人高考时成绩略低于分数控制线，对于这些学员，毕业时只发给结业证书。环境工程函授专科原拟在四川招收35名，为四川省国防科工办代培，因重庆市生源不足停招。搞好函授招生必须做好宣传工作。原计划在湖北函授辅导站招生40名，由于该站招生前通过登报、学会调查摸底等各种渠道进行宣传，致使招生计划完成得比较好，正式录取函授生45名，还吸收进修生18名（还有些工厂要求送员进修，因教学班不宜过大，不得不对人数做了控制）。相反，在四川，由于招生宣传工作做得不够，以致环境工程函授专业在四川只有4人报考，最后不得不停招。[②]

1988年，计划函授专科招生数300名，其中环境管理函授专科计划招生

---

① 《关于1987年函授、夜大学招生计划的报告》，南昌航空大学档案馆电子档案，1987–永久–0031–003。

② 《南昌航空工业学院一九八七年成人高校招生工作总结》，南昌航空大学档案馆电子档案，1987–永久–0031–005。

70名，无损检测函授专科计划招生230名，两个专业实际录取总计174名。环境管理函授专科计划招生70名，实际录取57名，完成计划的71%。另根据南昌市环保局的工作需求，由他们遴选本系统的22名职工参加函授进修。1988年，学校在南昌市设立环境管理函授辅导站，设站单位是南昌市环保局。该局积极支持设站工作，对其所属机构的人员考前组织文化补课，组织这些职工积极报考。这样，不但办站经费解决得较好，而且妥善安排了函授学员的学习与工作，工学矛盾解决得也较好。无损检测函授专科计划招生230名，实际录取117名，完成计划的51%，另接收进修生28名。[①]

1988年11月16日，江西省教育委员会以"（88）赣教计便字08号"回函南昌航空工业学院，同意学校下列3个专业1989年在江西省招生，请学校列入计划：机械制造与电子控制专业函授本科，招生人数40名；无损检测专业函授专科，招生人数10名；环境管理专业函授专科，招生人数40名。[②]1989年，从全国实际招生情况来看，无损检测专业函授专科，招生计划人数30名，实际录取27名，至1992年毕业时，退学5人，休学1人，转出1人，转入2人，毕业21名；环境管理专业函授专科，招生计划人数40名，实际录取41名，至1992年毕业时，退学4人，休学1人，结肄业1人，转入3人，毕业36名。[③]

航空航天工业部教育司下达学校成人教育（夜大和函授）1989年招生计划225名，其中夜大本科计划40名（实际录取42名），函授专科计划185名，其中环境保护专业计划40名，实际录取42名，为计划数的105%；无损检测及焊接专业145名，实际录取95名，为计划数的65.5%。全年成人教育（夜大和函授）实际录取新生179名，为计划数的83%。[④]

---

① 《南昌航空工业学院一九八八年成人高等教育招生工作总结》，南昌航空大学档案馆电子档案，1988–永久–0026–017。

② 《同意你院下列专业一九八九年在我省招生函》，南昌航空大学档案馆电子档案，1988–永久–0026–015。

③ 《江西省成人高校、中专学生毕业证验印申报表》，南昌航空大学档案馆电子档案，1992–永久–0043–010。

④ 《一九八九年成人高等教育招生工作总结》，南昌航空大学档案馆电子档案，1989–永久–0029–013。

（二）1990年招生办学情况

全国部分高校在举办成人教育方面出现"三乱"现象，1990年6月，国家教委开始对普通高等学校成人教育开展治理整顿工作，规范招生办学。航空航天工业部教育司下达昌航成人教育（夜大和函授）1990年招生计划控制数在300名以内，其中夜大45名，函授255名，实际共计录取5个专业新生247名，占招生计划数的82.3%，其中夜大生40名，函授生207名。各专业招生计划和实际录取新生的情况如下表：①

表3-1　各专业招生计划和实际录取新生情况表

专业	办学形式	本、专科	计划数（人）	录取数（人）	占计划数比（%）	招生地区
机械制造与电子控制	夜大	本科	45	40	88.9	南昌市
环境管理	函授	专科	40	62	155	江西省
腐蚀与防护	函授	专科	30	17	56.7	江西省
工业分析	函授	专科	30	20	66.7	江西省
机械制造与检测	函授	专科	40	35	87.5	江西省
无损检测及焊接	函授	专科	115	73	63.4	苏沪浙赣湘鄂川

在1990年的招生过程中，无损检测及焊接专业原计划在河南省招收新生5名，后考虑距离较远，如让新生参加学校组织的函授教学指导活动有困难，因此学校及时报请河南省教委招生办公室同意，让这些考生参加其他院校相近专业的调剂录取。

总体来说，成人高等学校教育生源偏紧，特别是工科专业。通过1990年招生实践证明，在招生工作中，这几点经验值得借鉴：

第一，做好生源调查和组织工作。在当年招生工作结束后，学校即印发下一年度的生源调查和拟招生的专业介绍，让企事业单位和考生对学校成人教育招生的专业有一个全面了解，并要求企事业单位和考生填好预报名表后立即寄还学校，这样，学校所拟定的招生计划就比较接近企事业单位培养人

---

① 《成人教育招生工作情况的报告》，南昌航空大学档案馆电子档案，1990-永久-0026-009。

才的需要。

第二，努力争取政府主管部门的支持。比如新余市环保局为提高本局职工专业理论水平、技术业务能力，积极组织职工复习文化知识和报考昌航环境管理专业，并带动了新余市其他单位环保干部。该市报考环境管理专业的考生较多。这是环境管理专业超额完成航空航天工业部教育司下达的1990年招生计划的重要原因。

第三，坚持将办学的社会效益放在首位，积极满足企事业单位对培养专业技术人才的需要。昌航工业分析和腐蚀与防护两个专业在1990年第一次开始招生，还没有为江西省所有企事业单位及广大考生了解和熟悉，虽然当年招生录取的新生人数，达不到预定的办班人数，但昌航从社会效益出发，仍旧坚持办班，以满足企事业单位对这方面人才培养的需要。1989年昌航成都函授辅导站原计划举办无损检测及焊接专业函授大专班，但生源太少，难以办班，就改为为已上成人高考录取线的考生办理了资格生手续，与1990年录取的考生一起办班，尽管两年录取的考生数仍不足30人的办班人数，办班仍有困难，但昌航根据四川省招生办的意见，从这些考生和他们所在单位的愿望和要求出发，仍在成都函授辅导站开办了一个教学班。

第四，严格执行国家有关成人教育招生工作法规。1990年2月，航空航天工业部教育司下达昌航1990年成人教育招生计划，昌航即以函授部的名义，委托各地函授辅导站负责同志做好招生的各项工作，要求认真执行国家有关成人教育招生工作的各项政策规定，在当地省、市招办的统一领导下，把好考生录取关。同时明确规定，昌航在各省的招生录取工作结束后，无论何种情况和理由，各函授辅导站1990级教学班都不能接收随班学习的进修生。这一规定，得到了设站单位支持，各函授辅导站都已严格执行。

（三）1991、1992年招生办学情况

1991年，国家教委针对成人教育存在的"三乱"现象，开展治理整顿及验收行动。根据国家"八五"规划，我国高等教育应贯彻稳定规模，调整结构，深化改革，提高教育质量和办学效益的指导方针，1991年成人高校的招生，按国家教委具体规定精神，其总招生规模将在1990年实际招生数基础上下调20%，并明确列出了某些学校1991年需停止招生。国家压缩1991年成人高校招生计划是为了使高等教育的规模与我国的经济水平的国力相适应，是为了尽快将成人教育的重点转到岗位培训上来，使成人教育坚持按需施教、学以致用的原则。根据经国家教委1991年成人高校招生会议审议并协调平衡后的1991年航空工业成人高校招生计划，南昌航院1991年计划招生255名，其中本科50名，专科205名；夜大30名，函授175名，教师班20名，干修科30名。[1] 实际录取187名。[2] 这届学生报到率不高，从91级9个班的学生名单统计，仅有在校学生165名。[3]

《南昌航空工业学院一九九二年工作要点》指出：成人教育在进一步稳定现有规模、提高办学质量的前提下，力争新增设两个无损检测专业函授点（新疆工学院、山东工业大学），提高办学效益。[4]1992年，函授部共计划招收函授专科生190人，按专业分别为环境管理25人、工业分析45人、机械制造及检测25人、无损检测95人，[5] 实际录取函授生207人，按专业分别为环境管理28人、工业分析57人、机械制造及检测27人、无损检测95人。[6] 另外，1992年计划招收机械制造与电子控制专业夜大本科30名，实际招生32人。

为适应市场经济的发展，在办工科专业的基础上，学校积极申办企业管理及营销、财会、工商外贸文秘等新的专业。1991年4月30日，学校以"院教成字（1991）第090号"《关于恢复举办成人高等教育〈工业企业管理专业〉教学班的报告》上报航空航天工业部教育司，内称：我院成人高等教育，曾于1983年举办工业企业管理专业教学班，制订了各门课程教学大纲，选编了教学班的全部教材。该教学班已顺利完成教学计划规定的教学任务，学员已

---

① 《关于下达航空系统成人高校（中专）一九九一年招生计划的通知》，南昌航空大学档案馆电子档案，1991–永久–0025–001。

② 《江西省成人高等学校录取新生花名册》，南昌航空大学档案馆电子档案，1991–永久–0025–003。

③ 《南昌航院成人高等教育81—97级学生名单》，南昌航空大学档案馆电子档案，1997–JX19–2–YJ–079.012。

④ 《关于印发〈南昌航院一九九二年工作要点〉的通知》，南昌航空大学档案馆电子档案，1992–永久–0009–001。

⑤ 《关于下达航空系统成人高等（中专）教育一九九二年度招生计划的通知》，南昌航空大学档案馆电子档案，1992–永久–0043–001。

⑥ 《九二年录取新生花名册》，南昌航空大学档案馆电子档案，1992–永久–0043–012。

按期毕业。此后，承担该专业的教师，因全日制本科的企业管理教学任务繁重，致使成人高等教育工业企业管理专业暂停招生。目前我院工业企业管理师资力量已得到补充。由于教学效果较好，该专业课的骨干教师还常到其他省属成人高校的专业课授课。随着地方乡镇企业的发展，现有不少单位派人、来函联系，要求我院恢复举办成人高等教育工业企业管理专业。为此，经学院研究决定，从1992年开始，我院的成人高等教育工业企业管理专业恢复招生。届时请部教育司批准我院成人高等教育的招生计划。[①]1992年10月12日，学校以"院教成字（1992）第226号"《关于我院成人高等教育举办企业管理及营销、财会、工商外贸文秘专业的报告》上报航空航天工业部教育司，内称：为适应国家经济建设和改革开放的需要，充分发挥我院师资力量、教学设施的优势，为企事业单位培养一些急需和短缺专业的专门人才，经过充分论证，从1993年开始，我院成人高等教育决定增办企业管理及营销、财会、工商外贸文秘三个新的专业。经航空航天工业部报请国家计委批准，已列入1993年全国成人高等教育事业计划，同意学院新开办的三个新专业招生。[②]

（四）1993年招生办学情况

1993年的招生政策做了较大调整，成人高等学校试办"双招"专科学历教育班。所谓"双招"，是指从参加普通高考的高中毕业生中，用招工与招生相结合的方式，在上岗前进行高等职业教育，以实现"先培训，后上岗"的要求。国家教委《关于成人高等学校试办"双招"专科学历教育班的实施意见》规定：第一，"双招"试点班主要以独立设置的成人高等学校承办。承办学校的办学条件应达到国家规定的设置标准并有较高的管理水平，具有为行业、企业培养所需应用型、技艺型人才的相应专业与师资，有实施教学实践环节和技能培养的实验、实习、训练条件。第二，"双招"班招生对象是参加当年普通高考的高中毕业生，其录取与普通高考专科自费生一并划线。第三，办学形式为全日制学习，实行单独编班。鉴于举办专业证书班曾经有过的经

---

① 《关于恢复举办成人高等教育〈工业企业管理专业〉教学班的报告》，南昌航空大学档案馆电子档案，1991-长期-0042-004。

② 《关于我院成人高等教育举办企业管理及营销、财会、工商外贸文秘专业的报告》，南昌航空大学档案馆电子档案，1992-永久-0043-005。

验教训，《意见》特别指出，各地教育行政部门和国务院有关部委教育主管部门要加强对"双招"班的管理，一定要根据企业的需要举办，不宜普遍推开。试办期间，要严格审查办学资格，严格控制办班规模，注意总结经验。对违反规定举办"双招"班的教育主管部门及学校，经查证核实，给予减少直至停止学历教育招生的处理。为了适应江西地区的经济发展，满足用人单位人才培养需求和提高办学效益，江西地区要求以招工招生相结合方式委托培养大专生的单位较多。

1993年，昌航根据国家教委关于"招工招生相结合"学历教育班的规定，以"招工招生相结合"的形式，从参加普通高考的考生中按省招办划定的分数线择优录取部分学生，分别进入财务会计、电气技术、金属材料热加工、机械制造与电子控制专业学习。

为了认真贯彻国家教委成人高等教育工作会议精神，落实航空部教育司和省教委提出的任务，学校提出成人教育以学历教育为主，重点发展专科学历教育，稳定夜大本科教育，争取机电工程、无损检测、环境工程专业中上2—3个专科达本科学历教育，保证学校成人高教在近期内有一个较大发展。1993年学校成人高教招生上报计划，准备安排11个专业，招生总人数为740人，其中夜大本科机械制造与电子控制专业70名，新开函授专科升本科100名（其中江西省环保局委托环境工程专业30名，江西省劳动厅委托无损检测专业30名，南飞公司委托机械电子工程专业40名），函授专科570名（其中环境管理35名，环境保护70名，工业分析30名，机械制造工艺与设备30名，无损检测185名，电气技术30名，应用电子技术30名，金属材料热加工40名，企业管理与营销30名，财会30名，工商外贸文秘30名）。实际上，随着形势的发展，1993年招生计划（包括招生人数和专业）做了调整，成人高等教育招生计划为640名，其中从成人高考中录取函授夜大本、专科新生442名，从普通高考中录取双招大专生165名，实际录取新生共607名，是1992年录取新生数的2.4倍。各专业录取人数如下：[1]

---

[1] 《一九九三年成人高等教育招生工作总结》，南昌航空大学档案馆电子档案，1993–永久–0034–015。

表3-2 各专业录取人数表

类 别	专业名称	招生计划数（人）	录取人数（人）
函授本科	机械制造与电子控制	35	41
函授专科	工业分析	40	36
函授专科	机械制造工艺与设备	40	26
函授专科	机械制造与电子控制	40	64
函授专科	无损检测	185	43
函授专科	电气技术	40	35
函授专科	应用电子技术	40	64
函授专科	财务会计	40	67
函授专科	企业管理与营销	40	39
夜大本科	机械制造与电子控制	35	27
合计			442
双招大专班	机械制造与电子控制		43
双招大专班	电气技术		41
双招大专班	金属材料热加工		38
双招大专班	财务会计		43
合计			165
共计			607

1993年招生工作富有特色，函授首次招收了本科专业，首次开展"双招"大专班招生，招生规模翻倍，超过以往，录取数量上有较大突破，工作量大。主要做了以下工作：

第一，面向市场经济对人才培训的要求，切实抓好1993年招生计划落实生源的工作。全国成人高教工作会议精神的传达贯彻，为学校主动抓好1993年的招生计划制订，提供了有利条件。从1992年10月间开始，由于招生管理制度的改革，采取了由下而上、上下结合的办法订计划，对此学校一方面从实际出发，要求各系面向市场经济的需要，按照办学规格的要求和办学条件，申报招生专业和招生人数；另一方面，及时组织人员走向社会，到各经济行业进行摸底调查，采取"走出去，请进来"的办法，先后同贵州011基地、江西宜春地区经委、江西省公路局、江西省国防科工办等30多个部内外有关企事业和地区、行业建立了联系，了解了人才培训的需求情况，经过论证后，学校及时地调整原有的招生专业计划，抓住成人教育发展的机遇，积极提出筹建、新上应用电子技术、金属材料热加工两个工科专业和企业管理与营销、财务会计两个文科专业，面向艰苦行业和县、乡办企业发达的地区开拓生源。由于学校主动送学上门，不少用人单位也纷纷来人来函联系，要求为他们就近就便在厂设站联合办班，为学校制订1993年的招生计划既提供了客观依据，又为计划的落实打下了可靠的基础。

第二，面向社会，点面结合，分阶段大力开展了招生宣传。成人高等教育面对着市场经济的挑战，首先是生源的竞争，没有生源，成人教育的发展也就成了无米之炊。新形势下，学校意识到落实了生源计划和委托单位不等于就有了生源，因为人才的专业培训还有一个组织和导向问题。在这方面，学校的工作一是面向社会，按照传统的做法铅印了2000份的招生张贴广告，500份的油印简章寄发，并在报刊上登上广告，特别是针对社会考生关心的热点，还通过江西电视台在新闻联播中播出"双招"的新闻，广为宣传。二是在第一阶段面上宣传的基础上，当考生进入报名阶段时，有重点地通过各函授站点和行业、系统、委培单位教育科长会议，组织一定的力量深入到各市县区报名点上进行报名咨询、现场指导。有的函授站还组织学员，结合开展学雷锋活动在人多的闹市区进行宣传。总之，在积极引导有志青年的报考工作中，学校是下了力气的，效果也是好的。

第三，积极参与报名工作，主动为考生服务。往年成人教育处一般都没有参与报名工作，1993年由于有第二学历班和双招班的招生，面对新情况，在报名期间，成人教育处在校本部和部分函授站开展了报名咨询服务活动。特别是从普通高考中录取学生是成教招生改革的新尝试，要求考生在达到规定的录取分数线后，还要与用人单位签订招工合同，用人单位与招生学校也要签订合同后才能被录取。因此报名工作量大、时间紧、手续多，成教处的工作人员不顾天气炎热，整个暑假都照常上班，热情接待报名的考生和家长，耐心地解答他们提出的问题，认真仔细讲解双招的特点和性质，受到考生和家长的欢迎，为双招录取的顺利进行打下了良好的基础。

第四，严格执行政策，对上线符合条件的考生在录取工作中一视同仁，负责到底。1993年的录取工作时间长、任务重、类别多，不仅有函授、夜大，还有成人脱产班、第二专业学历教育和双招大专班。学校参加招生的同志以高度负责的精神对待录取工作，做到认真审查档案，合理调配专业，使得各专业录取人数均衡，使每个符合条件的考生都能获得上学的机会。在调剂录取中，成教处急考生之所急，帮考生之所需，例如：淮南矿院在赣招生的机电专业因生源不足取消招生计划，使部分上线考生未被录取，到考生得知情况找到昌航请求帮助调剂录入昌航相同专业学习时，已经临近开学了。成教处专程四次赴省招办联系办理，几经周折才实现了他们的愿望。萍矿的几位考生入学后激动地说："永远也忘不了南航老师的热情帮助。"在普通高考的录取中，由于分数线几次下浮，给双招的录取带来了困难。已录的高分考生要求退档进普高班，低分上线的考生又急于进来，有的家长成天围着成教处转，怕录取不上千方百计找关系托人说情，成教处坚持做到了严格按录取分数线秉公办事，只要能办的，大家不厌其烦，跑招办，提档案，办报批手续，到后来虽然流失不少，但未经省招办审批，即使上线的考生，也没有擅自越权录取。

1993年的招生工作，虽然取得一些成绩，在录取数量上有较大突破，但是与兄弟院校相比，与航空工业总公司对学校的要求相比，还存在一定的差距。

一是各函授站举办的无损检测专业，1993年的新生录取情况仍然不理想，仅太原和乌鲁木齐两个函授站开班。环境管理专业招生录取情况也不够理想。这两个专业招生录取不理想的主要原因是，社会需求量不大，又是昌航举办成人教育的老专业，加之考生达到招生录取分数线的人数不多。为使学校1994年成人高等教育招生计划更加接近实际和满足全国部分省市考生的升学要求，在生源调查的基础上，将无损检测专业的招生数量压缩，进行分省招生，集中到学校进行教学以适应社会需求。

二是学校1993年第一次进行双招录取和办学，还缺乏工作经验。成教处在办理双招生的报名、录取工作时，由考生先到学校报名，报名时要组织考生和委托部门、委托部门与学校谈协议和签订书面合同。开始，成教处考虑到学校与委托部门所签合同的严肃性，在考生报名时，严格控制报名人数，使之与计划数持平。但考生由于担心落选，往往同时在几个学校报名，因而造成录空现象，不得不进行补录，增加了工作量。上级主管部门必须对双招生的招生录取分数线的划分，录取工作时机等进行研究，提出完善这一工作的办法，使成人教育这一改革措施更好地贯彻下去。

三是为使学校成人高等教育更好地适应经济建设和社会发展的需要，学校要像适应市场经济那样，不断拓宽办学的专业，否则，成人教育就没有活力，就会失去"市场"和办学对象。在航空工业总公司教育局的支持下，学校成人高等教育1993年新增了两个招生专业，较好地适应了"市场"需求。成教处要进一步积极创造条件，增强学校招生专业的应变能力，努力开设经济建设和社会发展急需、短缺专业，为社会主义建设和社会发展服务。

三、加强成人教育管理

1987年，随着函授部的设立，成人教育的招生、培养、管理逐渐发生转变，管理体制随之也发生变化。学校不断调整管理体制，建章立制，加强了各方面管理。除了函授学籍管理按航空工业部教育司颁发的"教字（1986）69号"文件规定试行外，不断制订各类管理文件，严格按照文件规范各类行为。

（一）加强成人教育归口管理

为了适应学校成人高等教育的发展，理顺成人教育与全日制普通教育等方面的关系，1987年3月17日，学校以"院教成字（1987）第04号"文下发《关于成人教育归口管理的决定》，将成人教学班级的教学管理和学生思想政治教育归口给相关系（部）管理。[①] 有关决定归纳如下：

1. 明确了学生班级管理与分工。相关系（部）管理的学生班级的分工如下：（1）机械工程系，夜大：85级机制与设备班（85312班）；函授：87级无损检测班（南昌函授辅导站）、87级无损检测班（武汉函授辅导站）、87级无

---

① 《关于成人教育归口管理的决定》，南昌航空大学档案馆电子档案，1987-永久-0031-002。

损检测班（成都函授辅导站）、87级无损检测班（上海函授辅导站）；干部专修科：86级无损检测班（86322班）、87级无损检测班（87322班）。（2）化学工程系，夜大：86级环境工程班；函授：87级环境工程班（注：后来实际未招生）；干部专修科：86级环境工程班（86222班）。（3）基础二部，夜大：83级机电班、84级机电班、86级机电班、87级机电（2个班）。校外函授生思想政治工作及行政管理，由函授辅导站负责。

2. 明确了相关职能部门的职责。函授部、夜大学是学校管理成人高教的职能机构，主要负责成人教育的招生培养计划、教务行政管理和具体招生工作。成人教育的其他方面工作如图书、教材出版与订购等工作分别由学校相应职能机构归口管理。根据系（部）提出的教学计划，由函授部、夜大学统一归口后，送教务处安排课表和上课教室。

3. 明确了相关系（部）主要任务。相关系（部）和教研室应该有一名主任分管成人高教工作。主要任务是：（1）主持制订教学计划、教学大纲，选编教材以及其他教学资料。（2）聘任教师，安排教学任务，检查教学质量。（3）学生的思想工作，选派班主任并领导班主任的工作。（4）教学管理工作，做好注册、考勤、考分统计及学籍管理等工作。

（二）加强函授站教学管理

函授站是高校为满足高等学历继续教育教学需要，以平等协商方式与校外其他法人单位合作，依托设点单位的场地、人员、设施等资源，开展招生宣传、线下面授、学习辅导、集中考试、实验实训、毕业指导、学生服务与管理等教育教学活动的场所，是高校举办高等学历继续教育的依托和服务延伸，其教学和管理状况直接体现高校的办学质量，直接关系高校的品牌声誉。办好函授站，规范校外教学点设置与管理工作，意义重大。

1987年开办函授教育以来，昌航举办了高等函授专科教学班，并分别在上海工业大学、武汉工学院、杭州电子工程学院、成都发动机公司职工大学等设立省外函授站。1992年函授站有武汉、上海、成都和本学校三系一部的4个函授点。按类别分年级共设有26个教学班。其中：夜大本科班5个；函授专科班：南昌13个，武汉1个，上海2个，成都1个；函授全脱产（永丰）班：

2个；干部专修科班1个；师资专达本科班1个；非学历教育法语培训班隶属基础一部。为适应社会主义商品经济发展的要求，拟新建宜春、长沙、太原、济南、乌鲁木齐5个函授站。为了适应学校高等函授教育事业的发展，加强对各地函授站的教学管理与质量控制，履行学校与函授站所签协议的职责，1988年2月5日，学校以"院教成字（1988）第35号"下发《关于加强函授站教学管理的决定》，加强函授站教学管理工作。学校对各地函授站的管理与分工暂做如下决定：

1.明确函授部的主要任务。函授部是学校管理函授教育的职能机构，其主要任务是：（1）根据上级有关文件的规定，组建函授站签订办站协议，定期召开函授站长会议，布置教学任务，并对各地函授站进行教学行政领导。（2）组织生源调查，制订招生计划，会同函授站做好新生录取工作。（3）拟订函授教育各项规章制度，统一报表格式，加强教学行政管理。（4）负责学籍管理，办理退学、转学。进行学习成绩汇总，按规定颁发毕业证书或结业证书。（5）组织教学调查，开展教学研究，总结经验，不断发展函授教育事业。

2.明确相关系（部）教研室的主要任务。相关系（部）和教研室是学校函授教育的教学单位。相关系（部）应有一名副主任全面领导本系（部）的函授教育工作。各相关教研室应有一名副主任主管有关函授课程的教学工作，其具体任务是：（1）制订教学计划和课程的教学大纲，选编教材、自学指导书和教学参考资料，拟订课程教学进程表和学期（学年）考试题。（2）按照函授部下达的教学任务书，聘任授课教师和实验、实习、课程设计、毕业设计等指导教师，安排教学任务。（3）定期安排相关课程的兼职函授指导教师到函授站与当地的教师研究教学内容，指导教学方法，解答教学方面的问题。（4）安排教师到函授站指导当地教师，拟订课程设计和毕业设计课题，并协助做好实验、实习、课程设计、毕业设计的组织工作。（5）安排教师和工作人员定期到函授站检查相关专业、课程的教学质量。（6）开展高等函授教育研究，总结经验，不断发展函授教育事业。

3.明确校外函授教学管理、酬金支付办法。酬金经成人教育处审核后支付给相关系（部），由系（部）根据参与教学管理的教师和工作人员的工作量与工作质量，付给个人酬金。校外函授站的学生管理工作由函授站负责，不另计报酬。

4.明确有关函授教学管理方面的出差费、资料复印费等行政费用，统一由成人教育处归口审批，并从成人教育经费中列支。[①]

学校还多次召开函授站站长会议，协商、研究相关工作。早期的函授站站长会议对于统一思想、统一行动、规范管理、推动工作起到很大作用。比如，1987年11月在杭州函授站举行了南昌航空工业学院第二次函授站站长会议。参加会议的有南昌航院副院长孔祥林，南昌航院函授部、南昌航院机械工程系、成都、武汉、上海、南昌、郑州、杭州等函授站的负责人，共16人。会议主要议题是传达航空工业部1988年招生计划会议精神；交流办站经验，总结招生、新生入学、组织面授讲课等方面的工作；并落实1988年招生任务。会议还讨论了《关于执行无损检测函授专业教学计划的若干规定（初稿）》，认为该规定对于保证教学质量将起到十分重要的作用，同意根据讨论的意见修改后，由函授部下达执行。会议讨论了如何进一步保证函授教育质量的问题，一致认为：第一，为了保证教学质量，要定期进行教学质量检查。主要目的是总结教学经验，及时发现并解决存在的问题。本学期教学质量检查，由各函授站按函授部在这次会议上布置的要求组织进行，并将检查情况于12月底前书面报函授部。第二，严格成绩考核制度，规定：考试由函授部组织教师统一命题，试题内容要覆盖课程主要应掌握的知识；考试由函授站组织，试卷由任课教师按函授部制定的评分标准批改；考试要组织好系统的复习，复习提纲由函授部下达执行。学期（年）考试成绩占总成绩的70%，平时考查成绩占总成绩的30%。第三，关于外语教学。考虑当前函授生的实际情况，可适当调整教学要求。调整意见由函授部尽早下达。第四，要做好下学期的教学准备工作，教师的聘任工作要尽早做好安排，特别是新建立的函授站要依托高等院校，组织好教学力量。

（三）加强学校函授点的管理

为了适应函授教育的发展，健全函授教育的管理体系，学校研究决定，函授部下设函授站，各函授站按专业设立函授点，函授点根据学员数分成教

---

① 《关于加强函授站教学管理的决定》，南昌航空大学档案馆电子档案，1988–永久–0026–004。

学班。凡在校外设立的函授站，由函授部具体联系挂靠单位，并必须签订办站协议书，确定函授教学管理及办学经费使用等具体事宜。学校还决定成立南昌函授站，由函授部兼管，在各系（部）建立学校函授点。为了加强对所建立的函授点的管理，1988年7月22日，学校以"院教成字（1988）第144号"下发《关于建立学院函授点的若干规定》，主要明确了函授点的主要职责。函授点是学校内部函授教育教学管理的基层机构，行政上接受所在系（部）的领导，教学业务及教学管理接受函授部（即南昌函授站）的指导。

《规定》指出，函授点应认真贯彻执行《普通高等函授教育试行工作条例》的精神，对函授教学质量负责，具体职责包括：1.要健全组织机构，有函授点负责人和专兼职工作人员，任务落实、分工明确。2.根据教学计划，制定全面实施计划。安排定期脱产面授、辅导答疑、复习考试等日程，组织安排好实验、实习、设计等实践性教学环节。3.选聘好任课教师，检查教学质量。4.组织好订购和发放教材及教学资料。5.按函授教育的有关制度，做好教学管理、学籍管理等工作。按规定填报学生成绩、登记表和有关材料，经负责人签名后报函授部。6.经常进行教学质量检查，了解学生学习情况，及时与学生所在单位联系，配合解决学习中遇到的实际问题。做好学生思想政治工作，安排好函授生来校函授期间的食宿等。督促学生完成规定的自学任务。7.配合函授部，积极组织生源，做好招生工作。[①]

《关于建立学院函授点的若干规定》还明确了办学经费分配使用问题。1992年9月12日，根据国家教委、财政部、国家物价局"教财〔1992〕4号"文的规定精神，学校对函授生的收费标准按新标准执行。为保证学校事业费的逐步增加和加强函授教学的实验经费投入，对《关于建立学院函授点的若干规定》相关条款做了修订。[②]

（四）加强收费、缴费和经费使用与管理

举办成人高等教育是挖掘学校的潜力，为航空工业和国民经济其他部门培养更多的建设人才。学校始终注意把社会效益放在成人高等教育工作的首

---

① 《关于建立学院函授点的若干规定》，南昌航空大学档案馆电子档案，1988-永久-0026-009。

② 《对〈关于建立学院函授点的若干规定〉第二条第2款进行修改的决定》，南昌航空大学档案馆电子档案，1992-永久-0043-007。

位。收费、缴费严格按照国家标准进行，执行向上级请示报告制度。成人教育开办几年来，学校普通高等教育的事业费日趋紧张，上级对学校举办的高等成人教育也无补贴，办学经费很困难，学校收取的费用只能维持成人高等教育的正常开支的需要。①

1992年9月5日，学校以"院教成字（1992）第186号"文制定了《关于成人高等教育学生缴交学费暂行规定》，从1992年9月执行。文件制定了7条规定：1.学校举办成人高等教育的办学费用来源之一是学生工作单位或学生个人缴交的学费，但由国家按学生人数拨给事业费的师范类学生除外；2.新生报到注册、老生学年注册时，必须先交清一学年的学费，方能办理报到注册；3.新生保留入学资格时，按正式注册入学的当年的学费标准缴交学费；4.休学学生复学时按复学后编入的年级学生的学费标准缴交学费；5.降级学生按留、降级后所在学生年级的学生学费标准交缴学费；6.学生已经缴交的学费，因学生方面的原因，概不办理退款手续；7.教材资料、仪器租用、住宿等费用，按学校有关规定另行交纳。②

根据国家教委关于成人高等教育改革与发展有关文件规定精神，为加强学校成人教育的经费使用与管理，1993年11月15日，学校以"院成发（93）第187号"下发《关于我院成人高等教育经费使用与管理的试行办法》，《试行办法》主要对成人教育脱产班以及函授、夜大学非脱产班两类办班形式的成人教育班的经费使用与管理进行了规范。成人教育脱产班包含干部专修科、非指令性计划招收的专升本师资班、招工与招生相结合脱产班、函授夜大脱产班、专业证书教学班以及学制在一年以上（含一年）的其他办学形式脱产班。成人教育脱产班的办学经费主要来自学生的学费。学生每年按上级主管部门批准的收费标准，由委托单位或个人向学校缴纳，财务处单独建账，主要用于成人教育的教学开支和学校事业费用的补充。函授、夜大学非脱产班学生的收费，按上级主管部门批准的标准，学生每学年开学时一次缴清一学

①《关于我院成人高等教育治理整顿情况的报告》，南昌航空大学档案馆电子档案，1990–永久–0026–013。

②《关于成人高等教育学生缴交学费暂行规定》，南昌航空大学档案馆电子档案，1992–永久–0043–006。

年的学费。其经费的使用与管理办法有详细规定，自1993—1994学年开始执行。在此以前举办的函授、夜大学脱产班和非脱产班仍按原规定执行。之前"校教成字（1988）第272号"《关于举办〈专业证书〉教学班的若干规定》同时废止。校外设站办班的经费使用与管理办法按设站办班协议执行。①

（五）加强学位管理

1988年4月26日，学校以"院教成字（1988）第14号"下发《关于夜大学本科学生授予学士学位的规定（试行）》，对夜大学本科学生授予学士学位进行了规范管理。随着首届函授1987级本科即将毕业，为了认真贯彻国务院学位委员会颁发的《关于授予成人高等教育本科毕业生学士学位暂行规定》以及江西省教委的《关于印发〈关于做好成人高等教育本科毕业生学士学位授予工作的几项具体规定〉的通知》和有关具体规定，1990年6月11日，学校以"院教成字（1990）第118号"下发《关于成人高等教育本科毕业生授予学士学位工作的试行细则》，对学校原有的暂行规定统筹进行了修订，以保证授予成人高等教育本科毕业生学士学位的质量。修订后的内容归纳如下：

1. 明确了授予学士学位的条件。凡学校成人高等教育本科毕业生，由成人教育处会同承办系（部）向学校学位管理部门择优推荐拟授予学士学位的申请者名单，并负责提供审查学位申请者的档案材料，经学校学位委员会审查通过，由学校授予学士学位。

2. 明确不授予学士学位的情形。规定授予成人高等教育的本科毕业生学士学位，必须符合国务院学位委员会《暂行规定》第三条规定条件。凡有下列情形之一者，不授予学士学位：（1）有反对四项基本原则和党的十一届三中全会以来路线、方针、政策，散布资产阶级自由化言论，经说服教育仍坚持不改者；（2）因违法乱纪，道德败坏，或其他原因受过学校记过以上处分（含记过处分）；（3）考试舞弊者或协同他人舞弊者；（4）学制五年的本科毕业生，在校学习期间累计有三门次以上（含三门次）课程补考者；学制二至三年的本科毕业生，在校学习期间累计有二门次以上（含二门次）课程补考者；（5）

---

① 《关于我院成人高等教育经费使用与管理的试行办法》，南昌航空大学档案馆电子档案，1993-永久-0034-011。

留（降）级者；（6）结业生；（7）所学专业主干课程成绩平均分数低于75分（不含75分）以下者；（8）毕业实习、毕业设计、毕业论文成绩不及格者。①

　　1990年6月29日，学校以"院教成字（1990）第136号"向江西省教育委员会上报《关于我院成人高等教育本科毕业生授予学士学位工作的情况报告》，总结汇报了学校举办成人高等教育以来本科毕业生授予学士学位工作的情况。学校成人高等教育举办的夜大学，为五年制（5年16周）本科教育，已开设汉语言文学、机械制造与电子控制、环境工程、机械制造工艺及设备等专业。经请示航空工业部教育司同意，学校对夜大1988届、1989届机械制造与电子控制专业本科毕业生试行了学位授予工作。1988届机械制造与电子控制专业毕业生共计22人，其中授予工学学士学位的15人，占毕业生数的68.2%。1989届机械制造与电子控制专业毕业生共计34人，其中授予工学学士学位的13人，占毕业生数的38.2%。学位授予工作主要的做法是：第一，1988年4月制订了《关于夜大学本科学生授予学士学位的规定（试行）》，它对授予学士学位的条件、要求做了具体的规定，使得学士学位授予工作有章可循。第二，本科毕业生授予学士学位，由本人申请，系（部）、成人教育处择优推荐，并提出相关申报材料，由学院学位委员会审查通过。第三，学校成人高等教育本科毕业生学士学位授予工作，由学校教务处统一管理。②新的《关于成人高等教育本科毕业生授予学士学位工作的试行细则》制定后，今后的各类成人教育学士学位授予工作将按新规定执行。1995年10月初，成人教育学院组织1994、1995届机电专业夜大本科毕业生，参加了省教委高教一处组织的学位英语统考，最终11名毕业生获学士学位授予资格。③

四、开展教学质量检评

（一）召开第八次函授站站长会议

　　1993年4月7日至4月9日，学校举行第八次函授站站长会议。会议总结

①《关于成人高等教育本科毕业生授予学士学位工作的试行细则》，南昌航空大学档案馆电子档案，1990-永久-0026-004。

②《关于我院成人高等教育本科毕业生授予学士学位工作的情况报告》，南昌航空大学档案馆电子档案，1990-永久-0026-005。

③《成人教育简报（十二）》，南昌航空大学档案馆电子档案，1995-长期-0038-017。

交流了教学经验，研究提高教学质量的措施。经过代表们深入讨论，一致认为必须采取切实措施，确保教学质量。质量是函授教育的生命线，函授教育既有普通高等教育的一般特点和规律，又有它自身的特点，为了保证学历教育质量的规格要求，与会代表围绕学院函授部"关于提高函授教学质量的几点意见"的文件，充分展开了讨论，会议认为以下几点需要共同遵循：

第一，面授教学是保证教学质量的重要环节。为了保证学生按时参加面授，函授站一方面要和函授生单位保持联系，争取他们的支持，克服工学矛盾；另一方面可实行缺勤与课程成绩挂钩的办法，凡无故缺课者，除以旷课论处外，每缺勤2学时扣除课程成绩1分，一学年无故缺席40学时以上者，做自动退学处理。各函授站可根据本站实际情况制订实施细则。

第二，自学是函授教学的中心环节，必须切实抓好。首先在抓好自学辅导的基础上抓好自学作业。教师应按教学大纲要求，选择课程中的重点和难点问题，布置适量的作业，使学生在完成作业的过程中自学有关教材，促进学生自学的主动性。学生的自学作业应按时完成，并在面授前20天寄给函授站，由任课教师批改，同时抓好检查自学情况的考试。教师根据自学作业、笔记和检查自学考试评定学生平时学习的成绩分数，占课程总成绩的15—20%为宜。

第三，搞好教学进程安排。新生入学第一次面授时，先集中面授并结束一门课程（含考试），再安排时间布置其他几门课的自学要求、自学方法、自学作业。第二学期集中面授时，先面授辅导前一学期的各门课程并结束考试，再布置本学期各课程的自学要求，以适应函授教学的规律和函授生的自学特点。

第四，实行教与考分离。函授部建立试题库，命题内容和范围以大纲为准绳，以教材为依据，主要考核函授生对基本理论的掌握程度，以及运用所学知识分析问题和解决问题的能力。从下学期开始，由函授部组织对各函授站统一抽查考试，以检查教学质量及函授生的学习效果。

第五，加强实践性教学环节。注重理论与实践相结合，培养实际工程技术能力，对于函授生具有直接的现实意义，应把它贯穿于教学的全过程，从备课、讲授到实验、课程设计和毕业实习、毕业设计及答辩等，这是培养函授生综合运用所学知识与技能，提高实践工作能力的主要教学环节，一定要保证教学计划安排的实验时数和上机时数，落实参观实习基地。经请示学校领导同意，决定从1994年开始，函授生毕业答辩集中到学校进行，由函授部统一组织（具体方案另订）。

第六，加强函授教师的聘任工作。各函授站需提前一个学期报送函授应聘登记表，以便函授部及时审批聘任。选聘函授教师的基本条件：担任本课程3年以上，教学经验较丰富，有较强的责任感和业务水平，具有中级以上职称。函授教师队伍要相对稳定，函授部拟逐步对各函授站聘任的教师进行一次摸底调查并进行考核。①

（二）组织抽查考试

1993年，根据江西省教委成教处的安排，学校夜大学本科机械制造与电子控制专业的91级、92级，函授专科机械制造与检测、工业分析、环境管理专业的学生，参加了省教委统一组织的抽查考试。考前，学校召开了任课教师和班主任会议，要求任课教师加强对学生的考前复习辅导，班主任到班上做考前动员，抓好学生到课率，同时教育学生要严格遵守考试纪律。通过上述工作，使考前各项准备工作落到实处，因而这次抽考的成绩与以往相比，有明显提高。个别考得差的科目，学校组织教师认真查明原因，总结教训。参加全省统一抽考的各教学班学生成绩如下：②

表3-3　参加全省统一抽考各教学班学生成绩表

	班级名称	考试科目	总人数	及格人数	及格率	不及格人数	不及格率
函授	92级机制	英语	36	35	97.2%	1	2.8%
	92级工业分析	英语	52	48	92.3%	4	7.7%
	92级环境管理	英语	25	21	84%	4	16%
夜大	91级机电	理论力学	10	8	80%	2	20%
	92级机电	普通物理	20	8	40%	12	60%

---

① 《南昌航空工业学院第八次函授站站长会议纪要》，南昌航空大学档案馆电子档案，1993-永久-0034-016。

② 《成人教育简报一、二、三期》，南昌航空大学档案馆电子档案，1993-永久-0034-014。

（三）开展成人教育教学质量检评

根据1992年全国成人教育工作会议的精神和学校第二次教学工作会议的要求，为了进一步提高学校成人教育教学质量，经研究决定，1993年6月5日，学校以"院成发（93）第98号"下发《南昌航院关于1992—1993学年成人教育教学质量检评的通知》，对理论力学、机械设计、普通物理、高等数学、有机化学等5门课程进行教学质量检评。检评的主要内容如下：[①]

1.明确了检评的目的要求。即通过对这5门课程的教学质量检评，总结经验，提出进一步深化成人教育教学改革的措施，不断提高成人教学质量。具体要求：（1）检查教学内容是否符合教学大纲要求，是否按照教学计划授课，是否贯彻了少而精的教学原则。（2）检查基础理论课的教学是否以应用为目的，以必需、够用为度，以掌握概念、强化应用为教学重点。（3）检查授课方法是否适合成人的特点，具有针对性，注意启发式，是否做到理论阐述准确，重点突出、难点讲透、深入浅出，循序渐进，是否注意了能力的培养。（4）检查教师治学态度是否严谨、备课是否认真，辅导学生是否耐心，对学生的作业是否做到及时认真地批改。（5）总结成人教学中的好人好事及存在的问题。

2.明确了检评的工作内容和时间安排。这次检评，时间安排在第18—19周。详见下表：

表3-4　成人教育教学质量检评工作安排表

序号	工作内容	参加人	时间
1	学习文件、研究检评工作	检评组成员	6月7日
2	分班听课、打分	检评组成员	6月8日—12日
3	学生打分	学生	6月8日—12日
4	学生座谈会	检评组成员、学生代表	6月8日—12日
5	教师座谈会	检评组成员、任课教师	6月14日
6	检查学生作业	检评组成员	6月15日
7	抽考（结合期终考试进行）	学生	7月6日

---

① 《南昌航院关于1992—1993学年成人教育教学质量检评的通知》，南昌航空大学档案馆电子档案，1993-永久-0034-006。

续表

序号	工作内容	参加人	时间
8	检评工作小结	检评组成员	6月15日以后
9	总结表彰	成教处、学生	9月初

3.加强了组织领导。为了加强检评工作的领导，决定成立成人教学质量检评组，组长由主管成教工作的南昌航院副院长刘高航担任，副组长由南昌航院院长助理林再学教授、成人教育处处长罗志华副教授担任，组员包括吴大受、邹盛根、周祖恒、沈粤、张润才、颜超华、甘登和、肖朝梁。秘书由肖朝梁兼。

要求有关系（部）按上述部署要求，认真组织、安排好这次教学质量检评工作，并在实践中摸索探讨出检评经验，总结出一套科学、系统、适用的检评办法，为全面开展检评工作奠定良好的基础。

学校成人教学质量检评组于1993年6月7日至6月22日用了两周时间对夜大学以及函授专科92232班几门主要基础理论课和专业基础课进行教学质量检评。检评的主要情况如下。①

检评的一般情况。这次检评的目的要求，主要是通过对理论力学、机械设计、普通物理、高等数学、有机化学等五门课程的课堂教学质量检评，了解课堂教学质量，总结教学内容、教学方法、教书育人等方面的经验及存在的问题，提出进一步深化成人教育教学改革的措施，不断提高成人教育的教学质量。各有关系（部）高度重视，按照检评的部署、要求，认真组织、周密安排好了检评工作，使得检评工作按计划要求，顺利完成。检评组召开了全体会议，学习了有关文件，研究了检评工作的方法和具体步骤，通过检评组教师听课、打分，检查学生作业，召开学生座谈会、任课教师座谈会，学生听课、打分，抽考（结合期终考试进行），总结表彰等一系列的检评活动，不仅对课堂的教学质量进行了全面的了解，总结了经验及存在的问题，研究了改进措施。同时也在实践中摸索出一套适用的检评方法，为今后开展检评

---

① 《南昌航空工业学院1992—1993学年成人教育教学质量检评总结》，南昌航空大学档案馆电子档案，1993–永久–0034–007。

工作积累了一些经验。

检评中关于教师、教法、教改工作的主要经验及存在的问题。夜大学与函授教育各有特点，前者以课堂教学为主，后者以自学为主。因此，成人教学对于教师、教法、教改的要求更高，仅有普通高校的教学经验是不够的，需要掌握成人教育的特点，研究成人教育教学的教学规律，不能照搬全日制的模式。

根据学校举办夜大学多年的实践，检评组着重检评了夜大学5门课程。通过检评，学校夜大学的课程教学效果是较好的，主要表现在以下几个方面。

一是充分发挥了教师的主导作用。首先，学校为了充分发挥教师的主导作用，对兼任成人教学任务的人选十分重视，一方面注意选聘教学经验丰富的教师，另一方面更强调兼职教师要相对稳定，这次检评的5门课程的任课教师，均具有讲师以上职称，其中副教授2名，有的还是系（部）主任。抽查的5位任课教师中，除个别教师讲课效果不够理想外，大多数教师讲课认真、严谨，教学效果好，受到学生的好评。比如物理课，讲课善于启发引导，轻松自如，有条不紊；机械设计课，讲课生动活泼，循序渐进，有针对性地讲透重点和难点，激发了学生强烈的学习动力和严谨的求学精神；理论力学课，讲课过程中引用较为丰富的技术实践的实力，使学生感到有使用价值，学生听课打分的平均分（五级分制）最高分为物理4.69分，最低分为有机化学3.95分，其他各门课均在4.55分以上。检评组成员听课打分的平均分最高分为物理4.52分，最低分为有机化学3.2分，其他各门课均在3.59分以上。

二是充分调动了学生学习的积极性。由于夜大学生年龄、职业、文化程度、家庭负担等方面的复杂因素，加上各人的学习动机和能力存在着差异，因此，教师在调动学生的学习积极性方面，起着十分重要的作用。从这次对5门课程的听课情况看，课堂教学秩序正常，学生能认真听课，课堂纪律较好。多数教师注意成人教学的特点，爱护学生的学习热情，善于对夜大学生的学习目的、内容、方法进行教导，同时还深入了解和研究学生的学习情况，诱导和鼓励学生提出问题，激发学生强烈的学习动力和严谨的求学精神，注重教书育人，受到学生的好评。学生座谈会上普遍反映教师的教学态度认真负责，关心和爱护学生，并帮助学生解决工学矛盾和学习上存在的困难。因此，大多数学生学习目的明确，学习的积极性比全日制学生高。也有个别年龄偏小，刚参加工作不久的学生，他们的学习目的性和主动性差，往往是"父命难违"，缺乏学习动力，上课经常缺勤，这部分学生只要教师们耐心帮助和严格要求，总可以使他们进一步树立勤奋刻苦的学风。

三是既重视课堂教学，也抓紧课外练习。系统理论知识的学习过程，是一个循序渐进的过程。学生除了上课认真听讲，做好笔记外，要巩固课堂所学知识，课外做好作业是十分重要的。加强平时作业训练，并严格考核，才有利于提高教学质量。学校对平时学习的各个环节都提出了相应的要求，制定了相应的制度，作出了具体规定，如学籍管理制度规定："凡在全学期缺交作业或缺做实验达三分之一者，不能参加该课程的学期考核，成绩以不及格论。在补齐作业和实验后，经批准方可补考。"学校对这一点的执行是严格的，根据这次对5门课程的作业检查，学生基本上能按教师的布置完成作业或补交作业。教师基本上能对学生的作业进行批改，并按规定的标准评定成绩。但个别学生有抄袭作业的现象，经分析原因，大部分学生是因公外出，家庭亲属生病，公事、家事一忙，作业一拖再拖，不补齐作业又不准考试，采取的对策就是抄袭作业混过"关"。为此，教师从成人学生学习的实际出发，利用课堂时间，加强平时作业训练，同时提高平时作业训练考核成绩占期终总评成绩的比例（占30%），这样避免了期终考试"一锤定音"的弊病。

总之，通过对5门主要课程的检评，可以看出学校夜大学的课堂教学质量是较好的，达到了国家对成人教育规定的质量标准，但也存在一些值得注意的问题，主要的有：第一，目前不少教材、教学大纲，仍不适合成人教育的特点，缺少教学辅导材料等。第二，兼职教师队伍不够稳定，没有成人教育的专职教师；对于成人教育的教学特点、教学规律难以开展系统的研究；难以开展课程教学的教学研究活动；课程建设很难得到保证。第三，形象教学、电化教学手段需要充实和加强。

检评组对不断提高成人教育的教学质量提出以下几点意见：

一要加强师资队伍的建设。建立一支稳定的兼职教师队伍是成人教育师资建设的前提。这支队伍必须由精干的、热爱成人教育、熟悉成人教育特点的教师组成。这支队伍以兼职为主，专职为辅，对于几门主要课程，如数学、外语、物理、电工等课程应各配备一名专职教师和二名兼职教师，他们承担成人教育课程教学任务，同时还要开展成人教育的教学研究活动，加强本课程的课程建设。专职教师应在所任课程的教学活动中起骨干作用。

二要根据国家教委有关文件的规定，修订好教学计划。对工科专科各专业教学计划要按3年半的学制；本科专业要按5年半学制，全面修订好。特别要在课程设置和教学要求、教学内容上充分体现成人教育的特点，注意教学计划的完整性和整体优化。

三要加强教材建设。目前选用的普通高校本科教材不适合成人学生使用，教学内容偏多偏深。要组织力量选编或自编适合成人教育的教材、讲义、自学辅导材料等。

四要进一步完善教学文件、加强教学管理。首先要修订好学籍管理制度。在目前国家教委对成人教育没有制订统一的教学基本要求、教学大纲的情况下，要组织力量修订好各门课程的教学大纲、实验指导书，明确教学内容、教学方法、教书育人的具体要求。要重视和加强对实践性教学环节的安排，对教学计划规定的实验课、上机操作和实习要逐项落实，保证质量。要严格考试考查制度，引进适合成人教育的试题库，逐步实行教考分离。

六、存在的问题与治理整顿

（一）早期成人高等教育存在的问题

1986年12月，国家教育委员会、国家计划委员会、国家经济委员会、全国职工教育管理委员会、中共中央组织部、劳动人事部在山东烟台联合召开全国成人教育工作会议。会议中心议题是贯彻《中央关于教育体制改革的决定》，讨论成人教育的改革和发展问题，讨论修改《国家教育委员会关于改革和发展成人教育的决定》。同时对《普通高校函授教育暂行条例》《高等教育自学考试暂行条例》《成人高等学校设置暂行条例》《成人中等专业学校暂行条例》《中华人民共和国扫盲条例》《关于开展大学后继续教育若干问题的意见》《关于社会力量办学的若干暂行规定》提出了修改意见。这次会议意义重大，推动成人教育进入快速发展时期，会后，全国高等成人教育雨后春笋般发展。1980年高等院校举办函授、夜大教育的只有93所，到1989年增加到634所，已超过当时普通高等院校1075所的一半，普通高等院校所举办的成人学历教育占当时成人高等学历教育在校学生的42%，将近半壁江山，地位举足轻重。昌航的函授高等教育也是在这个大背景下产生和初步发展的。成人教育办学质量的好坏直接影响到成人高等学历教育的培养质量和社会声誉。

实事求是地说，党的十一届三中全会以来，为适应经济和社会发展的需求，在改革和发展成人教育方针的指导下，我国普通高等学校举办的成人教育有了很大的发展，初步形成了具有多种形式、多种层次、多种内容、面向多种对象的办学体系，培养了大批本、专科专门人才，提高了广大求学者的思想政治、科学文化、技术技能素质，为推动经济和社会发展作出了突出贡献。同时，高校成人教育的开展加强了高校与社会的联系，对推动高校教育、改革和办学条件的改善起到了积极的作用。不少高校在办学实践中，坚持适应需求、保证质量的原则，积累了培养合格人才的经验，受到了社会的好评。但是，在全国成人高等教育快速发展的同时，也出现了一些高校办学不规范和人才培养质量不高等问题，存在着一些泥沙俱下，亟待加以纠正和解决的问题。

1987年以后，普通高校快速发展的成人教育中，一些学校办学指导思想不够端正，管理松弛，质量下降，比较普遍地出现的问题主要是乱办学、乱收费、乱发文凭等"三乱"现象，而且呈迅速蔓延之势，社会影响极坏，阻碍了成人教育的改革和发展。"三乱"的问题主要表现为：投入不足，办学规模过大，不按教学规律组织教学环节，质量不能保证；规章制度不健全，管理力量薄弱，教学秩序和考试纪律松弛甚至混乱；招收旁听生、试读生，办"超前班"，利用函授、夜大学的生源计划办脱产班；未经批准办学，无计划、不参加统一考试自行招生，乱发学历文凭；办专业证书班不按规定履行审批手续，降低入学条件，规模过大；混淆非学历教育与学历教育的界限，学校或二级学院、系、处等自行办班，以招收委托代培生、进修生的名义大规模招生，颁发混同于学历文凭的证书，在社会上造成混乱；自学考试主考学校办全日制住校助学辅导班，影响全日制普通班教学，办学与办考不分，辅导与命题不分，在辅导中违反纪律；与社会力量所办学校或境外的一些机构搞"联合办学"，不对教学过程全部负责却以学校的名义颁发证书；违反规定和政策，乱登招生广告，蒙骗学员；自行提高收费标准，或巧立名目，乱收费用等。

面对"三乱"现象，1990年6月5日，国家教委以"教成〔1990〕012号"发出了《关于普通高等学校成人教育治理整顿工作的若干意见》，在全国进行治理整顿，整治整顿的目的是进一步端正办学指导思想，正确贯彻党的教育方针，加强管理，控制规模，保证质量，坚决制止"三乱"，创造良好的改革和发展环境，使高校成人教育在规范化、制度化的轨道上健康发展。成人学历教育要坚持质量标准，严格要求，根据投入的师资、管理力量确定办学规模。函授、夜大学应名实相符，严格按照规定举办，认真组织教学全过程。夜大学限在便于学生走读的学校所在地招生；函授教育的课程面授由主办学校负责，不能委托函授站等其他单位进行；函授、夜大学均应以业余学习为主。同时要严格控制函授学历教育的招生范围。今后，省、自治区、直辖市、计划单列市所属学校举办的函授教育招生及设函授站，一般不得超出学校所在的省、自治区、直辖市；部委属学校函授教育的招生及设站，应根据部委对直属部门和单位的人才培养和函授布局的规划安排，如有余力，也可根据地方的需要经省级教育行政部门同意在直属部门和单位外招生及设站；国家教委直属高校函授教育的招生及设站，应本着适应需要、避免重复覆盖、讲求效益的原则安排，并征得地方教育行政部门的同意。地方教育行政部门应统筹安排高校招生工作，注意利用和发挥办学质量高、社会声誉好的国家教委及国务院其他部委所属高校的优势和作用。[①]

国家教委关于治理整顿的若干意见要求高校成人教育的治理整顿工作一般应在1991年年底以前完成。该若干意见对规范办学，促进成人教育的改革和发展具有重要意义，也是为各高校今后一段时期搞好成人教育指明了方向。

（二）开展成人教育自查工作

航空工业部于1990年转发了国家教委《关于普通高等学校成人教育治理整顿工作的若干意见》，并要求各航空高等院校认真进行自查，查思想、查规模、查质量、查管理、查机构、查政策法规执行情况。昌航成人教育在自查

---

① 交通部教育司交通普通高校成人教育协作组编：《高等学校成人教育文件选编》，大连海运学院出版社1994年3月版，第86—87页。

过程中，结合情况认真逐项检查了在办学过程中是否有"三乱"现象，由于昌航成人教育是部门办学，在客观上办学方针政策都是教育主管部门自上而下部署，而且在管理体制上实行"统一领导、分级负责"的原则，这在一定程度上限制了"三乱"现象的产生。

1990年6月30日，遵照航空航天工业部教育司和江西省教委关于对普通高校举办的成人高等教育进行治理整顿的要求，昌航就举办成人高等教育情况和存在的问题进行了查摆，梳理了1980年举办成人高等教育以来的基本情况，既肯定了成绩，也指出举办成人高等学历教育以来存在一些问题，主要归纳如下：

第一，政策法规观念不强，办学不够规范。主要是关于夜大85312班的问题。昌航为适应"三线"航空工业建设的需要，根据航空工业部（85）航教函152号文，于1985年6月，接受355等厂委托，举办夜大学机械制造工艺及设备专业的5年制本科教学班（即85312班），招生计划和招生录取工作都按照规定执行，办理了相关手续。在培养过程中，也是按照昌航普通高等教育本科机械制造工艺及设备专业教育计划组织教学全过程的。这个班本应按夜大学办学形式组织教学，但由于这个班是贵州"三线"厂代培的，该厂地处西南，交通不便，学校考虑派出所有课程的教师去当地按照夜大学办学方式进行教学，困难较大。因此，根据办班协议，在组织招生录取之后，该班26名学生，4年全部脱产来校住读，组织教学。学校最后仍按夜大学5年制颁发了毕业证书。夜大学85312班办成全日制脱产学习4年，虽然保证了教学质量，但是违背了夜大学不能办成全日制脱产学习教学的规定。学校经过总结反思，认为"这是政策法规观念不强的表现，应该作出检查"。①

第二，举办成人高等教育以来，虽然在师资力量的投入方面做了大量工作，也是花了气力的，在总体上满足了成人高等教育教学上的需要，但尚未配备少量的专职教师做骨干。学校投入了大量的兼职教师，大多数的教学效果较好，而且付出了辛勤劳动，教学质量也是较好的，但因他们不是专职教师，对成人高等教育的特点了解不是很多，不可能深入探索、研究成人高等教

---

① 《关于我院成人高等教育治理整顿情况的报告》，南昌航空大学档案馆电子档案，1990-永久-0026-013。

育的规律，更多地研究改进教学方法，提高教学质量。因此，今后必须设立少量专职教师做骨干，进一步建设和健全专、兼职相结合的成人高等教师队伍。

第三，函授辅导工作是个薄弱环节。高等函授教育毫无疑问是成人高等教育的一种重要的办学形式。函授教育的主要教学环节是自学。函授学生一般远离学校，工作单位分散，他们自学中的疑难问题不能得到教师的及时指导，同学之间难以互相帮助。同时，昌航开办的又都是工科专业，各门课程学习的难度较大，考虑到这些情况，学校十分注意加强集中面授这一环节，课时安排和课堂教学严格，效果也较好。但从高等函授教育本身要求来讲，应以信函、刊物，让任课教师更多地指导学生自学为主。而自编辅导材料、函授不足，这是学校高等函授教育工作的一个薄弱环节，今后必须加强。

第四，昌航接受劳动部锅炉压力容器安全监察局、中国石化总公司人事部、中国民航局等有关部门的委托，并经部教育司批准，分别于1989年2月和1990年2月举办了两期无损检测专业《专业证书》培训班，脱产学习一年。第一期教学班共录取学员68人，67人完成了教学计划规定的全部课程，考核合格，颁发了专业证书。第二期教学班共54人。存在的问题是，委托部门根据本部门、本行业的特点和人员构成情况，各单位对无损检测人员急需要在专业理论上提高其素质，批准各单位选送了少数岗位工龄较长，确属技术骨干但年龄不足35岁（个别放宽至30岁）的人参加教学班学习。学校没有严格执行国家教委、人事部教高三字006文规定，同意了这些人入学。1990年3月10日，学校接到部教育司教字（1990）17号转发的国家教委、人事部（89）教成字011号文后，曾与委托部门联系，委托部门认为，接到新的文件后，该班已开学上课半个多月，应按原计划办完这期教学班。[①]学校总结认为，这同样是政策观念不强的表现，也应该深刻检查。

成人高等教育是学校基本任务之一。为使学校夜大学、函授专科、干部专修科等成人高等教育工作做得更好，学校认真学习和贯彻航空航天工业部教育司和省教委有关治理整顿的文件和指示，积极开展自查，解决办学过程中存在的问题，重点在以下方面下功夫：

---

① 《关于我院接受委托举办成人高等教育〈专业证书〉教学班检查情况的报告》，南昌航空大学档案馆电子档案，1990–永久–0026–012。

一是传达航空航天工业部教育司和江西省教委召开的关于成人高等教育开展治理整顿的会议精神，组织有关管理人员、教师认真学习中央、国务院以及国家教委发布的关于治理整顿的文件，正确理解治理整顿的意义、目的，要求进一步端正办学指导思想，认清形势，搞好治理整顿，坚定搞好成人高等教育的信心。

二是总结学校成人高等教育成绩和经验，按照航空航天工业部教育司、江西省教委关于治理整顿开展自查的要求，深入进行自查，在自查的基础上，接受兄弟院校互查和上级的检查。

三是适应学校成人高等教育的工作需要，进一步加强成人高等教育师资队伍建设，配备少量精干的专职教师，加强成人高等教育规律的研究，提高教学质量。

四是进一步加强高等函授教育的教学管理，在保证集中讲课面授的基础上，进一步加强对自学、平时辅导、作业等环节的管理，争取筹办《函授教学通讯》，指导函授学生学习方法，做好辅导答疑，开展成人高等教育的研究。

（三）通过治理整顿工作检查验收

1991年11月7日至11月9日，航空航天工业部教育司组织的航空院校成人教育治理整顿工作检查验收组一行6人，按部教字（1991）137号文要求，对南昌航空工业学院成人教育治理整顿工作进行了验收。江西省教委成人教育处有关领导参加了活动。3天来，在南昌航院领导和成人教育处领导的积极配合下，通过听取汇报，召开教师、管理干部和学生的座谈会，查看有关文件资料，听课等活动，顺利完成了验收工作。经验收组研究，提出如下意见：①

第一，南昌航空工业学院领导重视成人教育，把成人教育列为学校的基本任务之一，作为学校教育的重要组成部分，办学指导思想明确，认真贯彻党的教育方针，重视思想政治教育，把社会效益放在首位，根据社会需要，结合学校特长设置专业；全校成人教育归口成人教育处统一管理，组织机构健全，与校内各系和各业务处配合较好，保证了成人教育顺利开展；有一批经验比较丰

---

① 《航空院校成人教育治理整顿验收组关于南昌航空工业学院成人教育治理整顿工作验收意见》，南昌航空大学档案馆电子档案，1991-永久-0025-003。

富、热心成人教育的管理干部和教师，办学认真，严格管理，并注意对成人教育的研究；教学文件档案齐全；在工作中主动争取部和省教委的领导。

第二，学校领导重视成人教育的治理整顿工作，成立了治理整顿领导小组，对国家教委、省教委和部教育司有关成人教育治理整顿工作的指示进行了认真的贯彻。

自1980年开办夜大、1987年招收函大生以来，能严格执行国家教委、省教委和部下达的有关规定，招生手续齐备，无乱收费、乱发文凭的现象。治理整顿以来，也没有发生"三乱"问题。《专业证书》班能按有关规定执行。通过治理整顿，学校提出了整改措施。验收组研究后认为南昌航空工业学院成人教育的治理及整顿工作可以通过验收。

同时，验收组也提出了几点建议：第一，在提高对成人教育意义、地位、作用认识的基础上，希望为成人教育创造更好的办学条件。第二，进一步加强对成人教育规律性和特点的研究，从实际出发，对教学要求、教材选用、教学方法等一系列环节进行科学分析。摸索出一条办好成人教育的路子。对当前存在的学生学习负担过重和实践性环节较弱等问题，应采取有力措施加以解决。第三，希望在严格管理的基础上，进一步制订科学合理的规章制度，使成人教育进一步走上规范化、制度化的轨道。

针对1987年后社会上成人高等教育出现的"三乱"现象，为了保证成人高等学历教育的规格和质量，维护毕业证书的严肃性和社会声誉，国家教委决定从1993年起，凡国家承认学历的成人高等教育毕业证书由国家教育委员会统一印制，并授权验印部门验印，加盖由国家教育委员会统一监制的刻有"国家教育委员会成人高等教育证书专用章"字样和编号的验印章（钢印）。

学校在1993年4月召开的第八次函授站站长会议中作出工作部署，要求按国家规定认真做好毕业证验印与颁发工作。毕业证的验印与颁发，政策性强，涉及面广，是件严肃的工作，必须按国家规定和函授部的要求认真做好，切不可掉以轻心。[①]

---

① 《南昌航空工业学院第八次函授站站长会议纪要》，南昌航空大学档案馆电子档案，1993-永久-0034-016。

第四章

早期的非学历教育

非学历教育是指高校在学历教育之外面向社会举办的，以提升受教育者专业素质、职业技能、文化水平或者满足个人兴趣等为目的的各类培训、进修、研修、辅导等教育活动。1987年6月23日，国务院转发国家教育委员会《关于改革和发展成人教育的决定》指出，成人学校要发挥多种功能。成人高等学校和中等专业学校既要办学历教育，又要办非学历教育。[①] 南昌航院在成人高等教育的初步发展阶段举办夜大学、函授教育等学历教育的同时，也积极探索非学历教育，开展教职工教育培训，举办《专业证书》培训班，结业学员135人，取得了一些成绩。

一、教职工教育培训

（一）建立职工教育委员会

1978年党的十一届三中全会之后，我国已经进入社会主义革命和社会主义建设新的历史时期，着手把工作着重点转移到社会主义现代化建设上来。1978年4月22日，邓小平在全国教育工作会议开幕式上发表重要讲话，不仅对发展我国学校教育事业作了重要指示，而且突出地强调了现代经济建设需要大力恢复和发展成人教育问题。在邓小平教育思想指导下，我国成人教育首先从职工教育领域取得突破。1978年10月11日，中国工会第九次全国代表大会召开，通过了《中国工会章程》，规定职工要努力学习现代化的科学技术知识和管理知识，不断提高工作能力。工会基层委员会要组织职工学科学、

---

① 交通部教育司交通普通高校成人教育协作组编：《高等学校成人教育文件选编》，大连海运学院出版社1994年3月版，第45页。

学技术、学文化、学经济、学管理。要大力办好各种类型的职工业余学校。在1978年底，已有许多企业恢复了职工教育活动，许多职工学校恢复了正常的教学工作。

1979年9月14日至24日，教育部在河南郑州召开全国职工教育工作会议。这是党的十一届三中全会以后的第一次全国职工教育会议，讨论了《关于加强职工教育工作若干问题的意见》（讨论修改稿），介绍了职工教育经验。经党中央批准，于1980年4月28日正式成立了全国职工教育委员会，作为组织领导全国职工教育工作的最高管理机构。全国各地的职工教育蓬勃开展，在全面恢复的基础上取得了新进展。

航空工业现代化是四个现代化的重要内容。航空工业中心任务就是加快产品的更新换代，即力争做到"更新一代，研制一代，预研一代"。与此同时，把航空工业转到"科研先行""质量第一""军民结合"的轨道上来。为了确保这些任务的完成和实现航空工业现代化，最主要的是要抓人才培养。否则即使有先进的设备，充足的资金，没有一大批优秀工人、优秀科技人员和优秀管理人员，没有一支又红又专能打硬仗的队伍，也是干不成事的。1979年，航空工业职工总数43万人，比1966年将近翻了一番，但是，其中初中和小学文化程度的约占65%，文盲和半文盲约占2%。技术工人平均3.2级。科技人员只有5万人，占职工总数的12%。而且在相当一段时间中，科技人员不敢和不能学习、钻研技术，业务荒疏，水平降低。新补充的人员，有一部分还不能独立承担任务。干部中对经济管理工作比较熟悉的不到二分之一，真正懂得现代化管理知识的为数更少。航空工业的"第一代"年龄大都在45岁以上，可谓青黄不接。[①]当代科学技术日新月异，而航空工业队伍的水平又严重下降，培养人才的任务就更为紧迫。培养人才，作为一项极为迫切重要的战略任务。同时，广大职工为实现四个现代化学政治、学文化、学技术、学经济、学管理的积极性普遍高涨，职工教育工作必须迅速赶上去。

1979年10月20日至28日，第三机械工业部召开了航空工业职工教育工作会议，讨论了《一九八〇年——一九八五年航空工业职工教育工作规划》和

---

① 《一九八零年——一九八五年航空工业职工教育工作规划》，南昌航空大学档案馆电子档案，1980-永久-0043-002。

《第三机械工业部职工教育暂行工作条例》。1979年11月26日第三机械工业部向航空工业各企、事业单位下发这两个文件和段子俊副部长在航空工业职工教育工作会议上的总结《大力发展职工教育为航空工业现代化贡献力量》。文件分析了航空工业职工教育工作的重要性，指出实现航空工业现代化，必须把主要精力转移到科研、生产上来。而基础是要抓人才的培养，动员广大职工为搞好科研、生产而学政治、学文化、学技术、学经济、学管理，这是一项极为光荣而艰巨的战略任务，又是当务之急。加强党的领导，是大力发展职工教育的关键。各单位要切实把职工教育摆到党委重要议事日程上，及时解决职工教育工作中的重大问题。做到有计划安排，有得力措施，有具体要求，有明显成效，为航空工业现代化造就大批人才而奋斗。[①]

《一九八○年——一九八五年航空工业职工教育工作规划》提出的奋斗目标是：大力恢复和建立从徒工培训、业余文化学校、业余技工学校、中专学校到职工高等院校的职工教育网，扩大培训规模，加快培训速度，提高培养质量。到1985年，初步建立一支具有现代科学技术和现代经济管理知识的航空工业职工队伍。[②]

《第三机械工业部职工教育暂行工作条例》指出，航空工业职工教育的任务是：普及和提高广大职工的文化知识、科学技术和经济管理水平，培养一支具有现代化科学技术和管理能力的又红又专的干部、科技人员和工人队伍，为加速实现航空工业的现代化服务。各企、事业单位要对系统地提高职工的科学文化水平做全面规划，扩大职工教育的发展规模，加速建立适应航空工业发展的职工教育体系。[③]

段子俊副部长在航空工业职工教育工作会议上的总结讲话《大力发展职工教育为航空工业现代化贡献力量》要求航空工业企、事业单位坚持辩证唯物主义思想路线，大力发展职工教育；发扬艰苦创业精神，积极创造办学条

---

① 《关于颁发航空工业职工教育工作会议上的三个文件的通知》，南昌航空大学档案馆电子档案，1980–永久–0043–001。

② 《一九八零年——一九八五年航空工业职工教育工作规划》，南昌航空大学档案馆电子档案，1980–永久–0043–002。

③ 《第三机械工业部教育暂行工作条例》，南昌航空大学档案馆电子档案，1980–永久–0043–003。

件；注意教学效果，提高教学质量。①

第三机械工业部向航空工业各企、事业单位下发的这3个文件成为指导航空工业企、事业单位抓好职工教育的纲领性文件。

1978年4月，南昌航空工业学院成立。为了加快由中专向学院的改建工作，学校首先抓了组织机构的建立和调整。教学行政组织设立了院长办公室、人事处、教务处、院务处、生产处、热加工系、化工系、机加系、基础课部等。教务处设师资培训科，具体负责教师的培训。人事处专门设立了职工教育科，具体负责职工培训的管理工作。1981年10月16日，本着精简机构，紧缩编制，提高工作效能的精神，经学院党委第25次会议研究决定，调整学院部分机构，其中，将教务处师资培训科和人事处职工教育科合并为职工教育科，归人事处领导。②

根据教育部《关于加强职工教育工作若干问题的意见》和第三机械工业部职工教育工作会议大力发展职工教育的指示，学校于1979年12月25日以"（79）院办字第98号"下发《关于成立南昌航空工业学院职工教育委员会的通知》，专门成立了职工教育委员会。通知指出，为了实现航空工业现代化和把学校建设成具有现代化水平的高等院校，大力开展职工教育，提高全校职工科学文化水平，已成为刻不容缓的战略任务。学校职工教育委员会的任务是：在校党委的领导下，负责制订职工教育规划，研究和解决教育方针的贯彻执行、规章制度的制订、教师队伍的建设以及办学条件落实中的重大问题。学校职工教育委员会由11人组成：孔祥林副院长为主任；副主任为张曰安、杨春敏；委员有：刘由之、张德明、金纪福、陈冠周、尹敏兰、李忠风。暂缺两名，其中一名为职工教育科负责人。③1980年，从上报到三机部教育局的职工教育领导干部名册来看，人事处职工教育科长为罗次曾，副科长邓仕林。④

---

① 《大力发展职工教育为航空工业现代化贡献力量》，南昌航空大学档案馆电子档案，1980-永久-0043-004。

② 《关于调整学院部分机构的决定》，南昌航空大学档案馆电子档案，1981-永久-0049-005。

③ 《关于成立南昌航空工业学院职工教育委员会的通知》，南昌航空大学档案馆电子档案，1979-定期-0035-011。

④ 《职工教育领导干部名册》，南昌航空大学档案馆电子档案，1980-永久-0024-047。

（二）开设师资培养班

由中专改建学院以后，师资队伍显得不足，原有中专教师中有些还不能胜任大学的教学工作，因此教师迫切需要调整充实和进修提高，职工管理队伍素质也需要全面提升。学校采取两种措施，一方面调入教师，一方面加强了现有教职员工的继续教育培训。1977年12月13日，学校决定举办师资培训班，以"南航（77）教字第76号"《关于师资培训班的报告》向第三机械工业部教育局请示，拟从学校在职职工中选拔80至100名具有中专（少量高中、中技）毕业文化程度的教职工参加学习，分甲、乙两班进行培训。甲班的入学对象主要是学校1960年以前的中专毕业生，当时已在教学岗位上的人员。这些学员补大学有关基础课程，采取缺啥补啥的办法，通过脱产、半脱产、业余学习各种培训方式，力争在两年左右的时间内达到本专业或本学科（指基础课）大学本科毕业水平，能胜任大专教学工作。乙班的入学对象主要是学校1969和1970届中专毕业生，当时在非教学岗位上的人员。先脱产一年半左右的时间学习基础课程，充实到教学部门，然后通过边工作边进修或其他培训方式，力争在三至四年内达到大学本科毕业水平，能逐步胜任大专教学工作。学校认为，师资培训班学员结业后应计算学历，并由学校发给学历证明。[①] 学校对以上两个师资培训班都制定了教学计划。

经"三机部教育局领导口头同意"，[②] 培训班于1978年3月初开学上课。甲班、乙班共75人，甲班35人，是当时已在教学岗位上的人员，是各单位选派的，未经文化考试。在两个学期中共学习英语、高等数学、物理三门课程，经过一年的学习，各自回原教学岗位。后因教学需要，该班就没有坚持下去。乙班是当时在非教学岗位上的人员，学员入学采取自愿报名、单位审核、学校统一进行文化考试、择优录取的办法。报考教师培训乙班的人员共计68名，经过文化考试，学校录取41名。

师训乙班按教学计划进行了教学，从1978年3月至1979年7月止。在三

---

① 《关于师资培训班的报告》，南昌航空大学档案馆电子档案，1977–永久–0005–002。

② 《关于我院师资培训班学院学历问题的报告》，南昌航空大学档案馆电子档案，1986–长期–0054–001。

个学期中共讲授了高等数学（270学时）、物理（102学时）、电工学（120学时）、画法几何与机械制图（60学时）、英语（180学时）、理论力学（108学时）、材料力学（220学时）、化学（80学时）等八门基础课程，总学时达到1140学时。学校选派了具有教学经验的老教师任教，并进行了严格的教学管理和成绩考核。因为学员是正式职工，根据教学急需，政治、体育等课程免修。学员学习一年半结业后分到有关教研室和实验室，各单位根据培训计划的要求和他们从事的工作，分别制订了进修计划。有些学员一直坚持在职进修，并经考核，修完了大学本科的学业；有的学员因工作变动，未能坚持下去；有些学员因教学急需，选派到其他重点院校插班进修，学完了大学本科的全部课程，并参加了毕业答辩，少数学员在重点院校学习了部分研究生课程。有些学员后来成为教学骨干。

对于这次师资培训班的学历问题，一直是个严肃而慎重处理的问题，学员多次向学校和航空工业部教育司反映。学校开展专门调查研究并经院长办公会讨论多次，也曾向航空工业部教育司做过请示，但悬而未决。1985年，国家教委以"（85）教计字132号"下发《关于制止滥发学历文凭的通知》，学校进行了认真的学习，进一步认识到处理历史上有关学历问题是一件政策性很强、非常严肃的工作。学校将师资培训班（乙班）办班简况及原拟解决的办法汇报给国家教育委员会。鉴于当时的历史情况，学校初步拟定了如下解决方案：

1.由于当时的历史情况，学校曾行文上报给三机部教育局，征得教育局领导口头同意，师训班才开办起来的，并严格进行了选拔、教学管理和考核，因此，学员的学历问题应该解决。

2.根据师训乙班的教学计划，学完了全部课程，总学时达到1140学时，加上免修的政治、体育等课程及完成进修计划的学时数，合计总时数基本达到大学专科水平，此部分学员发给专科毕业证书。

3.少部分学完本科要求全部课程，并完成了毕业论文、毕业答辩，取得合格成绩者，发给本科毕业证书。

4.未修完专科要求学时数的学员，发肄业证明。

5.师训甲班由于学习时间短，学习课程门数也少，可作为业务进修，不发学历证书。①

后来，通过1992年11月造册的《南昌航空工业学院师训乙班补发毕业证书登记表（1978.2—1979.7）》，有37名学员登记领证。②其中有一名学员后来发展成副校级领导，3名以上学员担任学校中层干部。

（三）开展各类培训

学校广开门路，加强师资、职工培训。

一是学校坚持利用暑期组织新教师岗前培训。学校领导、主要职能部门负责人以及青年教学骨干为新教师授课，开设德师风、教育教学原理规章、航空文化概论等课程和专题讲座，开展教学演练实践环节，聘请经验丰富的教学专家现场指导，大大地提升了新教师的教育教学能力。

二是举办各类短训班。短训班和单科班是指学习期限在一年以下的技术、业务或文化基础学习班。为了提高职工的文化素质，适应办大学的要求，建院初期，学校先后开办了教育心理学、企业管理、航空知识、青工文化补习、机械制图、电工、金属材料、热处理、数学、英语、日语等15个学习班。根据第三机械工业部教育局要求上报的1980年职工教育情况，1980年底，学校短训班和单科班14个，共计558人。其中，各种技术业务学习班7个，共计198人；初中、高中单科英语学习班3个，共计150人；初中、高中单科数学学习班3个，共计150人；日语单科学习班1个，共计60人。7个短训班已结业，在学班数7个，在学人数360个。③根据第三机械工业部教育局要求上报的1981年职工教育情况，至1981年底，学校共举办并结业10个短训班和单科班，分别是：初中、中专数学班各1个；机械制图快、慢班各1个；电工、计调、金属材料与热处理学习班各1个；工业电子学学习班1个；实验员训练班1个，共计469人。在学的短训班和单科班5个，分别是：机械制图快、慢班各1个；金属材料与热处理学习班各1个；实验员训练班1个，共计225人。

---

① 《关于我院师资培训班学院学历问题的报告》，南昌航空大学档案馆电子档案，1986–长期–0054–001。

② 《师训乙班补发毕业证书登记表》，南昌航空大学档案馆电子档案，1979–定期–0035–022。

③ 《职工教育情况》，南昌航空大学档案馆电子档案，1980–永久–0024–046。

学徒工的初级技术教育穿插在以上10个班中进行。[①]以上在学的短训班和单科班5个班共计225人于1982年结业。1981年3月至1982年7月举办英语进修班，共计95人。1982年10月还举办了英语提高班、英语口语班等，提高教师的外语水平。

三是除了在校内培训，学校还派出教师外出进修。1980年9月，学校对全体教师进行了一次全面的排队分析，提出了培训计划和措施：抓教师的"四定"（定任务项目、定工作要求、定完成时间、定工作量）；推行教师工作量制度；建立教师业务档案。学校采取了"派出去（长期进修、听专题讲课、参加科研讨论会、教材讨论会等）、请进来（请西工大、北航教授来校主讲《金属研究方法》《工程数学》讲习班等专题学术讲座）"[②]和结合工作在职提高等办法对教师进行培训。仅1979年至1982年，外出进修人数就达76人，其中基础课教师50人，专业课教师26人。[③]同时根据需要进行重点培养，选拔优秀的青年教师到重点大学研究生班学习，或脱产学习外语，争取出国深造。1982年，先后选送尚保忠、谢丕纲等3名教师到美国、英国进修学习，同年还选派孔德谆、张桢等2名教师出国进行学术活动或考察。1983—1985年，学校又选送了余学进、甘克正等4名教师出国进修。此后学校又陆续派出了王凤翔、吴纯素、黄懋衡等10余位教师赴国外交流或研修。

四是根据上级指示，举办航空系统短训班。1980年4月16日至6月26日，学校举办电磁涡流检测短训班。国务院国防工办"（79）办科字349号"文件和三机部"（79）技字780号"文件决定，在南昌航空工业学院筹办无损检测专业，并在南昌航空工业学院和上海交通大学设立科研点，为国防工业系统培训无损检测专业人才，1982年前，委托两校为国防工业系统举办六期短训班。为此，学校成立了无损检测专业筹备组，开展大量相关工作，制订短训班招生简章和短训班教学计划，向国务院国防工办四局发出《关于建立无损检测专业和举办短训班的请示报告》，为1980年的第一期电磁涡流检测短训

---

① 《第三机械工业部统计报表制度（职工教育部分）》，南昌航空大学档案馆电子档案，1981–永久–0044–045。

② 《南昌航空工业学院师资培训工作小结》，南昌航空大学档案馆电子档案，1980–长期–0057–010。

③ 孙一先主编：《南昌航空工业学院史》，航空工业出版社2002年9月版，第65页。

班做准备。① 根据国务院国防工办1979年11月在广西南宁召开的7911会议精神和三机部的指示，1980年4月16日至6月26日，第一期电磁涡流检测短训班在学校成功举办。短训班共有正式学员29名，旁听学员5名，来自全国20多个单位，其中五机部一机部系统有9名，其余来自三机部所属工厂。经过近两个半月的学习，推广了使用涡流检测技术，扩大了涡流仪的使用范围，培养了一批推广使用涡流检测技术的骨干，交流了厂际使用涡流检测技术的经验。对照原订的培养目标，基本上达到了预期要求。② 1980年4月至10月，学校举办日语进修班，共计42人。受部委托，由学校和厦门第二电子仪器厂共同主办"涡流检测级Ⅱ级人员培训班"，为期一个月，招收名额60名，1982年11月10日在厦门第二电子仪器厂开班。③ 受航空工业部委托，1983年9月，学校举办首期出国留学预备人员法语培训班，此后，根据上级要求，举办多期培训班，并逐渐成为航空航天工业部出国留学人员法语培训中心。1996年已办10期，因隶属关系的改变，由"航空航天工业部南昌航院法语培训中心"更名为"中国航空工业总公司南昌航院法语培训中心"，制定了管理办法。④

五是设立师范部，为部属单位附属学校培养中学师资。为根据航空工业保军转民的要求和适应20世纪90年代新技术发展的需要，经教育部同意，1984年3月，学校设立师范部，为航空工业部所属企业子弟学校（即部属单位附属学校）培养中学师资，设数学、物理、化学、英语4个专业，从1984年开始招生。

总之，学校加强了校内外培训工作，还选送部分人员参加函授学习。据统计，建院至1982年这个阶段内共培训978人次，其中校内培训856人次，校外培训122人次。⑤ 各种类型的短训班、进修班普遍提高了已有教师特别是中、

---

① 《关于建立无损检测专业和举办短训班的请示报告》，南昌航空大学档案馆电子档案，1980-长期-0060-001。

② 《电磁涡流检测短训班总结报告》，南昌航空大学档案馆电子档案，1980-长期-0060-004。

③ 《涡流短训班教学计划》，南昌航空大学档案馆电子档案，1982-长期-0020-003。

④ 《关于"航空航天工业部南昌航院法语培训中心"更名的请示》，南昌航空大学档案馆电子档案，1996-永久-0023-010。

⑤ 南昌航空工业学院院史编委会办公室编：《南昌航空工业学院院史（1952—1985）》，南昌航空工业学院院史编委会办公室1988年1月内部编印，第128页。

青年教师在工程数学、外语、先进测试技术、现代控制理论、电子计算机原理与运用等方面的水平。据统计，至1991年，学校有70%以上的教师参加了各种类型的学习和进修。[①]

二、举办《专业证书》培训班

（一）申请获批试点举办无损检测专业《专业证书》教学班

1987年6月23日，国务院转发国家教育委员会《关于改革和发展成人教育的决定》指出，"要突破单一的培养规格，对学员实行三种证书制度"，[②]即毕业证书、单科及格证书、专业证书。专业证书制度，是对已在专业技术岗位或专业性强的管理岗位上工作的具有高中毕业文化程度的在职人员进行有针对性的专业知识教育，使其达到岗位要求的大专层次专业知识水平，有目的地进行专业知识教育的一种教育证书制度。它只表明已达到了岗位所要求的大专层次专业知识水平的一种证明，不等同于大学专科毕业证书。

随着我国成人教育的改革与发展，建立岗位培训制度已成为必然趋势。在岗位培训制度中，先培训，后上岗，实行专业证书教育制度，在"七五"期间（1986—1990年）全面展开。专业证书制度主要是针对35岁、具有5年以上实践专业工龄，但又没有达到大专文化程度的一部分管理人员、专业技术人员，为了聘任职务上岗而实施的根据需要更新、补学相应的专业文化知识的制度。学习对象和使用目标都是非常明确的，有针对性的。专业证书制度的实施，最主要的是突破了单一的学历证书规格。它以实施专业技术和管理人员聘任所需要的知识技能教育或培训为主要内容，以培养各行业合格的上岗人员为目的。这是20世纪80年代中兴起的新型教育制度。

昌航接受有关部门的委托，经航空航天工业部教育司批准，于1989年、1990年、1994年举办了三期无损检测检专业《专业证书》培训班，共计135人，每期学制一年，脱产在学校学习。按国家教委有关规定，制定了完整的教学

---

① 《南昌航空大学校史》编写组：《南昌航空大学校史：1952—2012》，航空工业出版社2012年10月版，第74页。

② 交通部教育司交通普通高校成人教育协作组编：《高等学校成人教育文件选编》，大连海运学院出版社1994年3月版，第44页。

计划，组织教学全过程。

1988年国家教委、人事部下发"（88）教高三字006号"《关于成人高等教育试行〈专业证书〉制度的若干规定》后，航空航天工业部科技局和环境保护办公室以及劳动部锅炉压力容器安全监察局、石化总公司人事部委托昌航举办成人高等教育热加工（含铸造、锻造、冲压、焊接、金属材料与热处理）技术、腐蚀与防护技术、环境管理和无损检测《专业证书》教学班。其中热加工技术招收100名，腐蚀与防护技术招收50名，环境管理招收50名，无损检测100名。经研究，昌航拟接受委托，举办上列专业《专业证书》教学班，招收学员共计300名，1889年春季入学，脱产学习一年。1988年10月11日，昌航以"院教成字（1988）第197号"《关于承办加热工、腐蚀与防护、环境管理、无损检测〈专业证书〉教学班的请示》上报航空航天工业部教育司。[①] 航空航天工业部教育司以"教便字第（28）号"，批复同意昌航从1988年开始，先行试点举办无损检测专业《专业证书》教学班。

航空航天工业部教育司之所以批复同意试点无损检测专业《专业证书》教学班，一是因社会和上级部门需求较多，二是因为昌航办该专业较早，颇具特色和实力。无损检测专业是学校为适应国防和民用工业产品检测现代化的需要而在国内首次创办的新专业。学校全日制本科有5届毕业生，在师资和教学设施方面已有较好的基础。

（二）举办三期《专业证书》教学班

无损检测专业《专业证书》教学班面向全国航空航天工业系统、劳动部系统以及其他部门所属压力容器检测系统等。学员需要符合以下4个条件：1.从事本专业技术工作，确属本系统本单位工作需要而尚未达到岗位所要求的大专毕业文化程度的在职人员；2.具有高中毕业文化程度；3.具有五年以上本岗位专业工龄，所学专业对口；4.年龄一般应在35岁以上。符合以上条件的在职人员，由所在单位推荐，上级主管业务部门批准，经昌航文化考核合格后，择优录取。培养目标是：通过系统学习，考试合格，达到任职岗位

---

① 《关于承办加热工、腐蚀与防护、环境管理、无损检测〈专业证书〉教学班的请示》，南昌航空大学档案馆电子档案，1988–永久–0026–011。

要求的大专层次毕业的专业知识水平。学制一年，采用全脱产办学形式。教学计划根据岗位规范和实际工作需要制订。在岗位专业知识上要达到大专同类专业相同的规格要求。课程设置：高等数学、普通物理、电子技术、金属材料与工艺、工程力学、微机原理与应用、超声检测、射线检测、磁粉检测、涡流渗透检测等。理论教学总时数不少于800学时。[①]

1988年12月30日，学校以"院教成字（1988）第272号"下发《关于举办〈专业证书〉教学班的若干规定》，对开班做了全面布置。由成人教育处根据上级有关文件的规定，组织生涯调查，制订招生计划，做好考生报名、审批工作；拟订《专业证书》教学班的有关规章制度，统一报表格式，加强教学行政管理；负责学籍管理，按规定颁发《专业证书》。相关系（部）是《专业证书》教学班的具体承办单位，主要任务是制订教学计划和课程教学大纲，选编教材和教学参考资料；聘任授课教师，安排教学任务，检查教学质量；做好学生管理工作，负责报到注册考勤，考分统计结业等工作，安排好学生生活；做好学生政治思想教育工作。

经过各单位选送学习对象、报请委托部门对学习对象进行入学资格审查，昌航组织入学文化和专业知识考核，会同委托部门审查后，第一期录取学员68人。1989年2月，第一期无损检测专业《专业证书》培训班学员入学，1990年1月上旬结业。1名学员开学后不久即退学。其他67名学员完成了教学班教学计划规定的课程学习任务并经考核合格，学校为他们颁发了《专业证书》。

中国民用航空局适航司1989年5月8日以"关于委托南昌航空工业学院举办《专业证书》班的函"、劳动部锅炉压力容器安全监察局1989年5月3日以"劳锅局字（1989）27号"以及中国石化总公司人事部分别委托和继续委托昌航举办第二期无损检测专业《专业证书》教学班。和第一期《专业证书》教学班一样，经航空航天工业部教育司批准办班，对学习对象的入学条件由委托部门审查，学校组织了入学文化、专业知识考核。学校会同委托部门录取了学员54人，于1990年2月12日入校，全脱产在校学习一年，1991年1月

---

① 《关于试行无损检测专业〈专业证书〉教学班的请示》，南昌航空大学档案馆电子档案，1988-永久-0026-007。

结业。

昌航对这两期《专业证书》教学班高度重视，从各方面加强了管理。

一是严格审核学员的入学条件。根据国家教委、人事部"（88）教高三字006号"文规定，参加《专业证书》教学班学习的对象应同时具备四个条件。昌航举办的这两期无损检测专业《专业证书》教学班的学员，都是从事无损检测专业技术工作或专业性较强的管理工作，确属本系统、本单位工作需要，而尚未达到岗位要求的大专毕业文化程度的在职人员。他们分别具有高中（含中专、中技）毕业文化程度，所学专业对口。

无损检测专业技术工作队伍，近年来发展很快，国民经济有关部门，特别像锅炉压力容器、石油、化工和民航等部门，对这项专业技术工作要求高、任务重。根据上列部门、行业特点和人员构成状况，委托部门考虑到各单位无损检测人员急需在专业理论上提高素质，按照国家教委、人事部"（88）教高三字006号"《关于成人高等教育试行〈专业证书〉制度若干规定》精神，批准各单位选送并录取了少数岗位工龄较长、确属技术骨干但年龄不足35岁的学员入校，参加了《专业证书》教学班学习。如中国民用航空局适航司，根据民航事业的发展，进口的民航飞机都是将无损检测设备随机配套进口，急需无损检测人员提高专业理论素质后开发使用，因此该司在其下发的《关于无损检测〈专业证书〉班报名的通知》中，对报名对象规定"年龄一般在35岁以上（确因工作需要可适当放宽）"。

二是加强教学、学籍管理。对于两期无损检测专业《专业证书》教学班，在教学上按照国家教委、人事部"（88）教高三字006号"文件要求，制订了较好的教学计划，并征求委托部门的意见，做了多次修订。总计850个学时，采用全脱产在校学习一年的办学形式。聘任了副教授以上职称的教师为主进行教学，按照培养目标的要求组织教学全过程。

根据国家教委、人事部"（88）教高三字006号"《关于成人高等教育试行〈专业证书〉制度若干规定》精神，结合学校办班实际情况，1988年12月30日，制定《关于举办〈专业证书〉教学班的若干规定》。《专业证书》教学班由承办系负责管理，选配了专业教师兼任班主任，做好学员的思想教育、指导学习和具体的组织管理。为了加强对《专业证书》教学班的学籍管理，1990年3月6日，学校根据航空航天工业部教育司"教字（1988）59号"《航空工业系统试行大专（专业证书）制度实施意见》的规定，以"院教成字（1990）第039号"下发《南昌航空工业学院成人高等教育〈专业证书〉教学班学籍管理暂行办法》，[1] 此办法对于办好《专业证书》教学班有很重要的指导意义。《办法》规定了入学报到的程序、成绩考核的办法，强调了纪律和考勤，提出了奖励和处分意见，明晰了学员退学和结业的程序。

成人高等教育突破单一的培养规格，对学员实行毕业证书、单科及格证书、专业证书制度，是对成人高等教育的改革。实行《专业证书》制度是一项涉及面广、政策性强的工作。昌航在接受委托举办《专业证书》教学班的过程中，对委托部门批准选送学习对象年龄的严格要求，领会不深，因而思想上不够重视，按照委托部门意见，少数年龄不到35岁的人员也来校参加了教学班学习。但总体而言，经学校根据部教育司"教字（1990）17号"文的要求，对学校接受委托举办成人高等教育无损检测专业《专业证书》教学班开展的认真检查，学籍管理等制度执行情况还是较好的。[2]

1991年3月22日，国家教委、人事部联合下发了《关于加强成人高等教育试行〈专业证书〉教学班复查清理工作的通知》，要求用一年左右的时间对《专业证书》制度试点单位进行复查清理，按照这一要求，地方和国务院有关部委教育、人事部门对本地区、本部门成人高等教育《专业证书》教学班进行了认真的复查清理。昌航《专业证书》教学班因成人高等教育进行治理整顿而暂时停止试办。1992年9月15日，学校以"院成教字（1992）第197号"《关于恢复举办无损检测〈专业证书〉班的请示》上报航空航天工业部教育司，要求恢复举办无损检测专业《专业证书》班。内称：全国许多单位和个人采函来人要求我校举办《专业证书》班。为此，经研究，拟在成人高等教育治理整顿的基础上，恢复举办无损检测《专业证书》班。[3] 该请示得到批准。

---

① 《南昌航空工业学院成人高等教育〈专业证书〉教学班学籍管理暂行办法》，南昌航空大学档案馆电子档案，1990–永久–0026–001。

② 《关于我院接受委托举办成人高等教育〈专业证书〉教学班检查情况的报告》，南昌航空大学档案馆电子档案，1990–永久–0026–012。

③ 《关于恢复举办无损检测〈专业证书〉班的请示》，南昌航空大学档案馆电子档案，1992–永久–0043–008。

1994年上半年，无损检测《专业证书》教学班招生录取14人，考语文、数学和专业3门课程，录取最低分数线216分，最高分262分，其中一名具有大专学历者免试入学。[①]

三、加强非学历教育管理

随着非学历教育的发展，为加强管理，国家教委颁布了《普通高等学校举办非学历教育管理暂行规定》。1993年11月15日，为加强学校成人非学历教育的管理，努力提高教学质量，根据国家教委颁布的《普通高等学校举办非学历教育管理暂行规定》，学校以"院成发（93）第188号"下发《关于成人非学历教育管理的试行办法》（以下简称《试行办法》），对学校内举办的各类成人非学历教育进行规范管理，自1993—1994学年开始执行。主要规定内容如下：[②]

1. 明确了成人非学历教育的范围。《试行办法》规定，本试行办法所指的成人非学历教育，主要包括继续教育和其他各类培训班。

2. 明确了举办成人非学历教育的指导原则。《试行办法》规定，举办成人非学历教育要坚持为经济建设和社会发展需要服务，重视思想政治和品德教育，保证教学质量。对确因工作需要，经工作单位和成人教育处批准，随成人教育教学班进修者，必须办理签订协议书手续，按规定交纳培训费，根据课程教学计划参加进修和考核，参照成人非学历教育规定发给修业证书。

3. 明确了成人非学历教育的归口管理单位及其主要任务。《试行办法》规定，成人非学历教育由成人教育处归口管理，系部以及学院其他单位或个人不得以自己的名义自行举办或与外单位合办成人非学历教育。

4. 明确了办学经费的使用和管理（不含《专业证书》教学班）办法。

---

① 《成人高等教育〈专业证书〉教学班录取学员审批表》，南昌航空大学档案馆电子档案，1994-长期-0041-010。

② 《关于成人非学历教育管理的试行办法》，南昌航空大学档案馆电子档案，1993-永久-0034-008。

第三篇 **03**

成人高等教育学院时期
（1994—2006）

1993年《中国教育改革和发展纲要》发布后，高等教育包括成人高等教育进入新一轮改革和快速发展阶段。昌航从1980年开办夜大学起步，成人高等教育经历初步建立到整顿加强，再到稳步发展，从无到有，从小到大，从弱到强不断发展。成人教育的蓬勃发展，促进了学校成人教育体制的改革和发展。1994年1月，学校主动适应社会对高等教育的需求，成立成人高等教育学院，1994—2006年成人高等教育学院时期，抓住机遇，在办学规模和办学效益方面连续上台阶，进入快速发展阶段。1993年成人高等学历教育在册人数937人，1994年达到1359人（加上进修生，总人数为1397人），1995年在册学生第一次突破了2000人大关，达到了2175人，1996年成人教育再创佳绩，顺利接受了航空工业总公司检查评估，函授教育获评"优良"，夜大学教育获评"合格"，在册学生2235人，之后稳步发展，继续保持良好发展势头，至2006年，在校人数3571人。[①]

──────────
　① 《南昌航空工业学院年鉴：2006》，南昌航空大学档案馆2007年12月内部编印，第251页。

第五章

成人教育的发展

面对世界政治风云变幻，国际竞争日趋激烈，科学技术迅猛发展，迎战21世纪挑战，1993年2月13日，中共中央、国务院联合颁布《中国教育改革和发展纲要》，这是指导20世纪90年代乃至21世纪初教育改革和发展的纲领性文件，国家加快教育改革和发展步伐，在教育事业发展上，不仅教育的规模要有较大发展，而且要把教育质量和办学效益提高到一个新的水平。在结构选择上，以九年义务教育为基础，大力加强基础教育，积极发展职业技术教育、成人教育和高等教育，"成人学历教育要加强同普通学校的联系与合作，努力体现成人教育的特色，注重提高质量"。[①]昌航适应经济建设、社会发展和高等教育改革发展的实际需要，于1994年成立了成人高等教育学院，探索和开拓成人教育的新路子。

一、成立成人高等教育学院

（一）学校办学层次与学科结构的定位和调整

根据国家高等教育改革及学校办学指导思想调整的需要，南昌航空工业学院对办学规模和学科结构进行了重新定位和调整。学校制订的《南昌航空工业学院一九九一年至一九九五年发展规划》根据国家对高等教育提出的"稳定规模，优化结构，提高质量"的近期要求，提出在"八五"期间，计划每年招收本、专科全日制学生550人左右，连续4年在校学生人数控制在2200人左右。同时努力办好成人教育，注意控制成人高等学历教育规模，积极开

---

① 交通部教育司交通普通高校成人教育协作组编：《高等学校成人教育文件选编》，大连海运学院出版社1994年3月版，第19页。

辟和组织生源，加强继续工程教育，不断提高成人教育质量。每年招收成人高等教育学生250人左右，在册成人教育学生总数控制在700人左右。^①

1993年之后，根据国家教委的指示精神，昌航党委在认真组织全体师生员工学习《中国教育改革和发展纲要》(简称《纲要》)及《国务院关于〈中国教育改革和发展纲要〉的实施意见》，调查研究的基础上，制定了《南昌航空工业学院1994—1995年关于〈中国教育改革和发展纲要〉的实施意见》(简称《实施意见》)。《实施意见》既是对学校"八五"规划的修订，又是实施《纲要》第一步的具体方案。《实施意见》对办学层次及规模提出以下具体目标：

一是根据国家对高等教育提出的"规模有较大发展，结构更加合理，质量上一个台阶，效益有明显提高"的要求，以及中国航空工业总公司对学校办学规模的要求，1994年至1995年，学校计划每年招收本、专科全日制学生1400人以上，其中专科学生约占1/2，每年招收研究生10人左右，在校研究生总数达到30人左右。

二是积极发展成人教育，以适应经济建设、社会发展和从业人员的实际需要，积极开辟和组织生源，适当扩大规模，1994年至1995年，成人高等教育每年招收学生500人以上，并积极创造条件，成立成人高等教育学院。1994年3月，中国航空工业总公司教育局批准学校成立成人高等教育学院。

面对全国高等教育改革和大发展的形势，学校加快了发展的步伐，扩大了全日制招生规模。学校计划1993年要实现办学规模的超常规发展，招收新生1000人，在校生达到2500人以上，比1992年增加20%，"成人教育要在增设、扩大招生、提高质量、增加效益上下功夫"。^②按照计划，1993年至1994年学校实现了超常规发展。1993年招收全日制新生1391人，比上年度增加了105%。成人教育招生607人，比上年度增加近2.4倍。1993年底，全校全日制在校学生达3116人，成人教育在籍学生总数达1048人。1994年招收全日制新生1417人、成教学生705人。1994年底，全校全日制在校学生达3772人，

---

① 《南昌航空工业学院一九九一年至一九九五年发展规划》，南昌航空大学档案馆电子档案，1992-永久-0009-005。

② 《南昌航空工业学院一九九二年工作总结和一九九三年工作要点》，南昌航空大学档案馆电子档案，1992-永久-0009-004。

在册成教学生达1527人，使学校办学规模首次达到国家规定的本科院校平均3500人的标准，办学规模上了一个台阶。

1995年学校年度党代会上，昌航党委提出全校工作的基本思路和总体要求是：以提高教育质量、提高办学效益为目标，以深化改革和加强党的建设为主要措施，努力实现学校《1994—1995年关于〈中国教育改革和发展纲要〉的实施意见》中提出的各项要求。明确提出：学校1994年至1995年要在3800人至4000人的办学规模上相对稳定一段时间。为了适应社会主义市场经济的需要，要认真调整办学的层次结构、专业结构。在专业方面要逐步形成以工为主，工、管、文、理相结合，以金属材料工艺、制造工艺和测试技术为特色的格局。把工作的重点放在努力提高教育质量和办学效益上。此后，1995年至1998年，学校每年招生数比较稳定，控制在1500人左右，全日制在校生控制在4000人至4800人。

1996年4月，学校召开第四次党员代表大会，提出20世纪末的主要目标是：全日制研究生、本科生、专科生在校生5000人左右，成人教育在册学生达到3000人左右。[①] 此项目标写进了"九五"计划。学校"九五"计划指导思想要求既要适应社会主义市场经济体制，又要遵循高等教育规律，面向21世纪办出特色，努力达到"规模更加适当、结构更加合理、质量和效益明显提高"的发展目标，积极探索在社会主义市场经济条件和航空工业腾飞形势下，面向现代化、面向世界、面向未来办好社会主义大学的新路子，并提出"岗位培训等非学历教育达到1000人次／年"。[②]

成人高等教育是学校办学的基本组成部分。学校办学层次与学科结构的定位和调整是成教工作的基本遵循，为成教工作指明了方向，明确了任务。在学校快速发展的道路上，校领导希望成人教育势必需要紧跟形势，有一个快速发展的过程。1993年4月7日，学校第八次函授站站长会议在学校举行。会期期间，学校党委书记孙一先、院长陈立丰、副院长刘高航等校领导看望了与会代表，并出席了会议。会议的主要议题之一是传达贯彻1992年全国成人教育工作会议精神及1993年成人高等教育招生工作的有关政策规定。会议

① 《孙一先：以新的姿态跨向二十一世纪》，南昌航空大学档案馆电子档案，1996-永久-0004-010。

② 《南昌航空工业学院"九五"计划》，南昌航空大学档案馆电子档案，1996-永久-0004-012。

学习了国家教委关于进一步改革和发展成人高等教育意见的通知，并进行了认真的讨论。代表们一致认为：1992年全国成人教育工作会议提出了我国成人高等教育进一步改革和发展的方向，制订了成人高等教育招生工作的有关政策规定，明确了任务，提高了信心。我们必须按国家教委的要求，坚持成人教育面向市场，扩大服务功能，直接有效地为经济建设服务的指导思想，坚持"学用结合，按需施教，讲求实效"的办学原则，从严治学，加强管理，把社会效益放到首位，注意经济效益，切实保证办学质量，使昌航各函授站工作迈上一个新台阶。当前改革开放的形势很好，成人教育展现出喜人的局面，要总结经验，克服困难，坚持改革，抓住机遇，努力开创学校函授教育工作的新局面。①

（二）成立成人高等教育学院

成人教育是我国教育的重要组成部分。在国家整个教育事业中，它与基础教育、职业技术教育、普通高等教育同等重要。1987年6月23日国务院批转的《国家教育委员会关于改革和发展成人教育的决定》，从五个层面指出了成人教育的主要任务是：1. 对已经走上各种岗位，以及需要转换工作岗位或重新就业的工人、农民、干部、专业技术人员和其他从业人员，进行相应的岗位培训，使他们在政治思想、职业道德、文化知识、专业技术和实际能力等方面达到本岗位的规范要求；2. 对已经走上岗位而没有受完初等、中等教育的劳动者，进行基础教育；3. 对已经在职而又达不到岗位要求的中等或高等文化程度和专业水平的人员进行相应的文化和专业教育；4. 适应社会的迅速发展和科学技术日新月异的进步，对受达高等教育的人进行继续教育；5. 为建设文明健康科学的生活方式，满足人们日益增长的精神文化生活的需求，对成人开展丰富多彩的社会文化和生活的教育。②从这五项主要任务来看，高等成人教育承担着多项重要任务，使命光荣，责任重大。

为了适应成人教育的改革和发展，有利于学校成人教育上规模、上水平，

---

① 《南昌航空工业学院第八次函授站站长会议纪要》，南昌航空大学档案馆电子档案，1993–永久–0034–016。

② 交通部教育司交通普通高校成人教育协作组编：《高等学校成人教育文件选编》，大连海运学院出版社1994年3月版，第41—42页。

有利于向国家教委申请招生计划指标及根据社会对人才的需求设置新专业，以取得各种层次、规格的办学资格，提高办学规模效益，增强学校专业优势，更好地为社会主义培养当班人和接班人服务，经学校认真研究，决定撤销成人教育处，成立成人高等教育学院。1994年1月14日，学校以"院人字（1994）第7号"《关于成立成人高等教育学院的请示》上报中国航空工业总公司教育局。1994年1月29日，学校以"院人字（94）第14号"《关于成立"昌航机械工业总公司"筹备小组等机构的通知》，经党委研究决定：撤销成人教育处，成立南昌航空工业学院成人高等教育学院。[①]1994年2月22日，任命罗志华为成人高等教育学院院长，张润生为成人高等教育学院副院长。1994年3月21日，中国航空工业总公司教育局批复："来文收悉。经研究，同意你院成立南昌航空工业学院成人高等教育学院。"[②]

（三）加强成人教育学院建设

成人高等教育学院成立后，建立健全了各级函授、夜大教学管理机构，初步形成了具有自己特色的管理体系。成人高等教育学院成立后下设办公室。为加强成人高等教育的教学管理工作，1996年1月15日，昌航以"院人字（1996）第27号"下发《关于成立成人教学管理部的通知》，内称：经1996年1月12日党委会研究决定，成立成人教学管理部（教学业务机构），隶属成人高等教育学院。[③]学校给成人教育学院定编50名，其中管理人员9名，至1995年底配有正副院长2名，退居二线副处级干部1名，所有工作人员都具有大专以上学历，中级职称的人员占40%，高级职称占30%，党员占50%。学院重视管理人员素质的培养和提高，在现有的管理人员中，有6人先后参加过国家教委、航空工业总公司和江西省主办的培训班。在加强管理队伍建设中，积极鼓励有条件的人员兼任一定的教学任务。学院成立近几年来，每学年有3—4名管理干部，在做好本职工作的同时，还承担了一定的教学工作量。实践证明，让有条件的教学管理干部"双肩挑"，对加强管理、提高成教质量十

---

① 《关于成立"昌航机械工业总公司"筹备小组等机构的通知》，南昌航空大学档案馆电子档案，1994–永久–0012–001。

② 《关于成立成人高等教育学院的请示》，南昌航空大学档案馆电子档案，1994–长期–0041–001。

③ 《关于成立成人教学管理部的通知》，南昌航空大学档案馆电子档案，1996–永久–0048–019。

分有利。成教学院设立了党支部。党支部注重思想教育和发挥党员的积极性，在组织大家学习党的方针政策，围绕学校成教事业建设和发展的工作中，起着战斗堡垒作用。多年来的实践中，成人教育学院集教务、学生、总务等方面的职能为一身，在校内对各系（部）举办的成人教育实行指导和归口管理，对校外函授站直接担负着领导责任。

1994年11月26日至27日，江西省普通高校成人教育研究会第六次年会在江西农大召开，17所普通高校的成人教育学院、成教部（处）的代表参加了会议，省教委有关部门的负责人和农大的领导出席了会议，并做了重要讲话。与会代表共同回顾总结了1994年成人高等教育工作，交流了成人教育改革的经验，对新形势下大力发展成人教育进行了探讨。会议讨论通过了《江西省普通高校成人高等教育研究会章程》，并进行了换届选举，昌航成教学院罗志华院长当选为本届年会副理事长。

学院加强了信息化建设，开始运行函授、夜大学计算机管理系统。为适应学校成人高等教育教学管理现代化的需要，国家教委成人教育司委托江西省教委和福建省教委于1995年7月23日至8月2日在福建泉州华侨大学联合举办"普通高等学校函授、夜大学计算机管理高级研修班"。昌航吴小平参加了研修班学习。该计算机管理系统由国家教委成人教育司与北京科技大学联合研制开发。1995年9月，昌航成教学院开始运行该管理系统。运行以来，效果良好，能准确、迅速地收集、处理大量数据，替代繁杂的人工劳动，使得招生、学籍、成绩等管理工作格式化、规范化。该系统是实现成教学院教学管理现代化的有效工具和手段。[①]

学院注重加强继续教育基地建设。1997年4月24日至4月26日，江西省人事厅在江西行政学院召开了全省继续教育工作研讨会，出席这次会议的有各地市人事教育培训部门和有关高校科研院所共46人。昌航继教学院雷荣兴参加了此次会议。会上人事厅长雷湘池做了发展继续教育事业的报告，强调各级领导要进一步提高对继续教育培训的认识，加强继续教育基地建设，切实提高继续教育培训的质量。与会代表认真讨论了雷厅长的讲话和《继续教

---

① 《成人教育简报（十三）》，南昌航空大学档案馆电子档案，1995–长期–0038–022。

育的科目指南》。按照《江西省专业技术人员继续教育实施意见》（赣人培发〔1996〕6号）的要求，为了尽快提高专业技术人员的整体素质，充分发挥江西省各高等院校、科研院所的科研教学优势，省人事厅根据培训基地的标准，审定了第一批江西省继续教育培训基地。会上公布了由省人事厅指定的第一批继续教育基地名单，并举行了授牌仪式，昌航位列其中。同时还首次公布了各学校能举办的继续教育科目，昌航获准了9个继续教育科目，即：工业机器人、数控机床技术、柔性制造系统（FMS）、特种加工技术、技术经济分析、新型功能材料、高能密度焊接技术、压力容器与检测、法语培训等。[①]1997年5月7日，江西省人事厅以"赣人字（1997）159号"下发《关于公布第一批江西省继续教育培训基地的通知》，昌航成为20个"第一批江西省继续教育培训基地"之一。[②]为此，成教学院抓紧与有关系、部磋商，研究基地建设方案，开展办班事宜。

二、进一步加强成人教育管理

（一）加强函授站点建设

为进一步发展成人高等教育，不断扩大教学规模，多渠道培养人才，以适应社会主义建设的需求，加强了函授站点建设，并进行动态更新。经昌航研究，1994年12月14日批复同意在九江市经贸科技人才培训中心正式成立"南昌航空工业学院九江函授辅导站"。[③]这样，昌航设有包括上海、武汉、成都、太原、济南、长沙、乌鲁木齐、宜春职大、萍乡、新余、九江等函授站。为贯彻全国教育工作会议精神，大力发展职业高等教育和成人教育，至1995年新增加了景德镇昌河工学院和江西省机械工业学校2个办学点，开辟了与工学院和中专联合办学渠道，又增加吉安师专函授点。[④]这样，至1995年，学

---

① 《成人教育简报（二十九期）》，南昌航空大学档案馆电子档案，1997–永久–0017–005。

② 《关于公布第一批江西省继续教育培训基地的通知》，南昌航空大学档案馆电子档案，1997–永久–0017–001。

③ 《关于建立南昌航空工业学院九江函授站的批复》，南昌航空大学档案馆电子档案，1994–长期–0041–004。

④ 《一九九五年成教学院工作总结》，南昌航空大学档案馆电子档案，1995–长期–0038–023。

校经省教委批准正式备案的函授站点达到13个。

表5-1 南昌航空工业学院函授辅导站一览表（截至1995年）[①]

序	站名	设站单位	设站时间	站长	副站长	工作人员	招生专业
1	上海函授站	上海工业大学	1987	范培青	—	姚传辉	无损检测
2	杭州函授站	浙江省石化厅监测站	1987.11	许子中	—	林海雅	无损检测
3	武汉函授站	中科院武汉物理所	1987.6.30	李明顺	石雪梅	陈麦秀	无损检测
4	成都函授站	成都发动机公司培训教育中心	1987.11.23	黄永顺	—	—	无损检测
5	太原函授站	山西太原工业大学成教学院	1991.7.26	刘良伟	—	付宝书	无损检测
6	新疆函授站	新疆钢铁研究所	1992.10.17	陈烈菊	—	李建忠	无损检测
7	宜春函授站	宜春市职工业余大学	1992.9	钟平	李少兵	张晓青	机械制造与电子控制
8	新余函授站	新余钢铁公司职工大学	1994.5	彭开平	杨仲湘	贾淑华	机械制造与电子控制
9	萍乡函授站	萍乡江西发动机总厂	1994.12	王广发	刘学群	彭志方	机械制造与电子控制；财务会计
10	九江函授站	九江经贸科技人才培训中心	1994.9	黄春芬	杨融春	饶春华	财务会计
11	景德镇函授站	昌河工学院	1994.12	林国英	顾利新	周祖华	机电工程
12	南昌函授站	江西省机械工业学校	1995.2.25	康潮	—	张以标	计算机及应用；模具设计；工商会计（文理）
13	吉安函授站	吉安师专	1995	洪立人	—	—	

---

① 《南昌航空工业学院函授和夜大学教育自评报告》，南昌航空大学档案馆电子档案，1996-永久-0048-031。

1997年，学校采取措施，调整函授教育布局并取得进展。根据1996年函授教育评估中提出的办学思路，为了巩固评估成果，办出函授特色，提高办学效益，按照国家教委关于设站的原则，重新调整布局，就近就便，重点放在周边地区航空系统函授站和江西省内，新建了江西上饶、赣州、景波、省邮电学校和湖南长沙等函授站（教学点）。除赣州站启动晚尚未招生外，其余站（点）均已招生并陆续开学。至此，学校的函授教育除校本部外，在省内外设有13个站（点），基本上覆盖了省内各地市。①

成人高等教育学院成立后，加强了函授站管理工作。根据社会需求，学校注重校外设站办学管理。学校十分注重设站实体举办工科专业的教学条件，在签订协议前，成教学院要派人先考察，严格按照国家教委关于设站的规定要求履行报批手续。多年来，昌航对函授站的管理已建立了一套较完整的制度，在执行中除了坚持平常派人员下站检查落实外，主要从以下三个方面来加大对函授站教学的管理力度：一是每年召开一次函授站工作会议，传达学习有关文件政策，总结交流各站的经验，布置任务；二是昌航本部组织有关教师和管理人员3—5人每两年到函授站对函授专业的教学计划，教学大纲的实施及师资的教学水平，考试的管理进行评价与监督；三是各函授站的毕业生或调回昌航本部进行毕业设计论文答辩，或昌航本部组织答辩委员赴函授站进行答辩。在对校外函授站的管理过程中，特别加强了对站聘用部分主讲和辅导教师的管理，坚持未经昌航审核的兼职教师不发聘书，不予承认。根据1995—1996学年的统计，各函授站共聘请兼职教师70名，其中具有副高以上职称的30名，占聘任教师总数的42.9%，绝大多数学生反映，聘任的教师是称职或基本称职的。②

（二）第九次函授站站长会议

函授站是函授辅导站的简称，是学校对函授生进行教学辅导、思想政治教育和行政管理的机构，具有满足学员就近求学、缓解工学矛盾和经济压力

---

① 《成人教育简报（三十一）》，南昌航空大学档案馆电子档案，1997–永久–0017–005。

② 《南昌航空工业学院函授和夜大学教育自评报告》，南昌航空大学档案馆电子档案，1996–永久–0048–031。

的特点，函授站的设立和发展，为成人高等教育的普及和发展起到了积极的推动作用。由于函授教育的特殊性，函授站就被推到了一个重要的地位。一方面办学单位需要通过函授站了解、掌握函授教学的各个环节，收集教学反馈信息，把握教学进度和教学质量。另一方面，学员要通过函授站来解决自己的学习和生活中的问题，同时，学员任职单位也要通过函授站来了解学员学习情况。因此，各方面的信息需要函授站来收集、整理，同时又由函授站来传递。函授站作为函授教育系统工程中的一个重要组成部分，有其独特的工作性质和内含，承担着教学管理、教务管理、学籍管理、思想教育、班级管理等多项职能。随着成人高等教育规模化发展，成人高等教育教学质量备受社会争议，函授站的教学质量问题成为主办学校成人高等教育的工作重点和难点，是影响普通高校成人高等教育健康发展的一个因素。

昌航十分重视函授站质量建设，定期召开函授站站长会议，充分发挥函授站的职能，发挥最大的教学效益和综合效益。

1994年10月18日至20日，南昌航院第九次函授站站长会议在昌航本部举行。这是成人高等教育学院成立后举办的首次函授站站长会议，出席这次函授站站长会议的有上海、武汉、萍乡、宜春、九江等函授站、点的代表和昌航本部的材料系、化工系、机械系、电子系、社科系、基础课部等系部代表共计24人（太原和乌鲁木齐等函授站代表因故未来），应邀出席会议的还有昌航宣传部、教务处、总务处和师范部的负责人。江西省教委成教处的余印根处长，南昌航院院长陈立丰，党委副书记、副院长陆恩常，副院长刘高航等领导出席了会议并在开幕式讲了话。会议由南昌航院成教学院罗志华主持。罗志华做了题为《主动适应社会和经济发展的需要，加快发展我院的成人高等教育》的工作报告。与会代表认真学习了全国教育工作会议的有关文件；听取了江西省教委成教处余印根处长和南昌航院陈立丰院长、刘高航副院长关于成人教育工作的重要讲话。在总结交流一年来各自主要工作和经验的基础上，围绕函授教育的进一步发展、提高函授教学质量的措施和对新学年工作的安排进行了认真的讨论。会议结束前，各地函授站的代表还应学校各系（部）的邀请，参观了相关专业的教学设施，了解专业建设情况。会议

讨论的几个主要问题如下：①

1. 会议学习和研讨了成人高等教育招生形势，明确了招生工作任务。会议认为，过去的一年，在上级主管部门和昌航的领导下，由于各系部、部门和各函授站的共同努力，昌航成人高等教育拓宽办学渠道，新增专业，扩大招生规模，增强办学功能，提高办学效益，主动适应社会主义市场经济需求，推动成人高等教育的发展，取得了较好的成绩。对此，与会代表一致予以肯定。

1994年党中央国务院召开了全国教育工作会议，又提出要大力发展职业教育和成人教育，在新形势下，与会代表认为要继续抓住机遇，迎难而上，充分发挥普通高校多学科、师资力量雄厚、教学实验设施齐全、先进等优势。根据成人高等教育办学灵活、形式多样的特点，要在专业设置、与企事业（行业、部门）联合办学、发展职业技术教育等方面花气力、下功夫，为我国的成人教育事业的发展作出新贡献。

生源是决定昌航成人高等教育能否发展的关键，争取足够的生源是发展昌航成人高等教育的首要任务。为此，会议要求成人高等教育学院、各系部、函授站要在这方面进一步下功夫。各系部、函授站要充分利用各自与企事业、部门、行业的科技、业务联系的有利条件，在商洽科技、业务工作的同时，开展生源组织活动；在每年3月成人高考报名前，有条件的可以举办或联办高考补习班；考生报考时，可根据昌航编印的招生简章进行宣传和咨询。1995年成人招生计划，由成人高等教育学院综合平衡后，立即报航空工业总公司审定，并报国家教委批准。各系部、函授站要根据上报的计划，抓紧开展生源组织活动，确保国家教委批准的招生计划任务的完成。

2. 严格治教治学，确保函授教育的教学质量，是本次会议的重点讨论内容。为了全面落实国家教委关于《函授教学过程实施要点》的要求，昌航在第八次函授站长会议制订的《关于提高函授教学质量的几点意见》，各系部和函授站都相应采取了一些措施贯彻落实，做了大量工作。本次函授站长会议，

---

① 《南昌航院第九次函授站长会议纪要》，南昌航空大学档案馆电子档案，1994-长期-0041-008。

与会代表又共商了《关于进一步提高函授教学质量的措施意见》，一致认为应从以下六个方面对函授教学质量严格要求和加强管理：一是把好学生的入学关；二是认真选聘教师，发挥函授教师的主导作用；三是切实做好教学准备工作；四是严格把好考试关；五是严格管理制度；六是组织教学质量检查和开展教学评估。认真严格地执行《关于提高函授教学质量的几点意见》和《关于进一步提高函授教学质量的措施意见》，是远距离教育——函授教育教学质量的保证，各系部和函授站都要认真执行。在执行过程中应及时总结经验，并向成人高等教育学院反馈信息，加强联系，共商解决问题的措施。

3. 会议一致认为，提高函授教学质量的一个重要方面，就是要加强函授教学基础建设，加强对函授生的教育管理工作。目前，昌航函授教学的基础建设，尤其是新设专业的基础建设适应不了教学需要，突出表现在函授教育的一些必要教学资料，如某些课程的教学大纲、自学指导书等硬件教学材料，未能及时地满足教学所需。为此，会议要求各开办专业的系部要积极组织担任成人教育授课任务的教师，在近期内着手编写各自专业的专业课程教学大纲和自学指导书。基础课、技术基础课所需编写的课程教学大纲和自学指导书，由成人高等教育学院会同相关系部组织教师编写。编写课程教学大纲和自学指导书所需经费，由成人高等教育学院报请主管院长解决。这项工作，争取一年内完成。

为加强对成人高等教育学生的管理，学院编印了《成人高等教育学生手册》，不定期更新。这是新生入学教育的重要文件资料，是对成人高等教育学生实施教学、思想教育、生活管理的重要依据，是成人高等教育学生思想品德、学习、生活的行为规范。会议要求各函授站应及时将这本手册，组织师生学习贯彻。

（三）制定三好学生和优秀学生干部评选奖励办法

为鼓励学校成人高等教育脱产班学生奋发向上，刻苦学习，促进学生德智体全面发展，1994年3月14日，昌航以"院成发（94）32号"下发《关于成人高等教育脱产班、双招班三好学生和优秀学生干部评选奖励办法》，自

1993—1994学年起执行。《奖励办法》主要内容归纳如下：①

第一，明确了奖励的基本要求和条件。《奖励办法》规定奖励的基本要求和条件有4条：（1）坚持四项基本原则，拥护党的各项方针政策，遵守国家法律、法令和学院各项规章制度，积极参加政治活动；（2）坚持锻炼身体，积极参加早锻炼活动，出勤率高；（3）关心集体，团结同学，积极参加公益劳动、爱护公物、讲文明、有礼貌；（4）发奋学习，成绩优良。此外还有其他条件。三好学生的条件：学年所有考试考查课程成绩都在65分以上；各门考试考查课程平均成绩按本办法的计算方法在80分以上；优秀学生干部的条件是：各班班委、团支委和在院、系部担任学生分会、团总支委员以上的学生，工作积极主动，能抓善管，严于律己，圆满地完成了任职的工作任务，成绩显著。各门考试考查课程平均成绩按本办法的计算方法在75分以上。

第二，明确了学生学年学习平均成绩的计算方法：

$$学年各科考核平均成绩 = \frac{\Sigma（每门课程分数 \times 每门课程学时）}{\Sigma每门课程学时}$$

对五级分制课程则按下列办法换算成百分制：优为95分，良为85分，中为75分，及格为65分。

第三，明确了三好学生和优秀学生干部评选办法。即：三好学生和优秀学生干部每学年评选一次，评选时间为学年开学后的第一周内进行；在学生学年总结鉴定的基础上，由班委会、团支委推荐三好学生和优秀学生干部名单，经班级全体学生讨论，班主任核定，系（部）审定报学院批准。

第四，明确了奖励办法。《奖励办法》规定，三好学生和优秀学生干部的奖励以精神鼓励为主，同时发给奖学金。三好学生和优秀学生干部事迹材料进入本人档案，由学院颁发荣誉证书；三好学生和优秀学生干部奖学金为150元；三好学生和优秀学生干部的总名额可按本班人数测算，即三好学生和优秀学生干部分别为本班学生人数的百分比是7%和3%；三好学生和优秀学生

① 《关于成人高等教育脱产班、双招班三好学生和优秀学生干部评选奖励办法》，南昌航空大学档案馆电子档案，1994–长期–0041–005。

干部的奖学金由所在系部按成发（93）187号文的规定颁发。

第五，《奖励办法》规定了其他事项，比如，双招班和成人高等学历教育脱产班学生单项奖励，可参照院学字（第216号）第三项的办法，由学生所在系部发给一次性奖金；函授、夜大非脱产班优秀学生的评选奖励仍按原有《优秀学生评选办法（试行办法）》办理。

（四）制定学生成绩考核暂行规定

1994年12月1日，学校以"院成教发（94）第153号"下发《成人高等教育学生成绩考核暂行规定》，适用于实行学年制的学生。具体内容归纳如下：①

第一，明确学生成绩考核的情形。规定：（1）学生必须按教学计划的规定，按时参加所修课程的成绩考核。遇特殊原因，经办理批准手续，方可缓考。（2）学生因病或其他原因缺课超过二分之一，应予重修，不得参加考核。（3）学生无故缺课，累计超过所修课程学时三分之一，其成绩按不及格处理，不得参加所修课程的考核。是否允许补考，由系、部（函授站）视其情节决定。（4）全学期某门课程缺交作业达四分之一，则该课程按不及格处理，学生补齐作业后，允许补考。（5）任课教师要认真审核学生的考核资格，对不合格者，应在考核前两周将名单送学生所在系、部（函授站）审核后，通知学生本人并报成人高等教育学院备案。

第二，明确考核方法。规定：（1）考核方法可采用口试（含答辩）、笔试（开、闭卷）、平时考核、现场考核等，由教研室根据课程特点和考核要求决定。（2）考核课程门数。一学期脱产班4—5门，业余班3—4门，由成人高等教育学院根据教学计划确定，考试日期在考前两周予以公布。

第三，明确考试命题原则和方法。规定：（1）考题内容要符合教学大纲和教学进度，能检查学生掌握所修课程的基本原理、知识、技能的水平。试题要有一定的覆盖面，难易适度，以能区分学生不同水平为宜。（2）由教研室组织统一命题（含本部和函授站的试题），统一评分标准，统一阅卷。每门课

---

① 《成人高等教育学生成绩考核暂行规定》，南昌航空大学档案馆电子档案，1994–长期–0041–002。

程要同时拟定分量相同的试题二至三套。（3）考题原稿必须书写端正、图形清晰正确，考前一个月由命题教师送印刷厂打印、校对。（4）试卷由专人负责验收、登记，按课程和考场人数分别密封保管。试卷由主考教师在考前20分钟办理（外地函授站提前）领取手续。试卷在考场当众启封使用。（5）试卷在命题、试做、印刷、分发和传送过程中，必须有严格的保密措施。若发现失、泄密，应立即采取紧急措施，并同时报成人高等教育学院，以使考试正常进行。对泄漏考题者，要追究责任严肃处理。

第四，明确评卷登分原则和方法。规定：（1）根据命题与评卷相分离的原则，评卷工作由相关系、部统一组织或指定教师实施。教师按评分标准认真阅卷评分，不得任意提高或降低评分标准。（2）按规定格式进行登分并签名，不及格成绩以红色墨水进行登分。学生的考试成绩一般不能更改，如确属评错登错，须经系、部（含函授站）签章同意，方可更正，并由评卷教师在更正处签名。（3）考试答卷不发给学生。学生如对评分有异议要求复查，需提交书面申请，经批准和交纳查卷费后，由成人高等教育学院组织有关教师负责复查并告学生查核结果。（4）试卷评分结束后，应将全部试卷送开课系、部，前、后各三名学生的试卷按资料供使用和保管，其余试卷封存，一般在学生毕业一年后予以销毁。

第五，明确考场纪律。规定：（1）学生须按时参加考试，凭学生证（身份证）进入考场，对号入座，并将证件放在课桌左上角。考试开始后15分钟未入考场或中途擅自离开考场，按旷考论处。（2）学生应在规定的时间内独立完成考试，按时交卷。考试终了的时间一到，学生必须离开考场，监考教师立即收缴试卷。（3）保持考场安静，严禁吸烟。不得向监考教师询问考题。对试题分发错误和字迹不清，可举手询问。（4）闭卷考试除指定的文具外，其他物品一律不准带入座位。开卷考试所需文具和书籍由教师指定。开、闭卷考试都不准互借文具。（5）考试严禁偷看、夹带、传纸条、交头接耳、冒名顶替、抄袭和交换、撕毁或带走试卷。违者按舞弊论处。（6）提前交卷的学生，应立即离开考场，不得在考场内外留停喧哗，影响他人考试。

第六，明确监考人员职责。规定：（1）监考工作一般由任课教师、班主任或党政干部担任。教务人员应在考前贴好学生学号，按单人单桌排定座位。

考前要对学生进行考纪的教育。（2）监考人员须在考前10分钟到达考场，做好考场的清理检查工作。要认真检查学生的证件和是否对号入座，对不合要求者，有权调整其座位或不发试卷。（3）试卷分发后，监考人员须坚守岗位，不得做与监考无关的事。随堂巡查，不准将试卷传出考场。对企图舞弊和有嫌疑的学生，有权并及时提出警告。发现舞弊并经核实后，要取得证据并在该生试卷上标明"舞弊"字样。（4）学生考试提问，只回答字迹不清的问题，不得提示。考试时间不得延长，时间一到即令学生将答卷反放在其座位上，由监考人员收卷。（5）监考人员应清点核对试卷发放数与回收数是否相符，如不相符应当场查清收齐。答卷当场装订和密封，认真填写"考场情况记录"。

第七，明确了违纪处理情形。规定：（1）凡期末考试、考查或补考的舞弊、旷考者，其该课程成绩按零分处理，注明"舞弊"或"旷考"字样。对舞弊者给予记过以上（含记过）处分，确有悔改者，由本人申请，经批准可在毕业前补考一次。（2）平时测验和期中测验作弊者，课程测验成绩按零分计算，给予警告及警告以上处分。（3）替他人或找人代考者，给予留校察看处分。（4）考试（含测验）协同作弊者，按作弊者同样处理。

第八，明确了补考规定：（1）凡学期考试、考查不及格者，被批准缓考的补考者，免修申请者的免修考试，考试日期一般为新学期开学前或集中面授前二天进行。毕业前的补考在最后一个学期统一安排。（2）补考成绩按实得成绩记分，注以"补考"字样，批准免修的考试和缓考者的考试成绩按正常考试记分。（3）各门课程的补考，每学期进行一次。补考者未参加补考和缓考者补考不及格，按不及格课程计算，达留、降级门次者，按留、降级处理。已达退学门次和连续两次缓考达退学者，经批准，可单独组织补考一次。（4）凡一学期课程学期末总评成绩达四次或主干课程三门次以上不及格者，允许本人在补考前申请留、降级，可不参加补考。

（五）加强了考试管理工作

根据《成人高等教育学生成绩考核暂行规定》，1996年6月17日，昌航成教学院以"成教字（96）第010号"下发《关于加强成人高等教育考试管理工

作的通知》，对成人高等教育教学班（脱产班、函授、夜大学）的课程结束考试的有关事项做了规范，通知内容归纳如下：[①]

第一，课程结束考试的试卷由承担课程教学任务的教研室主任组织命题，一次出具两份难易程度相同、分量相当的试卷（A、B卷两种），由成教学院随机指定A卷或B卷为考试试题。试卷内容应符合课程教学大纲，做到既反映成人教育的特点，又能区分学生的学业水平，题目要有一定的覆盖面，题量适当，并附参考答案、评分标准。

第二，成人高等教育教学班试卷的题目应标明脱产班、函授、夜大学和班级编号。

第三，经教研室主任签字审核、系部批准的试卷于课程结束考试前15至20天送相关系部统一安排打印，装入试卷袋并密封。

第四，考试时，试卷由相关系部组织分发到考场，由监考教师当场拆封发给学生考试。

第五，加强考场管理，进一步提高监考人员的工作责任感，加强巡视，加强考试过程中的检查，规定：（1）考场座位按单人、单桌、单行，由相关系部教务员、班主任协助编排，座位应随机编排，不得由学生自选座位；（2）30人左右的考场，由相关教研室安排监考教师两名。确属人力不足，至少派出监考教师一名，另一名由成教学院教学部统一调度安排。40—50人左右的考场，加派监考人员一名，由成教学院教学部负责加派人员的调度安排。50人以上应分两个考场考试；（3）重申：学生参加考试必须携带身份证、学生证（由任课教师通知学生）并放在课桌的左角，以备查验。无证的学生不得参加考试；（4）开考前，宣布考场纪律，学生要将有关书、笔记、练习册等统统交到讲台上，不得放在旁边；（5）试卷发放后，立即让学生在试卷上填写自己的姓名，并由监考人员对照学生证、身份证进行查验；（6）监考人员要自始至终不离考场，中途不换监考人员，并按规定做好考试管理的各项工作，考试结束时清点试卷，看是否与所发数量相等。最后填写考场情况记录表。

[①] 《关于加强成人高等教育考试管理工作的通知》，南昌航空大学档案馆电子档案，1996-永久-0048-013。

第六，自1996年开始，试卷评分后，任课教师要写试卷分析，并将前后各三名学生试卷装订成册，其余试卷另行装订成册，连同学生考试成绩表和试卷分析、考场记录一并送交相关系部教务员。系教务员应按评估指标的项目要求加强管理。

（六）加强学生纪律管理

为加强校风校纪建设，贯彻党的教育方针，培养社会主义现代化建设合格人才，1994年12月1日，昌航参照国家教委颁发的《普通高等学校学生管理规定》有关精神，结合成教学院实际，以"院成教发（94）第154号"下发《成人高等教育学生违纪处分条例》，适用于成人高等教育各类学生，自公布之日起执行。学校以前颁发的有关条例或规定中一些条款，若与本条例相抵触者，一律以本条例为准。《条例》具体内容归纳如下：①

第一，明确了实施违纪处分的原则，《条例》规定：对违纪学生执行纪律处分，本着惩前毖后、治病救人的原则，以事实为依据，根据错误性质、情节轻重和本人认识，区别处理，同时，还应做好受处分学生的思想教育工作。

第二，明确了违纪处分的种类，《条例》规定，学生违反校纪，可分别给予下列处分：（1）警告；（2）严重警告；（3）记过；（4）留校察看（毕业班学生不给予留校察看）；（5）勒令退学；（6）开除学籍。

第三，重点对各类违纪处分做了界定，具体包括以下情形：（1）留校察看以一年为限，一年内有明显进步表现，可解除其留校察看；无明显进步，可延长其留校察看半年或一年；教育不改或又犯其他错误者，应给予退学处理。（2）有反对四项基本原则的言论和行动而又坚持不改者，给予勒令退学或开除学籍处分。（3）组织和煽动闹事、扰乱教学秩序和社会秩序、破坏安定团结者：情节较轻、未造成严重后果者，可给予记过以下处分；情节和后果严重者，给予勒令退学或开除学籍处分。（4）未经校系有关部批准登记，擅自组织成立政治性的组织或社团，视其实际活动情况及其造成的后果，给予不同等级的处分。（5）张贴、出版、复制、传播各种非法宣传品（包括政治性的大小字报、标语、传单），尚不够追究刑事责任和治安处罚者，给予记过以上的处分。

---

① 《成人高等教育学生违纪处分条例》，南昌航空大学档案馆电子档案，1994-长期-0041-003。

（6）违反国家法律、法令、法规，受到司法部门或治安处罚者：被处以治安警告者，给予警告或严重警告处分；被处以治安罚款者，给予严重警告或记过处分；被处以治安拘留者，给予留校察看处分；被收养审查者，给予勒令退学处分。（7）偷窃、诈骗国家、集体或他人财物者：作案价值在100元以内（含本数，以下同），视其作案情节及本人认错态度，给予记过以下处分；作案价值超过100元或多次作案者，给予留校察看或以上处分；经保卫或公安部门确认已作案，因某种外来因素未窃得财物者，给予警告处分；犯有偷窃、诈骗国家、集体或他人财物错误，且受到司法部门或治安处罚者，给予留校察看以上处分。（8）打架、聚众斗殴者：肇事者、策划者、参与者，视斗殴规模情节轻重，除赔偿受害者医疗费外，为主者给予严重警告以上处分，为从者给予警告以上处分；持凶器打架或为他人打架提供凶器者，给予记过处分；打架、斗殴事件的目击者，故意为他人作伪证，使调查造成困难，给予其严重警告处分（参与打架者加重一级处分）；纠集校外人员来校斗殴或报复殴打他人给予留校察看处分；团伙斗殴，参与者主动向组织揭发策划者和组织者，可免予处分；犯有打架、聚众斗殴错误，且受到司法部门和治安处罚者，给予留校察看以上处分。（9）故意损坏国家或他人财物者，除按价赔偿外，视损坏财物情况和造成的影响，给予警告以上处分，违章或违纪使用电气等，造成火灾事故者，给予记过以上处分。（10）违反学习生活纪律，成人脱产班学生，一学期内擅自离校或无故旷课（按该班实际上课时数计）者，视其旷课学时，分别给予通报批评和警告、严重警告、记过、留校察看、退学处分。（11）考试（考查）作弊者，除给予教学管理处理外，并视其情节给予不同等级的处分。对有意合谋作弊和请他人代考者或替他人考试、索取答案或向别人提供答案，情节恶劣者，其他作弊行为特别严重者，给予勒令退学处分。（12）道德败坏、发生性行为或生活作风越轨者：道德败坏、玩弄异性，乱搞男女关系或男女非法同居者，给予勒令退学处分；生活作风越轨或发生性行为，给予留校察看或退学处分；生活作风不正派，因恋爱引起纠纷或事故者，视其情节轻重和改正错误情况，分别给予不同等级的处分。（13）严禁下列行为，对尚未构成追究刑事责任者，视情节轻重给予不同处分：打麻将者，给予严重警告，对组织者或为打麻将提供条件（麻将、场地）者加重处分；参与赌博活动者，给予留校察看处分，赌博情节严重或教育不改者，给予勒令退学处分；偷看、传阅、传播、复制、制作、出租淫书、淫画、淫秽录像或其他淫秽物品者，给予严重警告以上处分。（14）隐瞒或捏造事实，伪造涂改证件，欺骗组织，包庇坏人，泄露国家机密者，视其情节轻重和认错态度，给予不同等级处分。（15）在公共场所（含食堂、宿舍）酗酒、哄闹、砸酒瓶等扰乱秩序，造成不良影响者，给予严重警告处分。（16）侮辱、诽谤、诬告、陷害他人或威胁他人人身安全者，其错误情节、后果尚未构成刑事处罚者，给予记过以上处分。（17）隐匿、毁坏或非法开拆他人信件，尚未构成刑事处罚者，给予警告以上处分。

第四，明确了决定处分的权限和审批程序，《条例》规定：给予违纪学生警告、严重警告、记过处分，由系（部）研究审批，并及时将处分材料报成人高等教育学院备案；给予学生留校察看、勒令退学、开除学籍处分，由系（部）提出意见，报成人高等教育学院呈交院务会审批，报省教委备案。对因犯政治错误给予勒令退学、开除学籍处分，经省教委审批后执行；凡涉及跨系（单位）学生违纪问题，由保卫处、学生所在系和成人高等教育学院进行联合调查，联合调查报告转交各有关单位办理；校外函授站对违纪学生的处分，由函授站将违纪学生所犯错误事实、本人检查交代和函授站的书面意见，报送成人高等教育学院审批或报上级批准。

第五，明确了学生对本人所犯错误给予的处分有申诉权以及申诉的程序，《条例》规定：系（部）函授站须在查清受处分者的错误事实的基础上，将错误事实通知本人，如本人持有异议，应进行复查；做处分决定时应与学生本人见面，如对所受处分不服，可保留意见或向主管部门或上级领导机关申诉，凡申诉有理的应予复议（但在申诉或复议期间，各级组织和学生本人均不得以任何理由停止决定的执行），并将复议结果上报主管部门复审，主管部门应将复审结果及时转告本人。

第六，明确了对违纪处分学生的后期管理，《条例》规定：各级行政处分决定，均应存入学生个人档案；受留校察看处分的学生，其所在系部要定期进行考察，及时帮助教育。察看期已满者，系部根据本人提交的解除察看报告，研究按期解除察看或延长察看，并报主管院长批准；受勒令退学处分的学生，已修完一学年课程者，由学院发给肄业证明书；受开除学籍处分者，不发给任何学历证明书。

（七）修订经费管理办法

1994年7月，成人高等教育学院根据航空工业总公司教字［1994年］33号《关于下达航空院校收费标准的通知》的精神，发布《关于1994年—1995学年成人高等教育学生入学缴费标准的通知》，明确1994级新生收费项目、标准；明确1993级及高于1993级函授、夜大在校生收费项目、标准；明确1993级招工与招生相结合大专班在校生收费项目、标准；明确办理交费的手续和要求。[①]1995年7月15日，成人高等教育学院根据航空工业总公司教字［1994年］33号《关于下达航空院校收费标准的通知》的精神，发布《关于1995年—1996学年成人高等教育学生入学缴费标准的通知》，主要内容大致与上年相似。[②]

1994年12月21日，成教学院发布《关于1994年—1995学年成人高等教育办学经费分配使用的几点说明》，自1994—1995学年起，对成人高等教育办学经费的分配使用办法做调整，规范教师授课酬金、实验教师报酬。[③]

根据国家教委关于成人高等教育改革与发展有关文件规定精神，为了合理使用成人教育有限的经费收入，促进昌航成人教育事业稳定、持续发展，在贯彻"保证投入、优先效益、兼顾公平"的原则下，在原"院成发（93）第187号"《关于我院成人高等教育经费使用与管理的试行办法》、"院成发（93）第188号"《关于成人非学历教育管理的试行办法》和"四、办学经费的使用与管理"文件基础上，1995年11月10日，学校以"院成字（95）第150号"制订《关于我院成人教育经费使用与管理办法》。《管理办法》全面系统地提出了各类成人教育经费使用与管理细则，规范了成人教育脱产班经费的使用与管理；规范了函授、夜大学教学班的经费使用与管理；规范了校外设站办班的经费使用与管理办法，暂按设站联合办班协议执行，经费使用情况应按

---

① 《关于1994年—1995学年成人高等教育学生入学缴费标准的通知》，南昌航空大学档案馆电子档案，1995-长期-0038-014。

② 《关于1995年—1996学年成人高等教育学生入学缴费标准的通知》，南昌航空大学档案馆电子档案，1995-长期-0038-016。

③ 《关于1994年—1995学年成人高等教育办学经费分配使用的几点说明》，南昌航空大学档案馆电子档案，1995-长期-0038-015。

年度报告昌航接受检查；规范了成人非学历教育办学经费的使用与管理。①

（八）加强学生档案管理

为加强对成人教育学生档案的管理，1996年1月2日，成人高等教育学院以"成办字（1996）第001号"制订《成人教育学生档案管理规定》，主要内容归纳如下：②

第一，明确学生档案主要材料包括：（1）参加全国成人高校招生统考的报名审批表，新生入学通知书；（2）新生报到注册时填写的学生登记表；（3）成人脱产班学生在校期间的学年鉴定表；（4）学生在校期间学习成绩总表；（5）学生毕业时填写的毕业生登记表；（6）学生在校期间的奖惩材料；（7）其他按规定应进入学生档案的材料。

第二，进入学生档案的材料必须做到项目填写准确、齐全、手续完备。

第三，学生档案的管理按照分工，实行责任制，管理学生档案要主动收齐归档材料，及时归档。

第四，原则上各系部应分别在新生报到后3天内，毕业生学习结束后5天内把入学通知书、新生登记表、毕业生登记表、学习成绩总表等有关学生材料交成教学院整理归档。

第五，学生毕业离校时，其档案应在10天内整理密封，由毕业生自带或按毕业生提供的准确通讯地址邮寄完毕。

第六，学生档案的借用，领取和邮寄必须建立专用登记本，以备存查。

至2002年12月，成人高等教育学院制定和修订管理性文件31个，收录上级重要管理文件26个，并汇编成册，有效地指导了各项工作顺利开展。

三、招生办学情况

成人高等教育学院成立后，开拓进取，办学规模继续扩大，办学效益进一步提高。

---

① 《关于我院成人教育经费使用与管理办法》，南昌航空大学档案馆电子档案，1995–长期–0038–003。

② 《成人教育学生档案管理规定》，南昌航空大学档案馆电子档案，1996–永久–0048–010。

（一）1994年招生办学情况

昌航1994年成人高等教育招生总计划740名，总共录取新生705名，招生规模超历史。随着教育改革的深入，昌航成人教育有较大的发展，1994年底，在册学生达到1359人，办学规模扩大，效益明显提高。[①]1994年成人高等教育招生有关情况如下：[②]

1.基本情况

1994年成人高等教育招生总计划740名中江西省675名，外省65名，其中专升本和夜大本科计划140名。招生计划较上年有较大增幅。1994年江西地区报考昌航的考生数为786人（不含专科升本科考生人数），为1993年考生436人的180.3%。总共录取新生705名，其中江西本省686名，外省19名，完成招生计划的95.3%。本年度国家教委对普通高校的"双招"计划均未批准，经航空工业总公司教育局同意，昌航1994年"双招"计划改为成人脱产班计划。[③]各专业招生录取人数如下表：

表5-2　1994年各专业招生录取人数表

类别	招生专业	招生计划数/报名数（人）	录取人数/报到数/进修数（人）	备注
脱产班	建筑工程	30/69	55/32/2	专科
	应用电子技术	140/245	216/193/7	专科。渝州电子工业学院委托，在新余办班
	机械制造与电子控制	30/22	46/38/1	专科
	财务会计	30/87	66/38/33	专科
	小计	230	383/301/43	—

---

① 《成人教育简报（七）期》，南昌航空大学档案馆电子档案，1994-长期-0041-009。

② 《一九九四年成人高等教育招生工作总结》，南昌航空大学档案馆电子档案，1994-长期-0041-006。

③ 《成人教育简报（四）期》，南昌航空大学档案馆电子档案，1994-长期-0041-009。

续表

类别	招生专业	招生计划数／报名数（人）	录取人数／报到数／进修数（人）	备注
夜大学	机械制造与电子控制	30/29	20/17/5	夜大本科
	应用电子技术	30/10	6	专科。转夜大计算机及运用
	计算机及应用	30/17	16/20/8	专科
	财务会计	30/33	26/24/45	专科
	小计	120	68/61/58	—
函授	应用电子技术	30/45	36/30/5	专科
	工业分析	30/11	17/16	专科
	机械制造与电子控制	30/65	53/51/2	专科
	机械制造工艺与设备	30/16	12/12	专科
	无损检测	40/4	14/14	专科。新疆录取14人
	电气技术	30/7	—	专科
	财务会计	30/45	49/41/10	专科
	企业管理与营销	30/68	42/23/3	专科
	工商文秘	30/13	—	专科
	小计	280	223/187/20	—
专升本科	环境工程	30	9/7	本科。湖南录取5人
	无损检测	30	—	本科
	机电工程	50	22/17	本科
	小计	110	31/24	本科
合　计		740	705/573/121	外省共录取19人

2. 主要工作与特点

（1）1994年江西省教委1月22日召开了成人招生工作会议，全面部署成人招生各环节工作。会议结束后，昌航抓紧落实生源组织工作。主要做法：①及早地把招生简章寄往各地市有关企事业单位。②成教学院领导亲自带领人员先后34人次赴萍乡江发总厂、新余钢铁总厂、渝州电院、丰城矿务局、九江经委、南昌钢铁厂、江西氨厂、江南材料厂等企事业单位和地区介绍学院成人教育情况，建立联合办学关系。③组织各系部教务员到南昌市重点中学补习班和各市区招办报名点，进行广泛深入的招生宣传和咨询服务活动。这些工作为完成招生计划打下了扎实的基础。

（2）昌航与省内部分大中型企业建立了较好的办学关系。如：新余钢铁总厂为提高管理技术干部政治业务素质，与昌航商洽建立联合办学关系，积极组织各分厂业务领导干部报考昌航机电工程专业脱产班；江西发动机公司要求昌航在萍乡设立辅导站，组织职工集体报考昌航机电和财会专业函授大专班学习等。江西省地矿局高安县工地考生陈哈，报考昌航企管专业差5分上线，地矿局教育处很重视，分别给省招办和昌航送来艰苦行业证明函，要求照顾录取，并特别说明艰苦行业自己培养的人才用得上留得住，请学校给予支持帮助。由于单位重视，经省招办特批，该生已退回宜春地区招办的档案被调回省招办，补办了录取手续。

（3）随着改革的深化，1994年社会青年报考成人高校的人数多于在职人员。昌航4个专业的成人脱产班招生计划230人，录取383人，基本上都是社会青年和往届生。这些学生年龄普遍偏小，平均不超过20岁，18岁的占多数。因此1994年在录期间来昌航咨询的家长特别多，他们关心小孩所学的专业，急于了解专业就业情况，有的专程来校要求调换专业，对此，成教学院都给予了热情的接待，尽量做到使他们高兴而来，满意而去。

3.存在的问题及改进意见

（1）新生报到率偏低。昌航1994年总共录取新生705名，开学注册人数573名，报到率为81.3%。比1993年增加了近100人，增长21.1%。本科生录取报到人数为计划的29.3%。其中男生438人，女生140人。平均年龄24岁，最大的46岁，最小的18岁。团员434人，党员21人。在籍学生和进修生，总人数为1397人。[①]报到率偏低的原因主要是：1994年江西省招生录取时间较长，9月底才基本结束录取工作。很多考生先后在不同类型和不同层次的学校分别报名，造成部分考生虽被昌航录取却没有来报到入学。另外，1994年社

---

① 《成人教育简报（五）期》，南昌航空大学档案馆电子档案，1994-长期-0041-009。

会青年和往届高中毕业生报考成人脱产班的人数较多，而且上线率高，昌航从高分到低分严格控制录取数，使不少考生未被录取而转录其他学校。但开学后，相当一部分农村、贫困地区考生因经济困难未能来上学，使脱产班的报到率降为78.6%。另一个原因是，成人高考和普通高考在不同时间举行，致使有些高中毕业生既报考成人高校，又报考普通高校，脚踩两只船，这也在一定程度上影响了成人学校新生入学率。这些情况值得重视，应在今后采取切实有效的措施，来提高成人教育的新生入学率。

（2）由于缺乏很好的协调，昌航3个专升本工科专业和省内其他普通高校专升本招生专业重复，致使生源分散，没有完成招生任务。将来一定利用开会之机，提前和各普通高校充分协调好，避免再次产生重复。昌航在外省招生任务也没有完成，计划65名，仅录取19名，只完成计划的29.2%。其主要原因是，未能开展必要的招生宣传和生源组织活动。1995年在这一方面要调整外省计划，更重要的是要投入一定的人力财力，做好招生宣传和落实生源工作。

（3）随着人才市场的建立，在招生中看到，那些面宽又时新的专业对求职的考生具有很大的吸引力，报考人数多，录取数也多。对此，要进一步密切注意人才市场的情况，积极创造条件，多开设社会急需的专业，满足社会需求，为把沉重的人口负担转化为浩大的人力资源作出较大的贡献。

另外，1994年录取的新生年龄普遍小，脱产班平均年龄不超过20岁。从业人员比例大幅度下降，75%的学生为往届高中毕业生和社会青年。成人教育的这些新情况的出现，对教学管理和学生管理教育提出了新的要求。

（二）1995年招生办学情况

1995年江西省成人高校招生的报名时间为3月15日至25日。全国成人高校招生统一考试日期为5月13、14日两天。1995年江西省成人高校招生继续实行"往届生"政策，即：凡参加江西省成人高校招生录取完不成招生计划的学校，可以招收1994年以来参加普通高考上了一定分数线的往届生。

1995年是昌航成人高等教育继续发展的一年，在学校党委、行政的领导下，在成教学院和各系（部）处的共同努力下，依靠广大职工的支持，成人教育工作取得了新成绩：首先，主要是办学规模继续扩大，在册学生第一次突破了2000大关，达到了2175人，其中函授本专科1044人，夜大本专科295人，成人脱产班836人（含校本部410）；第二，办学效益进一步提高，教学管理正在进一步加强。[①]

1995年的招生和办学工作，主要处理好了4个问题。一是深入社会调查，根据市场需求，坚持工科为主，重点抓了电子、机电和经济管理三大类专业的生源组织工作，扩大了招生计划，录取了942名新生，总报到率为82.7%，为提高办学规模、效益打下了坚实的基础。二是根据学校的办学条件，精心筹划，调整了各专业的办学类型，校内外结合，联合办学形式，新增景德镇昌河工学院和省机械工业学校办学点，想方设法满足社会需求，最大限度地提高办学效益。三是根据航空工业总公司、江西省下发的国家教委关于对普通高校夜大、函授教育评估通知，本着以评促改、以评促建的精神，上半年组建了学校专家评估组分赴宜春、新渝两地函授站（教学班）开展了评估试点工作，下半年全面启动了校本部的函授、夜大学的自评工作，并以此为契机加强学校函授、夜大学的建设，使学校的成人高等教育管理逐步走向规范化。四是严格了学生的教育管理，按照培养目标要求，进一步严肃了学习纪律，保证了正常的教学秩序，妥善地解决1993级财会首届"双招"班的毕业文凭颁发问题，使其顺利地走上了社会。

1995年，昌航成人高等教育招生工作有关情况如下：[②]

1. 基本情况

经国家教委批准，航空工业总公司"教字［1994］48号"文下达昌航1995年成人高等教育招生计划850名，其中专科730名、本科120名，比1994年740名的额度增加14.9%，再创新高。按生源地区分布，江西本省745名，外省105名，共有20个专业面向江西全省和贵州、新疆、湖北、上海、江苏、浙江等省市招生，其中湖北20名、江苏10名、浙江10名、新疆15名、贵州30名、上海10名。按专业分类，电子类250名、机电类245名、化工类110名、应用工程类65名、经济管理类180名。按学历层次分，专科升本科90名，

---

① 《成人教育简报（十二）》，南昌航空大学档案馆电子档案，1995–长期–0038–021。

② 《一九九五年成人高等教育招生工作总结》，南昌航空大学档案馆电子档案，1995–长期–0038–008。

高中达本科30名，高中达大专730名。总共录取新生942名，其中江西本省911名，外省31名，完成招生计划的110.8%，一改过去招不满的现象。随着招生规模的不断扩大，1995年昌航成人高等学历教育在册人数首次突破2000人大关，达到2175人，其中函授本专科1044人，夜大本专科295人，成人脱产班836人（含校本部410人），另外还有非学历教育班56人。面向社会招生专业19个，经国家教委正式备案的专业21个。[①]

1995年各专业招生录取人数如下表：

表5-3　1995年各专业招生录取人数表

类别	招生专业	招生计划数/报名数（人）	录取人数/报到数/进修数（人）	备注
脱产班	机械制造与电子控制	30	47	专科。贵州录取19人
	模具设计与制造	35	—	专科。上线考生人数少未录
	汽车摩托车制造与维修	35	—	专科。上线考生人数少未录
	应用电子技术	90	179	专科。贵州录取9人
	建筑工程	35	48	专科
	涉外会计	40	64	专科
	工商会计	40	44	专科
	小计	305	382	—
夜大学	机械制造与电子控制	30	25	夜大本科
	应用电子技术	20	23	专科
	计算机及应用	20	72	专科
	工贸英语	20	—	专科。上线考生人数少未录
	财务会计	30	35	专科
	小计	120	155	—

---

① 《一九九五年成教学院工作总结》，南昌航空大学档案馆电子档案，1995–长期–0038–023。

续表

类别	招生专业	招生计划数/报名数（人）	录取人数/报到数/进修数（人）	备注
函授	模具设计与制造	20	38	专科
	涂装与装潢	20	—	专科。上线考生人数少未录
	化工自动化	20	—	专科。上线考生人数少未录
	环境工程	20	—	专科。上线考生人数少未录
	腐蚀与防护	20	—	专科。上线考生人数少未录
	机械制造与电子控制	20	22	—
	机械制造工艺与设备	20	11	—
	汽车摩托车制造与维修	25	23	—
	应用电子技术	15	47	专科。湖北录取1人
	计算机及应用	60	57	专科
	无损检测	30	2	专科。新疆录取2人
	电气技术	15	—	专科。上线考生人数少未录
	财务会计	20	69	专科
	企业管理与营销	15	83	专科
	房地产经济与管理	15	—	专科。上线考生人数少未录
	小计	335	352	—
专升本科	环境工程	30	—	本科。上线考生人数少未录
	机电工程	30	34	本科
	应用电子技术	30	19	本科
	小计	90	53	—
合计		850	942	其中免试生27人

2. 主要工作与特点

（1）1995年昌航的招生组织工作做得细抓得早：①1994年11月下旬，在省经委召开各地区经委教育科长会议期间，便邀请全省各地区经委教育科长来校参加生源工作座谈会，具体商讨落实1995年招生生源组织工作；12月中旬又邀请有关大中型厂矿、公司教育处负责人来校洽谈联合办学问题。②1995年1月初江西省招委召开1995年成人招生工作会后，成教学院领导带着会议精神亲自率领人员，重点分赴昌河飞机制造公司、九江经委、吉安师专、渝州电院、省机械学校、省化工学校等单位宣传会议精神，介绍昌航成人教育专业特点，建立联合办学关系。③及早地把招生简章和考试、复习信息资料寄达各函授站和各地市有关企事业单位。④组织各系、部教务员和部分学生班主任到南昌市各区招办报名处设点进行招生宣传和咨询服务活动。这些工作都为完成招生计划奠定了扎实的基础。

（2）昌航继续与省内外部分大中型企业建立联合办学关系，取得较好的社会效益和经济效益。比如：贵州011基地委托昌航培养机电和电子类专业，高中起点达大专人才，正式录取28人；昌河飞机制造公司委托昌航培养机电工程专业大专起点达本科人才，正式录取34人，新增了昌河工学院办学点。

（3）积极探索职业高等教育发展的新途径。为贯彻全国教育工作会议精神，大力发展职业高等教育和成人教育，适应社会主义市场经济对各类应用型人才的需求，成人教育学院积极地同几所培养大中专学生的江西机械工业学校、江西化工学校、吉安师专等商磋联合办班，已分别和江西机械工业学校、江西化工学校两校签订了举办计算机及应用、模具设计、财务会计、企业管理与市场营销等4个专业，招收160名学生的协议书。探索这种联合办学形式，主要是充分利用中专学校在校的高素质的大中专生源，组织他们参加全国成人统考，发挥学生的学习余力，利用中专学校的办学条件，在课余时间进行教学，加宽加深专业基础理论，增加实践性教学环节，使他们在不影响正常的中专教学的同时，超前进入大专课程学习，这样既保证了学生中专毕业后的就业机会，还有可能提前使学生完成大专学习任务，从而为企事业单位第一线培养高技术操作人员。[①]1995年昌航初次尝试与中专联合，从高中起点的大中专应届毕业生中组织生源，取得满意效果。比如：省机械工业学校毕业生报考昌航83人，正式录取75人，录取率为90.4%。

（4）部分企业重视人才的培养，选送在职人员参加成人脱产班学习，这也是昌航成人脱产班的一个特点。随着改革的深化和市场经济的建立，企业转换经营机制急需有实际工作经验的应用型人才。很多企事业单位已逐步认识到，人才要用得上留得住，要从本单位优秀职工和科技人员中选拔培养提

---

① 《成人教育简报（九）》，南昌航空大学档案馆电子档案，1995–长期–0038–018。

高。成人脱产班学生往年除少数在职人员外，都是社会青年和高考落榜生，1995年昌航招收的4个专业的成人脱产班在职从业人员平均达40%，而且在职人员大多数是国营企事业单位职工，最长的工龄13年。专科达本科录取的新生100%是在职人员。据任课教师反映，这些在职学员学习特别刻苦认真，他们一致的愿望是，到高等学府来就是要学到知识，不辜负单位的培养和期望。

3. 存在的问题

（1）报到率仍然偏低。昌航1995年共录取新生942名，开学注册人数735名，报到率只有78.03%，比上年还低。其主要原因是：一部分尤其是高分考生，是既参加成人高考又参加普通高考的高中毕业生，他们仅把成人高考当作普通高考前的一次"实弹演习"，因为普通高考毕业生有报到证，带干部指标，他们中的大部分即使普通高考没有上线也不参加成人高等教育学习，而是选择复读，准备来年再"战"。这是影响报到率的一个重要因素。其次，部分农村考生因家庭经济条件所限，不得不放弃上学机会。另外，免试生录取27人，实际报到只11人。以上情况必须引起重视，应采取切实有效的措施，来提高成人教育新生入学率。

（2）1995年，专升本科仅完成计划58.89%。其原因主要是：省招办在公布招生简章时，将昌航3个专业的专升本招生类别都列为夜大学，只能面向南昌市招生，市外的考生都不能报名。起初，昌航统计全省范围报考人数有320多人，后来只有122人报名。尽管在省招办简章发出后，昌航发现外省院校在江西省的专升本招生类别，列的都是面向全省范围报名的函授，立即另拟报告，采取补救措施，由省招办主任签署意见，允许生源较多、考生意见反应较大的景德镇市、吉安市考生报名，但前面公布的简章已经发到每个考生手中，加上报名时间有限，还是流失了很大一部分考生。

（3）与人才市场契合度不高的专业招生较为困难。从1995年招生情况来看，经济管理类的专业仍保持着"热"的势头，完成计划163.89%。电子类专业继续发展，完成计划158.8%。专业面向宽的机电专业尚可，而化工类专业却因专业面窄和限于本省化工企业不发达等原因，考生太少，虽有少数上线考生人数，但不能形成办班规模而取消招生计划。昌航在外省的函授专业招生计划，由于老的函授站基本属于举办无损检测专业，该专业行业性强，连续招生已不可能，因而逐渐萎缩撤销，而新上的招生专业不具备竞争能力，因而计划基本落空。这些情况表明，成人高等教育专业设置，一定要契合人才市场的需求，在制订招生计划之前要深入调查研究，摸清生源情况，充分发挥普通高校的优势，开办国家经济建设急需和短缺的专业，只有这样，才能使成人高等教育事业得到进一步发展。

（4）发展与投入的问题尚未解决好。成教学院的工作面宽线长，对外是学院，对内既是成教处又是教务处、学生处和总务处。由于学校对成教投入不够，办学条件十分有限，使许多工作很被动。如：学生上课找不到教室，教师找不到学生的情况时有发生；住在校外学生的管理问题和矛盾很多等等。函授站工作深入不够，特别是对外地函授站的教学管理抓得不够紧。成人教育工作人员自身素质的提高还有待于加强，否则难以适应成教事业的发展。[①]

（三）1996年招生办学情况

1996年，学校成人高等教育事业继续保持了良好发展势头、办学效益进一步提高。成人高等学历教育共录取新生853名，在册人数继续创新高，达到2235人，经济效益比上年增长14.4%。[②]

航空院校成人高等教育1996年招生工作会议于1995年11月21日—24日在上海召开。航空工业总公司教育局成招办主任郑玉堂到会传达了国家教委招生会议精神，其中对编制1996年成人高等教育招生计划的要求是：招生计划总数不能突破1995年规模；严格控制专科升本科和成人脱产班招生计划。学校根据国家教委"教计（1995）181"文《关于编报一九九六年成人高等教育事业计划的通知》的精神，安排办学规模，做到成人高等教育稳步、协调、健康发展。为此，1996年上报招生总计划为890名。其中：脱产班7个专业320名；函授专科9个专业330名；函授专科升本科3个专业100名；夜大专科3个专业100名，夜大本科1个专业40名。为保证生源质量和数量，成教学院、各系部和函授站立即积极准备开展生源组织和宣传活动。[③]1996年3月28

① 《一九九五年成教学院工作总结》，南昌航空大学档案馆电子档案，1995–长期–0038–023。

② 《成人教育简报（二十五）》，南昌航空大学档案馆电子档案，1997–永久–0017–005。

③ 《成人教育简报（十三）》，南昌航空大学档案馆电子档案，1995–长期–0038–022。

日至 3 月 31 日，学校第十次函授站长会议在江西上饶市举行。会上对 1996 年的毕业生和招生录取事宜做了布置安排。

　　在航空工业总公司和江西省教委的领导下，在有关省高招办的大力支持下，昌航顺利地完成了 1996 年成人高等教育招生任务。1996 年，昌航成人高等教育招生工作有关情况如下：[①]

　　1. 基本情况

　　总公司教育局实际正式下达昌航 1996 年成人高等教育招生计划 860 名，录取工作开始前计划调整减少 20 名，录取中，根据总公司指示，调专升本计划 8 名，支援南京航院，实际计划 832 名，其中江西本省 782 名，外省 50 名，总计划比 1995 年减少 2.1%。1996 年共录取新生 853 名，其中江西本省录取 818 名，外省录取 35 名。

　　1996 年各专业招生录取人数如下表：

表 5-4　1996 年各专业招生录取人数表

类别	招生专业	招生计划数/报名数（人）	录取人数/报到数/进修数（人）	备注
脱产班	模具设计与制造	30	27	专科。贵州录取 10 人
	机械制造与电子控制	30	37	专科。贵州录取 17 人
	应用电子技术	120	199	专科。贵州录取 8 人
	民用电子与通讯	30	—	专科。上线人数少，计划调其他专业
	计算机及应用	40	62	专科
	建筑工程	30	6	专科
	财务会计（电算化）	40	94	专科
	小计	320	425	—

---

① 《一九九六年成人高等教育招生工作总结》，南昌航空大学档案馆电子档案，1996-永久-0048-011。

续表

类别	招生专业	招生计划数 / 报名数（人）	录取人数 / 报 到数 / 进修数 （人）	备注
夜大学	机械电子工程	30	14	夜大本科
	计算机及应用	30	26	专科
	应用电子技术	30	3	专科
	财务会计（电算化）	40	43	专科
	小计	130	86	—
函授	模具设计与制造	30	37	专科
	工业分析	30	19	专科
	机械制造与电子控制	30	22	专科
	机械制造工艺与设备	30	27	专科
	汽车摩托车制造与维修	40	—	专科。上线人数少，计划 调其他专业
	应用电子技术	40	20	专科
	计算机及应用	40	54	专科
	财务会计（电算化）	40	39	专科
	企业管理与营销	40	79	专科
	小计	320	297	—
专升本科	机械电子工程	40	32	本科
	应用电子技术	22	13	本科
	小计	62	45	—
合　计		832	853	其中免试生 17 人

2. 主要工作与特点

（1）依据社会需求编制招生生源计划。根据国家教委"教计〔1995〕181号"《关于编报一九九六年成人高等教育事业计划的通知》精神，昌航各系部、函授站、教学点在深入进行生源调查摸底的基础上提出各自新一年的招生计划；各有关单位和部门从经济建设和社会发展对专门人才的需求出发，按岗位要求和需要进行高等学历教育培训的在职人员数量和层次结构，向昌航提出了专升本科和成人脱产专科的委托培养函。昌航认真总结了上年招生计划执行情况，并按国家教委规定的当量折算办法计算了成人高等教育招生容量，按社会需求编制1996年招生生源计划。

（2）加大招生宣传力度，做好考生报名工作。1996年昌航在招生宣传方面加大了力度，做了较多的工作：一是编印大、小二种简章和报考须知等资料6000余份，在春节前便寄发到各系、部、函授站、教学点和有关单位，并要求他们在广泛做好宣传工作的同时，组织考生积极参加考前辅导班；二是通过江西日报、教育电视台等新闻媒介做周期性的宣传，南昌飞机制造公司还通过内部电台向全公司职工专题报道昌航的招生信息；三是组织各系、部人员分赴有关地市重点进行宣传。为拓宽生源，昌航还与郊区招办联系，经同意在昌航本部设立成人高考报名代办点，热情为考生代办报名手续，1996年报考昌航的总人数为1255人。

（3）招生录取工作耐心细致。成人招生录取工作时间跨度长，从6月份开始到9月底才基本结束。昌航参加录取人员严格履行职责，在酷暑炎热的气候下，不厌其烦地往返省高招办，认真负责地办好每位考生的录取手续。对上线人数少的专业，及时地把计划调给上线考生多的专业。如：应用电子技术专业的夜大专科和函授专升本科，上线考生不足办班人数，一方面把计划调给其他专业，另一方面及时去函征求这少部分上线考生意见，请他们考虑改录第二志愿或调剂到其他学校；贵州原下达招生计划25名，在接到011基地电告上线考生超出计划数时，昌航成教学院立即给贵州省高招办去函，按实际需要调拨计划，使上线的35名考生全部都被录取。在整个录取过程中，本着从高分到低分，航空三线系统上线考生优先录取的原则，圆满地完成了1996年的招生计划。

（4）迎新工作周到周全。昌航领导对迎新工作非常重视，专门召开了由各系办公室主任和全体新生班主任参加的迎新工作会，研究部署新生接待工作。为避开9月初开学繁忙高峰，便于各系安排工作，夜大、函授新生开学时间定为9月10日至11日；脱产班新生开学时间与日校新生同步，9月19日至20日报到，21日参加全校新生开学典礼。各系对成人高等教育新生还分别进行了入学教育，勉励他们自尊自强，为中国特色的社会主义现代化建设而努力刻苦地学习。

3. 存在的问题

（1）高中起点夜大本科机电工程专业，1996年招生计划30名，实际录取14名，没有完成计划。该专业高达本层次全省仅昌航一所学校招生，报考人数不少，但近几年来录取情况一直不理想。通过调查分析，其主要原因是省招办对该层次的录取线每年都定得太高，如：1996年高达专科的录取线理科390分，文科405分，而高达本科不分文理都是510分（不含加试的外语成绩），同样的考试内容和科目，录取线高出120分，使许多考生难以上线，加上本科学制长达5.5年，不少考生在报名时便望而生畏，这在很大程度上影响了考生报考积极性。因此，省高招办在确定高达本科录取线时，应根据实际情况，文、理科考试内容不同，录取线也应分别确定，这样更合理些。

（2）由于江西省职工、从业人员经济收入偏低，在新的一年里，生源状况不容乐观，这一方面要求昌航突出成人特点，进一步做好宣传工作，积极发动有效生源；另一方面要求总公司教育局在下达招生计划时，尽量控制部内系统的普通高校相同或相似专业，不要在同一省市或地区招生，避免计划重复。

（四）1997年招生办学情况

1997年1月6日，南昌航院陈立丰院长根据国家政策和学校实际情况，以书面形式，对学校成人教育工作提出了五项要求：第一，工作重点从办学转向办教，即着重内涵建设，抓教学管理、教学质量、学生教育等工作。对1996年总公司评估后的整改工作要下功夫逐项落实，加大整改力度，要像抓迎评一样抓好整改工作。第二，教师队伍建设要充分注意发挥离退休教师的传帮带作用。各系要从提高教学质量大局出发，安排好教学。第三，办学形式还可拓宽思路，包括职业教育、岗位培训和继续教育等非学历教育要予以加强。第四，函授站布局、结构应调整，收缩战线，依托京九线，立足江西及附近省区。加强对函授站的管理和教学质量检查等。第五，进一步理顺和健全完善成教学生管理工作，落实责任制，并积极发挥学生党团组织作用，增强学生自我管理能力。[①] 陈立丰院长对学校成人教育工作提出的五项要求，

---

① 《成人教育简报（二十六）》，南昌航空大学档案馆电子档案，1997–永久–0017–005。

为一段时期内的成教工作指明了方向。

南飞、昌河、贵州011基地等航空系统部门，江西发动机总厂、新钢总公司、九江经委、宜春经委等地方企事业单位，为适应市场经济的发展，加速产业结构和技术结构的调整，向昌航提出脱产专科和专升本科等不同层次的委托培养计划。根据学校领导关于成人教育稳定规模、加强管理、提高质量的指示精神，经各系部（站）申报，成人教育学院综合平衡，学校领导同意，成人教育学院郑长林副院长和办公室主任雷荣兴携带学校1997年成人高等教育招生计划，出席了航空工业总公司教育局召开的1997年成人教育招生工作会议。在总公司教育局对各院校招生计划综合平衡后，报国家教委批准，昌航1997年成人高等教育招生计划由总公司教育局行文下发，批准的招生计划总人数为900人，其中高中起点本专科810人，专科起点本科班90人。招生专业：高中起点本专科25个，专科起点本科班2个。招生生源地区分布为江西、湖北、湖南和贵州，其中约93%招生计划下达在江西省。脱产班招生计划较前几年有较大压缩，招生计划人数230人。夜大计划招生人数170人。函授计划招生人数500人。从总体看，1997年的招生计划与上年相当，体现了稳定规模、加强管理、提高质量的原则。

近年来，江西省社会力量办学如雨后春笋；电大招生覆盖面很广、招生数量大；自考助学办班热度高，这几方面都吸引了较多的成人教育生源，构成了与函授、夜大、成人脱产班争夺生源的态势。这也给学校招生计划的完成带来困难和挑战，必须经过艰苦工作才能完成。

1997年成人高考报名工作结束后，省高招办于4月29日统计出各学校各层次报名人数。全省报名总人数为57060人，比上年减少0.55%。报考昌航的人数为1158人，比上年减少7.73%。在1997年的成人招生报名中，尽管学校针对生源分流的严峻形势，审时度势，周密部署，加大了招生宣传力度，如：外出宣传，电台电视广告，江西日报刊登简章，代考生办理报名手续等，但生源仍不尽如人意。

原定招生计划900人，但录取工作开始前的全国招生工作集体办公会上调减29名，实际计划871名，其中江西本省822名，外省49名，总计划比上年增加4.7%。在工科生源紧缺、市场竞争激烈、考生上线人数缺口较大情况下，不失时机地抓紧做好上线考生的志愿调剂录取工作，经过长达两个月时间的补录，共录取新生951名，其中本省908名，外省43名，完成计划109.2%。新生总报到率为87.3%，和往年大体持平。另接纳进修生124人。[①]当年成人学历教育在籍学生总人数为2121人。

1997年各专业招生录取人数如下表：

表5-5　1997年各专业招生录取人数表 [②]

类别	招生专业	原计划数 / 调剂后计划数（人）	录取人数（人）	备注
脱产班	模具设计与制造	45/39	47	专科。贵州录取9人
	机械制造与电子控制	45/40	46	专科。贵州录取10人
	应用电子技术	70/65	194	专科。贵州录取5人
	计算机及应用	30/30	69	专科
	财务会计（电算化）	40/40	117	专科
	小计	230/214	473	—
夜大学	机械电子工程	30/30	15	夜大本科。余下计划调录专升本
	机械制造与电子控制	30/30	14	专科
	计算机及应用	30/30	27	专科
	财务会计（电算化）	40/40	35	专科
	企业管理与市场营销	40/40	43	专科。上线人数少，计划调其他专业
	小计	170/170	91	—

---

① 《成人教育简报（三十一）》，南昌航空大学档案馆电子档案，1997-永久-0017-005。

② 《一九九七年成人高等教育招生工作总结》，南昌航空大学档案馆电子档案，1997-JX19-2-YJ-079.004。

续表

类别	招生专业	原计划数／调剂后计划数（人）	录取人数（人）	备注
函授	模具设计与制造	40/40	15	专科
	工业分析	30/30	—	专科。上线人数少，计划调其他专业
	环境管理	30/30	—	专科。上线人数少，计划调其他专业
	机械制造与电子控制	35/35	24	专科
	机械制造工艺与设备	35/35	9	专科
	应用电子技术	35/35	26	专科
	无损检测	25/25	19	专科。湖南录取19人
	计算机及应用	60/60	86	专科
	财务会计（电算化）	70/70	69	专科
	企业管理与市场营销	50/50	46	专科
	小计	410/410	294	—
专升本科	机械电子工程	30/30	17	本科
	计算机及应用	60/47	76	本科
	小计	90/77	93	—
合　计		900/871	951	其中免试生25人

（五）1998年招生办学情况

学校制订的《"九五"后三年改革规划》指出，1998年"成人教育要稳定学历教育，积极发展与岗位培训相结合的继续教育"。[①] 鉴于成人教育生源竞争日益激烈的形势，特别是民办高校加盟以后，专科层次的招生越来越困难。针对学校成人教育本科专业偏少的情况，1998年，学校积极发挥普通高校独

———

① 南昌航空工业学院院长办公室编：《南昌航空工业学院1998年鉴》，南昌航空工业学院院长办公室1999年11月内部编印，第76页。

有的优势，经过研究分析，提出了"加重本科、稳定专科"的计划思路，[①] 积极申报多开本科专业。1998年申请了4个夜大、函授本科新专业，获得总公司和教育部批准。这4个本科专业是：英语、经济学、焊接、电子信息工程，从1998年开始招生。加上原有的机械电子工程、计算机及应用、环境工程、无损检测、应用电子技术等5个本科专业，成教本科专业达到9个，形成了以工科为主，工、文、经、管相结合，本科层次占有相当比重的层次和专业结构。

在近几年省外函授站逐渐萎缩的情况下，学校进一步加强了同省内外企事业单位的联系，积极拓宽联合办班的路子。在巩固省内原有函授站、点的基础上，1998年增设了贵航公司、江西省气象学校等5个新的函授站或教学点。1998年总公司下达昌航招生计划900名，实际共录取成教新生978名，完成计划的108.6%，实际报到867名，报到率为88.7%，与兄弟院校相比处于较高水平。成人学历教育在籍学生总人数为2383人，比上一年2121人增长了12.4%。在校学生总数为2477人（含进修生94人）。[②]

1998年各层次招生录取人数如下表：

表5-6　1998年各层次招生录取人数表[③]

类别 数量	大专（人）			本科（人）		合计
	函授	夜大	脱产班	高达本（脱产）	专升本（函授）	
招生计划	430	150	200	30	90	900
报名人数	417	98	554	274	317	1660
录取人数	245	46	492（含渝州等164人）	46	149	978

① 《成人教育简报（三十五）》，南昌航空大学档案馆电子档案，1998JX19-CQ-090.020。

② 《南昌航院成人教育学院一九九八年工作总结》，南昌航空大学档案馆电子档案，1998JX19-CQ-090.017。

③ 《成人教育简报（三十五）》，南昌航空大学档案馆电子档案，1998JX19-CQ-090.020。

（六）1999年招生办学情况

1999年的成人教育招生工作面临极其严峻的形势。1997年9月党的十五大召开以后，改革开放政策进一步推进，国有企业实施战略改组，企业兼并破产、减员增效，职工加班加点越来越普遍，周末难以休息，学员面授到课率越来越低，直接影响了授课教师的热情和学生学习的积极性与学习效果，也影响了生源，1998年夜大招生计划150名，报名只有98人，最终只录取了46人。与此同时，普通高校大规模扩大招生人数；民办高校异军突起，如雨后春笋，遍地开花，发起旷日持久的生源大战；新高职录取分数一降再降，其政策导向对考生具有相当吸引力。所有这些都对成教招生造成很大冲击。另一方面，江西地区经济的落后状况使得在职人员的学习积极性受到很大制约。在这样一种形势下，成教学院、各系部和各函授站的工作人员为了确保1999年招生任务的完成，作出了巨大的努力，付出了辛勤的劳动。在招生宣传、生源组织、考生报名、复习迎考以及录取和调剂的整个过程中，不辞辛劳，不厌其烦，竭尽全力，忘我工作，终于使得招生计划圆满完成。新增贵航集团、天津职工科技大学、九江船舶工业学校（九江职业技术学院）、萍乡第一工业学院等4个函授站，恢复了新钢职大函授站，使得函授站（点）的数量增加到17个。

1999年录取各类新生1006人，完成计划的111.8%（不包括退档的182人），实际报到975人，报到率为96.9%，与历年相比，处于较高水平。招收本科生328名，占全部新生人数的34%，本科生比例比往年有较大提高。夜大专科4个专业招生计划100名，但因上线人数少，原计划均调至其他专业，只录取进修生1名。之后，夜大停止招生。1999年，成人学历教育在籍学生总数为2465人，在校学生总数为2528人，比上一年有一定幅度增长。实现了五届四次教代会上刘高航院长提出的"成人学历教育规模达到2500人左右"的目标。

（七）2000年至2006年招生办学情况

2000年5月8日，学校召开第五次党员代表大会，提出未来5年"以本科为主，走多层次、多形式、多渠道的办学路子"，"成人高等教育在册生达到

3000人以上"。①2001年2月召开的2001年度党代会上讨论并批准了《南昌航空工业学院"十五"发展计划》，其中明确提出"十五"期间学校发展的指导思想："坚定不移地把学科建设放在龙头地位，坚定不移地加快发展，坚定不移地强化'质量是生命线'的观念，坚定不移地推进各项改革，坚定不移地加强党的建设和精神文明建设，走出自己的办学路子，形成自己的办学特色，培养出自己有个性的学生，提高学校在社会的影响力和竞争力，把学校建设成万人以上规模的多科性大学。""十五"发展计划的主要目标，要求办学规模普通高等教育在校本科生达10000人以上，研究生250人以上；高等职业技术教育与国际合作教育在校本、专科生2500人以上；成人高等教育在册生3000人以上，继续教育达1000人次／年。在"十五"发展计划指引下，学校成教招生规模和办学效益稳步提高。2001年，成人函授、夜大学、成人脱产班等学历教育招生比上年增长14.7%，在校学生数首次突破3000人，达到3153人。②

　　1985—2002年，全国成人高校招生考试时间基本设在每年5月中下旬举行。但是，2003年上半年，突然发生"非典"，推迟至11月进行。从2004年起全国成人高校招生考试时间基本实行"秋季考试，第二年春季入学"。1985—2004年，采取现场报名方式报名，2005年起实行网上报名、现场确认方式。2001年开始应用考生电子档案，实行网上录取。以下是2000年至2006年学校函授部、夜大学、成人脱产班招生、在校和毕业情况，除因"非典"原因，基本处于稳定发展状态。③

---

① 南昌航空工业学院院长办公室编：《南昌航空工业学院2000年鉴》，南昌航空工业学院院长办公室2001年6月内部编印，第20页。

② 南昌航空工业学院院长办公室编：《南昌航空工业学院2001年鉴》，南昌航空工业学院院长办公室2002年4月内部编印，第21页。

③ 依据南昌航空工业学院院长办公室编南昌航空工业学院2000—2006年鉴统计（其中2005年的在校学生数似有不准，缺三年级学生数），南昌航空工业学院院长办公室2001年6月—2007年6月内部编印。

表5-7　2000年至2006年招生、在校和毕业情况表

年号	毕业生数（人）			招生数（人）			在校学生数（人）			毕业班学生数（人）		
	总计	本科	专科	总计	本科	专科	总计	本科	专科	总计	本科	专科
2000	650	90	560	995	332	663	2848	841	2007	860	181	679
2001	711	149	562	1326	500	826	3153	1172	1981	771	236	535
2002	672	222	450	1195	696	499	3512	1596	1916	1104	427	677
2003	1103	427	676	889	547	342	3291	1764	1527	1377	597	780
2004	839	506	333	0	0	0	1914	1167	747	839	458	381
2005	799	493	306	472	298	174	1173	733	440	284	114	170
2006	458	270	188	1466	752	714	3571	1796	1775	1418	680	738

这段时期，成教学院加强了各方面的管理，认真实施《南昌航院成人高等教育教学质量管理监控体系》，认真执行《南昌航院成人高等教育教学质量评价办法》和《南昌航院成人高等教育函授站评估方案》，经常性开展教学质量评价并通报，教学质量能够得到保障。从2003—2005年连续三个学期对校内脱产班开展的教学质量检查评价情况来看，2003—2004学年第二学期教学质量平均得分为90.13分，比2003—2004学年第一学期提高0.932分；[①] 2004—2005学年第一学期教学质量平均得分为88.81分；[②] 2004—2005学年第二学期教学质量平均得分为88.39分。[③] 反映教师教学水平及质量总体是好的，学生对教师的教学水平及教学质量是肯定的。

（八）非学历教育

航空工业总公司首期环保干部岗位培训班在昌航顺利结业。航空工业总

---

① 《2003—2004学年第二学期成人教育教学质量评价情况通报》，南昌航空大学档案馆电子档案，2004-JX19-1-YJ-057.018。

② 《2004—2005学年第一学期成人教育教学质量评价情况通报》，南昌航空大学档案馆电子档案，2005-JX19-YJ-050.024。

③ 《2005春季学期成人教育教学质量评价情况通报》，南昌航空大学档案馆电子档案，2005-JX19-YJ-050.025。

公司为推进所属企事业单位的环境保护工作上一个新台阶，进一步提高环保干部的政治、业务素质，适应航空工业发展的需要，委托昌航举办的企事业单位环保处科长岗位培训班，1994年10月11日在庐山开学，10月底结束。参加培训的31名环保处科长领取了国家环保局颁发的岗位培训合格证书，实现了持证上岗的要求。学校环境工程教研室为举办环保干部岗位培训班做了教学上的充分准备，一是制定了《中航总公司环保处科长岗位规范、岗位培训标准和计划》；二是根据培训计划要求，编印了"环境学纲要""环境管理纲要"和"环境经济"三门课程教材；三是选派了教授2人，高工1人，讲师1人，由他们根据成人教育的特点和岗位培训的规范要求，精心备课。在教学过程中，他们一丝不苟、理论联系实际的教风，受到了全体学员的欢迎和好评。南昌航院环境工程教研室根据国家教委《关于改革和发展成人教育的决定》精神，结合在岗的环保干部应具有的政治、业务素质，经过广泛调研并会同专家学者研讨，他们所制订的环保干部岗位规范、岗位培训标准和教学计划以及他们所编印的3门课程的教材，经航空工业总公司初审和国家环保局审定，并取得了颁发国家环保局所印制的环保干部岗位培训合格证书的资格，昌航被列为本系统的环保干部岗位培训基地，为开展环保干部岗位培训奠定了基础，积累了经验。

湖北阳新铝厂委托昌航举办技术人员、工人上岗培训班。为适应湖北阳新铝厂生产发展的需要，昌航成教学院根据该厂生产发展的需要，由材料系铸造专业和化工系金防专业承办铸造和涂装技术培训班，总计38人。培养目标，一是为技术人员掌握本专业具有大专水平的专业知识；二是为工人进行上岗培训。1994年12月1日正式开班，举行了开学典礼。按协议规定，培训经费已同步到位。[①]

根据省人事厅关于专业技术人员晋升专业技术职务必须具备相应的计算机知识和应用能力的规定，成教学院会同人事处、计算机系，报省人事厅同意，由计算机系安排和组织教学，学校30余名即将晋升专业技术职务的教师、技术人员的"计算机及应用"培训班于1997年10月开班。与此同时，经成教

---

① 《成人教育简报（七）期》，南昌航空大学档案馆电子档案，1994-长期-0041-009。

学院与江西凤凰光学仪器股份集团公司教育处商定，由昌航计算机系负责制订教学计划并教师授课，该集团公司60余名专业技术人员参加的"计算机及应用"培训班亦于10月开班。①

---

① 《成人教育简报（三十三期）》，南昌航空大学档案馆电子档案，1997–永久–0017–005。

第六章

成人教育评估

　　教学质量是成教工作的生命线，没有质量就无所谓数量。国家教委在1994年10月17日印发了《普通高等学校函授教育评估基本内容和准则》，文件内容分普通高等学校函授教育评估基本内容和准则以及评估指标体系两大部分，前部分列出了学校投入、教育管理、教育质量三方面的评估基本内容；后部分列出了评估指标、评估要素、分值和评估方法。国家教委为提高普通高校函授、夜大学的教育质量，促进函授、夜大学健康发展，于1995年6月以"教成（1995）7号"下达《关于做好普通高等学校函授、夜大学教育评估工作的通知》，对普通高校函授、夜大学教育评估工作作出了安排。这是实施《教育法》，贯彻落实《中国教育改革和发展纲要》的一项重大举措。通知指出，举办函授、夜大学教育是普通高等学校的基本任务之一。函授、夜大学教育评估是普通高等学校整体评估工作的组成部分。凡经国家教委审批、备案举办的函授、夜大学本专科教育的普通高校均应参加评估工作。这次评估，主要以国家教委印发的有关文件和已下发的评估指标体系为依据，对学校举办成人教育投入、教育管理过程、教育质量等作出全面的评价。在函授教育的评估中，要特别注重对函授教学过程和函授单位的检查，并要对部分课程质量进行抽查检测。评估的组织实行国家、省（部委）、学校三级评估体制。整个评估工作分为启动试点、全面展开、检查总结三个阶段，安排一年左右的时间，从1995年起至1997年5月底结束，完成应评学校的全部评估工作。为了搞好这次评估工作，国家教委成立了评估工作领导小组及评估工作专家组。国家教委下发的文件还指出，这次评估结果将向社会公布，被评为优秀的进行表彰，不合格的学校限其整顿或取消办学资格。同时要求把这次评估作为对其普通高校整体工作进行评价和实施奖惩的必要条件。对未参加这次评估工作的学校要停止招生。昌航对此次评估高度重视，多措并举，顺利完成了评估工作。函授教育为优良，夜大学教育为合格。

一、迎评建设工作

（一）加强教学过程管理

教育质量是昌航的生命线，学校历来重视成人教育的教学质量，日校每次召开全校教学质量年会时，都要把研究提高成人教育的教学质量问题列入大会议程，由成教学院做专题发言，听取各方面的意见。随着办学规模的扩大，招生人数的增多，昌航更重视保证教学质量工作的落实。从规范管理、强化教学质量控制入手，组织有关专业全面修订了教学计划和与之配套的教学大纲，编印了部分急需的自学指导书。强化了教师聘任、教师备课、学生按要求做好作业的具体实施办法。事实上昌航在校外函授站面授的学生并不多，1995年仅有306名，只占在册函授生总数的30%，因而成教学生的教学任务，绝大部分是在校本部进行的。

为了保证面授的教学质量，首先是从以下几方面做好各项教学准备工作。一是根据昌航函授教育教学过程实施细则，认真组织有关人员制订函授教学计划，报经江西省教委审批后执行，从计划上保证了主干课面授时数达到国家教委规定的要求；二是投入必要的人力和财力，根据函授教学特点，分专业编写课程教学大纲139门，自学指导书47门、教材4门，供教师和函授学生使用；三是统一印制了备课用纸，要求任课教师必须熟悉教学大纲、课程体系及教材重点、难点，认真进行备课，力戒教师在教学和教材使用上的随意性。

关于面授，函授生第一学期和毕业学期集中面授两次，其余每学期面授一次。面授时数均达到日校同课程时数的40%，有些主干课程面授时数达到的比例更高。夜大学生一般安排周三晚上和周日全天，共14学时，全年21周，完全达到了国家教委的规定要求。个别设在校外大型企业职工大学的函授站，由于工学矛盾比较突出，基本上是采取夜大形式办函授教育，如景德镇昌河工学院、新余钢铁厂职大。这种夜大形式函授教学班，在时数和授课质量上是能够得到保证的。

各地函授站根据成教学院的规定，在实行面授考勤与成绩挂钩时，普遍将函授生缺课时数折算课程成绩的负分，以制约学生的无故缺课。函授、夜大生到课率一般保持在60—80%。

1995年是昌航的"教学质量年"。1995年2月16日，开学第一天，成教学院组织人员分别检查了双招大专班、成人脱产班第一、二节课学生的出勤，情况如下：93176班1人请假；93916班缺课3人；93828班和93816班合班上课，缺课6人；94级成人脱产班：机电、财会、建筑、应用电子专业学生全部按时到校上课。除个别课程教师因故由成教学院事先进行调整外，担任成人高等教育脱产班各门课程的教师都能按时到位，教学认真。[①] 按照培养目标要求，为促使学生在德、智、体、美、劳诸方面全面发展，学院建立了深入学生宿舍和星期天夜大学上课值班检查制度。对学生的行为规范，坚持严格要求，严肃纪律，1995年共处分了违纪学生8人，其中开除学籍3人。[②] 为及时掌握学生的思想和学习情况，成教学院定期召开学生干部和学生代表会议，并对全体在校学生进行了一次问卷调查。

（二）重视实践教学环节

加强自学作业的完成落实。在面授期间，通过任课教师进行自学作业的布置安排。为了使学生的自学落到实处，更好地完成应做的作业，各系（教学站）均采取作业成绩按课程成绩总分的10—15%规定计入课程学期成绩。

狠抓实验实习工作。理工科教学中的实验、实习是函授教学中十分重要的环节，一般在校本部面授的学生，都能按教学计划规定的实验课程开出，各专业学生毕业前安排的实习，都在学生自己单位进行，少数毕业生在本单位实习有困难的，由所在系安排在校内实验室或实习工厂进行。省内校外函授站学生的专业实验，大都调回昌航本部进行，由成教学院统一安排。为了保证实验实习的效果，成教学院参照全日制的有关要求，制定了相应的实习

---

① 《成人教育简报（八）》，南昌航空大学档案馆电子档案，1995–长期–0038–017。

② 《一九九五年成教学院工作总结》，南昌航空大学档案馆电子档案，1995–长期–0038–023。

大纲、毕业实习鉴定表等，并加强考核以促进实践教学质量。

加强考核。教学计划规定的考试课程，特别是公共基础课程，其考试由成教学院统一组织命题、监考、阅卷。对考试的命题、审题、印卷、统分等都作出了严格的规定。坚持从作风正派的任课教师和管理人员中选定监考人员，对函授夜大教学班组合进行监考。为了保证正常的考试秩序，在考试期间，由成教学院领导负责建立总巡视值班制，维护考试纪律，处理突发问题。

加强毕业设计和毕业答辩工作。毕业设计和毕业答辩是教学质量把关的一个重要的最后环节。长期来，无论是理工类本、专科还是文管类本、专科，在大多数情况下，都坚持回校本部进行毕业设计或写论文，并组织学生进行毕业答辩。即使外地站学生有困难不能来校本部答辩，也要组织答辩委员会赴站去完成这项工作。学校对这个环节是看得很重的，要求答辩委员会的教师通过学生毕业答辩进行综合考核，客观地、实事求是地给学生评分，严肃认真地把住毕业关，受到师生的一致赞同。

比如，机械系重视函授生的实践教学环节，认真组织毕业生答辩。1995年2月10日至3月9日，成人高等教育1992级机制与检测专业函授大专班学生来校集中进行了毕业设计和答辩。以机械系副主任王贤谅为首组成的毕业设计答辩委员会，用两天时间进行了毕业答辩工作。答辩整个过程进行很顺利。成绩为：优4人、良8人、中17人、及格9人。1992级机制与检测专业函授大专班共39名学生，除其中1名来自湖南岳阳市航空工厂外，其余均来自江西省。毕业生中，在职和在城市从业人员38名，来自30个企事业单位，农民1人。毕业生中，年龄最大的47岁，年龄最小的22岁。[①]

（三）开展教学质量检评

为贯彻落实昌航第三次教学工作会议的精神，实施《普通高等学校函授夜大教育评估基本内容和准则》，进一步提高学校成人教育教学质量，经研究决定，对1994级机电专业、应用电子技术专业、建筑工程专业、财务会计专业的专科脱产班以及计算机应用专业、财务会计专业专科夜大教学班进行教

---

① 《成人教育简报（八）》，南昌航空大学档案馆电子档案，1995-长期-0038-017。

学质量检评。1995年4月30日，学校下发《南昌航院关于1994—1995学年成人教育教学质量检查的通知》，检评的主要内容如下：[①]

第一，明确目的要求。通过对这6个教学班的教学质量检评，主要从教学管理和课堂教学两个方面对照"评估准则"的要求，总结经验，找出差距，提出进一步深化成人教育教学改革的措施，不断提高成人教学质量，为全面开展成人高等教育教学评估做好各项准备工作。具体要求包括，教学质量：（1）检查各门课程教学内容是否符合教学大纲要求，是否按照教学计划授课，是否贯彻了少而精的教学原则。（2）检查基础理论课的教学是否以应用为目的，以必需、够用为度，以掌握概念、强化应用为教学重点。（3）检查授课方法是否适合成人的特点，具有针对性，注意启发式，是否做到理论阐述准确，重点突出、难点讲透、深入浅出，循序渐进，是否注意了能力的培养。（4）检查教师治学态度是否严谨、备课是否认真，辅导学生是否耐心，对学生的作业是否做到及时认真地批改。（5）检查课程考试命题是否达到教学大纲要求。（6）分析学生成绩分布是否合理、优秀率适当、及格率适当，检查编写的教学大纲和选用的教材是否体现成人教育的特点。教学管理：（1）检查各班学生学习态度是否端正、刻苦；（2）检查学生学风、学生出勤情况；（3）检查考勤制度的执行情况；（4）检查学生交作业情况；（5）检查考试过程管理是否严格，考场纪律是否严明。

第二，加强组织领导。为了加强检评工作的领导，决定成立成人教学质量检评组，组长由主管成教工作的南昌航院副院长刘高航担任，副组长由成人教育处处长罗志华担任，组员包括邹盛根、罗治文、叶德青、王贤谅、陈轩、闵佩珍、张少钦、张润生、肖朝梁。秘书由段小珍担任。要求各有关系（部）按上述部署要求，认真组织、安排好这次教学质量检评工作，并在实践中摸索探讨出检评经验，总结出一套科学、系统、适用的检评办法，为全面开展成人教育评估打下良好的基础。

第三，做好时间安排。这次检评，时间安排在第13—14周。详见下表：

---

① 《南昌航院关于1994—1995学年成人教育教学质量检查的通知》，南昌航空大学档案馆电子档案，1995-长期-0038-001。

表6-1　成人教育教学质量检评表

序号	工作内容	参加人	时间
1	学习文件、研究检评工作	检评组成员	5月4日
2	听课检查授课质量，按《课堂教学质量评估指标》评分	检评组成员	5月5日—9日
3	学生评价教师授课质量，按《授课质量调查表》评分	学生	5月5日—9日
4	学生座谈会：夜大学生座谈会、全脱产班学生座谈会，分别开	检评组成员、学生代表	5月5日—9日
5	任课教师座谈会：夜大学、全脱产班，全体任课教师分别开	检评组成员、任课教师	5月10日
6	系领导、教学管理人员、班主任座谈会，分别开	检评组成员、系领导、教学管理人员、班主任	5月11日
7	检查学生作业	检评组成员	5月12日
8	检评工作小结	检评组成员	5月12日

学校成人教学质量检评组于1995年5月4日至5月12日用了两周时间对6个教学班进行教学质量检评，情况是较好的，为全面开展成人高等教育教学评估做好了各项准备工作。

（四）精心制订教育质量评估方案

遵照中国航空工业总公司教育局"局发教字（1995）43号文"《关于航空院校成人高等教育评估工作的安排意见》的精神，为了做好自评工作，迎接总公司教育局对昌航成人教育自评工作的验收，经研究决定，1995年6月3日，学校以"院成发（95）第87号"下发《关于对成人高等教育函授、夜大学进行教育质量评估的通知》，评估的主要内容概括如下：[①]

第一，明确评估目的。这次评估，第一阶段主要是自评。通过自评了解教育管理和教学质量的状况，进一步端正办学指导思想，总结经验，加强管理，增加投入，搞好教学基础建设，提高教育质量，同时为迎接总公司教育

---

① 《关于对成人高等教育函授、夜大学进行教育质量评估的通知》，南昌航空大学档案馆电子档案，1995-长期-0038-002。

局来校评估验收做好准备。

第二，明确评估工作的依据。评估工作依据国家教委拟定的《普通高等学校函授教育评估的基本内容和准则》及其相应配套的《评估指标体系（试行）》来实施，并参照国务院批转国家教委《关于改革和发展成人教育的决定》及国家教委印发《普通高等学校函授教育暂行工作条例》《成人高等专科教育制定教学计划的原则意见》《函授教学过程实施要点（试行）》《普通高等学校函授教育辅导站暂行规程》和航空总公司教育局《关于航空院校成人高等教育评估工作的安排意见》。

第三，明确评估工作程序和方法。总体上分为学校自评和航空工业总公司教育局组织专家来校评估验收两个阶段，校自评工作可分为资料准备、自评改进、评估和总结交流、迎接总公司教育局验收准备四个阶段。

（1）资料准备阶段（1995年6月1日—7月30日）。各系部组织有关领导、管理人员和教师认真学习和研究评估的基本内容和准则及各项评估指标的具体要求，进行整理教学文件和管理规章制度，收集必要的资料数据，结合自己的实际情况，制订出评估工作实施计划、进程安排，并将计划安排于6月25日前报成人教育学院。

2. 自评改进阶段（1995年9月1日—11月30日）。各系部主管领导组织有关人员组成自评工作组，自评的重点是教材建设、教学过程管理、教师队伍组织、学生管理等，11月底前将自评报告报成人教育学院。

3. 评估阶段（1995年12月1日—30日）。成人教育学院组织有关方面专家、教授组成评估工作组，对各系部成人教育质量进行评估验收，写出验收报告并提出改进意见。

4. 总结交流阶段（1996年3月中旬）。成人教育学院将于1996年3月中旬召开自评工作总结和迎接总公司验收准备交流会。

第四，加强组织领导。为了切实加强对函授、夜大学教育质量评估工作的领导，决定成立学校成人高等教育评估工作领导小组。组长由南昌航院副院长刘高航担任，副组长由成人教育处处长罗志华和赵觉良担任，组员包括王贤谅、陈轩、闵佩珍、史蓉蓉、谢永东、张少钦、张润生、肖朝梁、邹盛根、罗治文、叶德青、李梅林。评估小组办公室设在成人教育学院。为加强对函授、夜大学教育质量评估工作的领导，1996年3月18日，成教学院以"成教字（96）第007号"发文《关于增补院成人高等教育评估工作专家组成员的通知》，报经主管校领导决定，增补任吉林、何岑成、郑长林等人为学校成人高等教育评估工作专家组成员。①

成人高等教育函授、夜大学进行教育质量评估方案下达后，全校迅速贯彻执行。

（五）精心开展自评自查工作

根据国家教委对普通高校举办函授、夜大教育评估工作的精神，昌航早在1995年4月间就着手在省内选择了宜春、新余两个函授站进行了评估试点。1995年6月，国家教委以"教成（1995）7号"文《关于做好普通高等学校函授、夜大学教育评估工作的通知》下达通知，对普通高校函授、夜大学教育评估工作作出了安排。为了迅速传达全国普通高校函授、夜大学教育评估工作会议精神，研究部署航空院校成人高等教育函授、夜大学评估工作，航空工业总公司教育局于1995年9月11日至12日在北京召开会议。教育局职教处长王克贤传达了国家教委关于评估工会议精神，秦天放局长和张凤林副局长到会做了讲话，强调要认真做好评估工作的各项准备，要不折不扣地按照国家教委下达的评估指标体系进行，不能走过场，并指出，这次评估，不是评估成教学院，而是评估学校的成人教育工作，要求各高校领导把这项重要工作提到议事日程上予以高度重视。会上对部属高校函授、夜大学教育的评估作出了具体安排。对昌航的检查、评估，初步确定1996年上半年派专家来校巡视自评情况，下半年到学校进行评估。为了加强对这次评估工作的领导，总公司教育局成立了以秦天放局长为组长的领导小组，并在总公司评估领导小组统筹下，组织教育管理及学校有关方面专家、教授组成评估验收组。昌航成教学院院长罗志华入选该组成员。

1995年10月6日下午，昌航在成人教育学院召开南昌航院函授、夜大的评估领导小组、专家组会议。罗志华院长传达航空工业总公司教育局在北京

---

① 《关于增补院成人高等教育评估工作专家组成员的通知》，南昌航空大学档案馆电子档案，1996-永久-0048-033。

召开的有关评估工作会议精神。10月9日，成人教育学院副院长郑长林、教学部主任肖朝梁赴西北工业大学继续教育学院参观、学习，带回了西北工业大学举办成人高等教育函授、夜大的好经验、好做法。

1995年10月26日晚，昌航成人教育学院在校图书馆二楼会议室召开成人教育的函授、夜大教学班任课教师代表座谈会。会上成人教育学院领导向到会全体教师传达了国家教委、航空工业总公司对普通高校函授、夜大开展教育评估的有关项目及细则，布置了教学要求，肯定了函授、夜大教学中已取得的成绩，同时指出开学以来教学中存在的问题，找出差距。会上还布置了筹办成人高等教育刊物约稿等工作。与会教师代表发言踊跃，不仅畅谈了前一阶段函授、夜大教育工作中取得的成绩，而且还针对具体存在的教学问题进行分析。教师们一致表示，会后一定要按照评估的项目、指标、细则等去认真贯彻、执行，做好充分准备，迎接航空工业总公司的评估。①

从1995年11月底开始，各系部由系主任任组长成立自评工作组开展自评。从1995年12月15日开始，学校先后用了10天时间，分别对校内举办函授、夜大的6个系（部）围绕教学质量查询教学管理措施的执行情况，帮助系（部）找出问题，限期要求他们解决。1995年12月15日上午，成人高等教育学院在机械系召开了检查各系（部）函授、夜大学评估资料准备进展情况交流会，各系分管负责人和教务员共20人参加了这次会议。南昌航院陈立丰院长到会，在听取了机械系的情况汇报后，对学校的函授、夜大学开展自评工作做了讲话。首先，陈院长在肯定学校成人教育近几年来所取得成绩的基础上，要求各单位像重视1990年航空工业总公司对全日制教育评估活动那样重视这次函授、夜大学的评估工作。陈院长说："全日制教育和成人教育是高校的两项重要任务，学校要下力气把两项任务都抓好。各系、部要认清评估工作的重要意义，只有达到了评估的指标体系规定要求，函授、夜大学的教育质量才有保证。注重成人教育质量很重要，否则就会误人子弟，质量不好也要砸我们的牌子，质量提高了，成教的生源也就有保障，生源的质量也会更好。通过评估可以肯定我们的成绩，找出差距，各单位要认真重视评估准备

① 《成人教育简报（十一）》，南昌航空大学档案馆电子档案，1995-长期-0038-020。

工作，争取一次通过。"在谈到评估工作的有利条件时，陈院长说，1990年全日制本科检评了，各单位都有一定的经验了，也积累了许多资料，这些资料可以与成人教育共享、优势可以互补。接着陈院长就评估的具体工作提出了以下要求：一是评估工作要做到组织落实。学校决定成立评估领导小组，各系部应相应成立3—5人自评领导小组；二是评估工作要做到有计划、有安排、具体工作要落实到人；三是评估工作的资料准备要下大力气抓，要做大量的工作，要花费大量的人力和时间，除了平时抽时间准备之外，各单位还要利用寒假期间集中一段时间和人力进行准备。希望资料的准备做到规范化、整齐划一；四是成教学院要做好协调工作、服务工作，要经常下到各系、部共同做好准备工作。在讲话中，陈院长希望各系、部、成教学院要扎扎实实地做好准备工作，不要走形式、走过场，要讲究实效，实事求是，在评估工作中发现问题，及时采取措施进行整改，弥补不足，以评促改、以评促建，把学校成人教育工作做得更好，达到国家教委提出的各项要求。最后，陈院长说，学校举办成人高等教育已经15周年了，也应该好好地做个总结。随着市场经济的发展，职工上岗前培训，换岗再培训，跳槽人员的再教育等等继续教育的问题都向我校成人教育工作提出了新的课题、新的要求，成人教育还会有大发展，我们要多种途径、多种形式地办学，多方筹措资金，改善办学条件，提高教育质量，争取在九五期间成人教育再上一个新台阶。[①]

成人高等教育评估制度的建立，是国家对成人高等教育管理的一项重大改革，是强化教育质量控制的重要措施，为迎接航空工业总公司对学校函授、夜大学教育的评估，学校党委十分重视这次评估工作。1995年12月20日，学校党委书记孙一先主持召开了学校第20次党委会，听取了成人教育学院罗志华院长关于近年来的成人教育工作和成教学院函授、夜大学教育的评估工作准备情况的汇报。与会同志在肯定学校成人教育近几年来在发展规模，提高办学效益等方面取得了显著成绩的同时，对存在的问题，尤其是对提高成人教育质量问题都表示十分关心。大家都赞赏国家教委对普通高校举办的函授、夜大教育进行评估验收。会议要求学校的成人教育工作者应以更加务实的精

[①] 《成人教育简报（十二）》，南昌航空大学档案馆电子档案，1995-长期-0038-021。

神做好自评工作，迎接航空工业总公司来校评估。会上，还就当前亟待解决的问题进行了充分讨论，并对以下几项工作作出了决定和安排：一是着手制订"九五"成人教育长远发展规划；二是将航空工业总公司对学校函授、夜大学的评估工作列入1996年的工作要点，并在上半年再专题研究一次；三是成立以陈立丰院长为组长、刘高航副院长为副组长，由成教学院、教务处、校办和机械系、经管系负责人组成的校评估工作领导小组；四是健全成教学院的管理机构，在成教学院下设办公室、教学管理部，由人事处论证后报经党委审批。①1996年1月12日，学校召开1996年第1次党委会，讨论成教学院内设机构设置问题，决定在原有办公室的基础上，成立教学管理部（教学业务机构），办公室主任按行政管理干部配备，教学管理部主任按教学业务干部由成教学院考核任命。②

由成人教育学院郑长林副院长和学校成人高等教育评估工作专家组副组长赵觉良及4位专家组成的检查组，于1995年12月15日至1996年1月31日分别对机械工程系、电子工程系、应用工程系、经济管理系、化学工程系和计算机系进行了自评工作进展情况的首次检查。机械工程系、化学工程系和电子工程系的自评准备工作做得较好，受到表扬。③比如，电子系评估材料准备工作取得较快较好进展。为了抓紧做好学校函授、夜大学评估的各项准备工作，1995年12月22日下午，由校评估工作领导小组副组长赵觉良教授和成教学院郑长林副院长、教学管理部肖朝梁主任带领校专家组李梅林教授、邹盛根教授、叶德青副教授、罗治文副教授等，对电子系的函授、夜大学自评材料准备情况进行了检查。电子系评估领导小组组长、系主任任吉林将该系评估准备工作情况做了介绍。专家们逐项对照查看材料后，一致认为电子系领导对函授、夜大学的自评工作是重视的，材料准备工作取得了一定的进展。

为做好学校函授、夜大学评估的资料整理汇编工作，成教学院自12月

---

① 《成人教育简报（十三）》，南昌航空大学档案馆电子档案，1995-长期-0038-022。

② 《第1次党委会议题：传达安全工作会议精神、成教学院机构及干部调整》，南昌航空大学档案馆电子档案，1996-永久-0001-001。

③ 《成人教育简报（十五）发扬成绩、搞好评估、开拓未来》，南昌航空大学档案馆电子档案，1996-永久-0048-036。

中旬开始，全体人员利用星期天时间加班，按照航空工业总公司印发的普通高校函授、夜大学评估指标体系，逐条逐项分工落实任务，责任到人，按各自的工作岗位汇总、整理现有档案材料。按科学化、规范化要求装订和实行管理。

（六）举行成人教育十五周年庆祝大会

经原第三机械工业部"三教〈1980〉2220号"《关于南昌航空工业学院举办夜大学的批复》批准，昌航从1980年开办夜大学起步，至1995年举办成人高等教育15年。1996年1月29日晚上，学校在学术报告厅举行成人高等教育十五周年纪念大会。出席会议的有学校党政工领导，原南昌航院院长张本禄，各专业系部负责人，学校各职能部门和直属单位党政主要负责人，共计80余人。大会由成人高等教育学院院长罗志华主持。

南昌航院院长陈立丰就学校15年来成人高等教育的发展情况、办学的主要收获和主要经验、进一步发展成人高等教育事业和要求做了题为《以质量为本、努力开创我院成人高等教育的新局面》的主题报告。报告指出，15年来，成人高等教育从无到有、从小到大、从弱到强不断发展，取得了可喜的成绩。主要有：

第一，培养了大量人才。学校通过成人高等教育已向航空企事业和国民经济其他部门输送本专科毕业生1365人，成人非学历教育大专《专业证书》班结业学员135人，受大中型企业委托职工上岗前的专业技术培训结业学员76人，以及岗位任职资格培训和企业中层干部等各类短期培训班结业学员1600余人。[1] 这数千名毕业、结业学员已在各航空企事业单位和国民经济其他各部门中发挥了重要作用，许多已成为各单位的管理骨干和技术业务骨干。据不完全统计，昌航成人高等教育毕业生中有6名攻读硕士学位，1名攻读博士学位，更有不少学员已走上各级管理和技术领导岗位。毕业生来信说，是南昌航院圆了自己的大学梦，是南昌航院这片芳草地培育了自己。各用人单位和毕业生都非常关心昌航成人教育事业的发展，希望母校成人高等教育事

---

[1] 《以质量为本、努力开创我院成人高等教育的新局面》，南昌航空大学档案馆电子档案，1996–永久–0048–039。

业越办越红火，这是对他们莫大的鞭策和鼓舞。

第二，15年来，昌航成人高等教育事业蓬勃发展，先后设立了本专科专业29个，为学校学科建设作出了重要贡献。在初建阶段，夜大学先后开设了汉语言文学、机械工艺与设备、机械制造与电子控制、企业管理、电子技术等专业，继而受航空部、劳动部、石化总公司等委托，又开办了环境管理、无损检测专业的干部专修科以及中学数学教师的数学专业的专升本教学班。从1987年起又开始举办了高等函授教育，先后开设了无损检测、环境工程、机电工程、腐蚀与防护、工业分析、机制工艺与设备等专业，并先后在上海、武汉、成都、杭州、太原、乌鲁木齐和江西省内设立了函授辅导站，使昌航成人高等教育事业领域更加广阔。特别是在邓小平南方谈话和党的十四大精神的鼓舞下，学校成人高等教育更有了长足的发展。学校抓住机遇，在办学规模和办学效益方面连续三年上了三个台阶。1993年成人高等教育在册人数937人，1994年达到1359人，1995年更达到2175人。办学经费总收入1994年比1993年增加了80%，1995年比1994年又增加了32%。[①] 这几年学校成人高等教育在规模、结构、质量和效益等方面的发展和提高，为"九五"期间学校成人高等教育走以内涵发展为主的道路，走以提高质量和效益为目标的道路，打下了坚实的基础，而且有力地推动和促进了学校专业、学科建设。从某种意义上讲，成人高等教育与普通高教相比，其招生专业、招生规模能更灵活地顺应市场经济和国民经济及社会发展的需要，因而在办学形式、专业开设等方面就更加主动、灵活。这几年来学校不少专业的确是通过举办成人高等教育为全日制教育的专业建设，摸索经验、创造了条件。

第三，成人高等教育在学校中的重要地位和重要作用进一步被确认。我们国家是个人口大国，教育资源特别是高等教育资源的供给与广大在职从业人员希望接受高等教育的需求之间存在较大差距，如何将我国丰富的人力资源转变成人才资源，并不断提高全民族的素质，更是国民经济和社会发展的关键。成人高等教育在这方面已经发挥并必将继续发挥越来越重要的作用。普通高校举办成人教育，以其雄厚的师资力量、较齐全的专业学科，较优越

[①] 《以质量为本、努力开创我院成人高等教育的新局面》，南昌航空大学档案馆电子档案，1996-永久-0048-039。

的实习、实验条件，优良的学习氛围，受到社会的信任，对求学者有较强的吸引力。昌航成人高等教育15年发展的历史也充分证明了这一点。学校努力发挥和挖掘潜力，利用现有教学资源，使昌航成人高等教育事业不断发展，同时通过发展成人高等教育，进一步拓宽了学校的办学渠道、推进了学校与社会的联系。成人高等教育作为新型的教育制度、教育形式，以终身教育取代一次性教育，使受教育者超越时间和空间限制，将普通高等教育拓展到职业后的学历与非学历的继续教育，是具有强大生命力的。昌航业已形成的多形式多层次办学体系，进一步增强了办学活力，加强了与社会联系，与国民经济各部门联系，具有广阔的发展前途。15年来，昌航成人高等教育已形成了多层次多规格和多种办学形式相结合的教育教学体系，成为学校高等教育的重要组成部分。成教学院依托学校师资力量的优势，形成了一支以兼职为主、专兼结合的成人高等教育师资队伍，建立健全了各项管理规章制度，各种教学文件比较齐全，也积累了一定的教学和管理经验，为"九五"期间学校成人高等教育继续发展奠定了基础。

化学工程系、机械工程系、电子工程系、计算机系、应用工程系、经济管理系等专业系部主任围绕"总结过去，开拓未来，迎接评估"这个主题分别在会上介绍了各自举办成人高等教育的办学体会和今后打算。主管成人高等教育的南昌航院副院长刘高航做了题为《巩固成果、开拓未来、迎接评估》总结讲话。这次会议检阅了学校15年来成人高等教育的成绩，是进一步开拓昌航成人高等教育事业的会议，又是一次做好迎接航空工业总公司对昌航函授、夜大学教育评估准备工作的深入动员的会议，实际上是在全校中层干部中开了个迎接函授、夜大教育评估的再动员大会。

同时，这次会议也提出了学校今后5年成人教育发展的构想和目标。今后5年成人教育发展的构思是：立足航空工业、面向社会，在办学模式上，在继续办好工科专业的前提下，通过调整内部结构，扩大办学功能，新增工管结合的专业，以夜大、函授为主，适当举办脱产班，逐步提高举办高级技术培训班的能力。在发展途径上，走内涵发展的道路，依托全日制的教育资源，坚持学历教育与非学历教育并举，岗位培训与专项培训并举，本省办学与省际办学并举，以本地区、本行业为主，并使他们相互促进、协调发展。在培养目标上，要拓宽专业面向，增强适应性、注重实践性和基本技能技巧的训练，培养经济建设和社会发展需要的开发性、应用型复合人才。

今后5年成人教育发展的总体要求是：通过深化改革，使成人教育的办学规模在"九五"期间，学生在册人数稳定在2500—3000左右，质量和效益力争进入部省先进行列，成为一所适应经济、科技和社会发展的多科类、多层次、多渠道、多形式办学的成人高等教育学院。具体目标为：第一，函授、夜大本专科教育，在现有基础上要进一步办出特色，做到规模持续稳定发展，质量逐步上升、效益明显提高，信誉日益深入人心。注册人数要由现在的1300人，到"九五"后期增加到2000人左右。在比例上实行以学历教育为主（约占80%）非学历教育为辅（约占20%）的结构，在稳定建设好一批具有优势和特色的常设专业的同时，要根据社会需要，设立一些人才市场急需的新专业，对学生要加强技术培训，要加强学风的教育和管理，增强学生的择业、从业能力，使成人教育的经济效益和社会效益都有较大幅度的提高。第二，继续拓宽办学渠道，采取多种形式，满足成人教育和从业岗位培训的要求。要在立足本省办学的同时，继续保持和发展同行业、外省地区和企事业单位联合办学的路子，扩大学校在社会上的影响，力争在"九五"后期，学校在省内外设站、办班，由现在的13个发展到20个，形成多处办学的新局面。第三，发展大学后的继续教育是学校"九五"期间成人教育的重要任务之一。目前在学校该领域尚是"空白"，要利用现有的硕士学位授予点的优势，开拓继续教育工程，从现在起，就要积极创造条件，做好这方面的准备工作。①

（七）召开第十次函授站长会议

南昌航空工业学院第十次函授站长会议于1996年3月28日至3月31日在江西上饶市举行。出席这次会议的有上海大学、武汉物理研究所、萍乡江发总厂、新余新钢职大、景德镇昌河工学院、九江经委人才培训中心、福建泉州华侨大学、南昌南飞培训中心、江西省机城学校等站相关负责人和昌航本部材料工程系、化学工程系、机械工程系、电子工程系、计算机系、应用工程系、经济管理系的主任、副主任和教研室主任共32人。这是到会人数最多

---

① 《巩固成果、开拓未来、迎接评估》，南昌航空大学档案馆电子档案，1996-永久-0048-038。

的一次站长会议。太原工业大学函授站、宜春职大函授站、新疆钢研所函授站相关负责人因故请假未参加会议。应邀出席会议的还有沈阳航院成教学院院长王世英、教学部主任刘宏伟等人。

航空工业总公司教育局职教处主任、专家组成员郑玉堂，国家教委函授、夜大教育评估专家组成员梁永胜，航空工业总公司教育局评估专家组成员郭增荣，昌航刘高航副院长出席了会议。

会议由南昌航院成教学院副院长郑长林主持。开幕式上，成教学院院长罗志华首先致开会辞，他把第九次函授站长会议以来的函授教育工作进行了简要的回顾，并对会议议题进行了安排。罗志华指出，第九次函授站长会议以来的一年多时间里，昌航的函授教育继续面向市场经济的主战场，适应社会发展的需要，拓宽办学渠道，调整专业结构，使得办学功能进一步增强，办学效益明显提高。特别是在学校的重视与关怀下，过去的一年，成人高等教育全面开展了教学质量大检评，出台了保证教学质量的若干措施，围绕开展对函授、夜大学的教育评估工作，率先对宜春职大函授站和昌航渝州电院教学班进行了评估试点。根据航空工业总公司教育局关于航空院校成人高等教育评估工作的安排意见，及时组织传达学习了国家教委有关函授、夜大教育评估指标，从上到下成立了评估自评小组，部署了自评任务，为全面启动函授、夜大教育的评估工作做好了思想、组织准备。

接着刘高航、郑玉堂、梁永胜分别对昌航进行函授、夜大教育评估和函授站开展自评工作发表了讲话。昌航评估专家组副组长、高教研究室主任赵觉良教授在会上对航空工业总公司普通高校函授教育评估实施细则中的函授站评估要素逐条进行了讲解，与会代表在总结交流各自的工作情况和经验的基础上，围绕以评促改、以评促建搞好函授教育的评估，认真地进行了讨论。

刘高航副院长的讲话着重于贯彻《中国教育改革和发展纲要》，从认真执行教育法教师法的高度以及搞好评估对提高函授、夜大的教育质量，保证成人教育持续稳定发展的重要意义，阐明了搞好函授、夜大学评估工作的重要性和必要性，要求与会代表一定要借评估"东风"，加大力度和投入，本着以评促建、以评促改的精神，把评估准备工作做好，把昌航的成人教育办好，办出自己的特色，为社会发展培养更多高质量的人才。与会代表还学习了文件，大家联系实际进行了讨论，进一步明确了这次评估的性质，同时认识到此次函授、夜大教育评估的内容、准则和指标体系是在总结函授、夜大学40多年的办学、管理经验的基础上制定的，符合函授、夜大教学的实际，具有科学性、系统性。与会代表一致表示，要在自评中，坚持统一的标准，不随意改变指标体系和减少其内容或简化程序，要贯彻以评促建、以评促改的精神，实事求是，不搞花架子、不走过场，扎扎实实地搞好这次评估工作。

会议根据航空工业总公司关于函授、夜大教育评估的布置要求，切实作出了安排，一是要在前一个阶段学习文件、收集整理资料的基础上，认真贯彻这次会议精神，尽快作出自评进度安排报昌航本部，全面启动函授站的自评工作；二是坚持以评促建、以评促改、以评促提高的指导思想，切实按照本次会议提出的自评内容及资料准备的总体要求，做好现行的函授教育各项工作，抓紧统计填好对指标体系进行量化的 21 个表格，进一步规范管理资料；三是各站在5月上旬以前写出自评报告和进行自我评分，5月底将有关材料的原件或复印件汇总寄昌航函授部；四是拟从4月下旬开始，由昌航本部抽调力量到各地函授站巡视指导。校内各系部的函授、夜大教育评估资料准备工作拟在会后集中开展，5月上旬开始由学校组成专家组逐一对系部进行检评。

会议认为，各地函授站、校内各系部的自评是整个评估工作的基础，一定要加大检查监督力度，保证按评估指标要求进行，真正做到在自评中发现问题，及时解决问题，推动函授站的建设，促进函授、夜大教育质量的提高。[①] 会后，成教学院又组织专家分赴萍乡、九江、景德镇、新余等站再次进行了检查落实。

二、检查评估和整改

（一）成人高等教育评估专家组进校评估

受国家教委的委托，1996年10月14日至19日，以朱云峰为组长的中国航空工业总公司成人高等教育评估专家组一行11人来到昌航进行成人教育检查评估工作。专家组成员由中国航空工业总公司教育局及北京航空航天大学、

---

① 《南昌航院第十次函授站长会议纪要》，南昌航空大学档案馆电子档案，1996-永久-0048-017。

西北工业大学、南京航空航天大学等航空院校的教育专家组成。

学校成人高等教育的评估工作，从1995年4月对函授站进行自评试点开始，到1996年10月接受中国航空工业总公司专家组评估，前后经历1年零7个月的时间。在整个迎评过程中，学校坚持"以评促改、以评促建、重在建设"的方针，按照国家教委的要求和中国航空工业总公司对评估工作的具体部署，按照国家教委关于函授、夜大教育的指标体系，认真细致地开展自评工作。自评工作经历传达评估会议精神，进行学习动员；组建各级自评班子，收集整理资料，开展对各系（站）的评估；集中评估资料汇展；撰写自评报告等四个阶段。为了搞好这次评估工作，学校投入大量人力、物力、财力。据统计，成教学院各系部（站）集中20名工作人员近200个工作日整理资料；召开各类会议26次，动员800余人参加这次评估活动；组织30名有丰富经验的教师和管理人员，重新修改、审订、编印教学计划、教学大纲、自学指导书共274种，编印管理制度34个；派出24人次开展对函授站的检评和毕业生的调研活动；加大教学投入，通过调整，增加教学和学生住宿用房1000平方米，购置586计算机22台，分别与计算机系、经管系共建成教计算机室、财会模拟实验室各1个，安排办公新房面积150平方米，投入20万元新添各类设备，较好地改善了办公条件。

中国航空工业总公司评估专家组在学校进行现场考察评估期间，本着"严肃严格，实事求是，客观公正，质量第一"的工作原则，通过听取和阅读学校的自评报告、查看学校准备的大量资料；现场考察办学条件，参观有关实验室、电子和机械实习基地、教室等教学设施，考察江西省机械学校函授站；召开系（部）主任、成教学院管理干部、教师、班主任、毕业生、在校生代表等各种类型座谈会，并进行个别访谈，专访领导和有关部门负责人；还抽测两个班的高等数学，做问卷调查，听十几位老师的讲课等，多方面、多角度收集信息，对学校函授、夜大教育工作客观地作出了评价。

1996年10月19日，中国航空工业总公司函授、夜大教育评估专家组11名专家与南昌航院领导交换函授夜大教育评估意见。朱云峰代表专家组向学校领导通报了评估专家组现场考察的初步综合意见。专家组认为，学校领导对这次评估工作非常重视，对这次评估工作的意义认识清楚，目的明确，从组织上保证评估工作的顺利开展；学校函授、夜大教育办学思想端正，办学思路明确；坚持质量优先的教学方针，发展较快；管理制度比较健全，要求比较严格，作风比较严谨，工作比较规范；初步建立了"系为基础、两级管理"配合较协调的成人教育管理体制和运行机制。专家组还就成人教育今后的发展提出了五点建议。一是将学校领导层对普通高校举办成人教育的认识进一步变为全校教职工的认识和行动，进一步将成人教育是"基本任务之一"落实到各系（部）、各职能部门和后勤保障部门的实际工作中去，进一步落实成人教育与普通高等教育对学校教学资源共享的管理原则，正确处理普通高等教育与成人教育之间的关系，使其相互促进、协调发展。二是继续改进和完善"系为基础、两级管理"的成人教育管理体制。进一步探索能调动各方积极性的运行机制，包括建立目标责任制等，进一步调动系（部）和成教学院的积极性，使学校普通高等教育和成人教育协调发展，共同提高。三是建立和健全质量保障体系。要在基本稳定成人教育办学规模的同时，加大对提高教学质量的工作力度，研究提高教学质量的措施。进一步发挥系（部）和专业在教学质量保障体系中的作用，加强成教学院对系（部）教学质量的监控。四是加强成人教育的教学研究，以及教学基本文件和教学用书的编写工作。在研究成人教育规律的同时，研究修订成人教育特点的教学计划、教学大纲，编写适合成人教育使用的部分教材和教学指导书。五是在开展教学评检、教学研究和加强教学建设时，要注意发挥退休老教师的作用。[①]

（二）成人教育检查评估结果

航空高校函授、夜大学教育评估领导小组根据评估专家组的评估意见和学校的整改措施，历经1年多的时间，对北京航空航天大学、西北工业大学、南京航空航天大学、南昌航空工业学院、沈阳航空工业学院、郑州航空工业管理学院等6所航空院校进行了综合考核，在1997年2月25日《中国航空报》上公布了评估结果，昌航的夜大学教育评为合格，昌航与南京航空航天大学

[①] 《总公司、夜大教育评估专家组副组长朱云峰与南昌航院领导交换评估意见会上的讲话（摘要）》，《南昌航空工业学院成人高等教育：1997》，南昌航空工业学院成人高等学院1997年11月内部编印（赣新出内准字第60号），第8页。

两所大学的函授教育评为优良。[①]1997年4月，航空工业总公司函授、夜大学教育评估领导小组正式下发《航空工业总公司函授、夜大学教育评估领导小组对南昌航空工业学院函授、夜大学教育评估的结论意见》，《结论意见》指出：评估领导小组根据航空工业总公司函授、夜大学教育评估工作专家组对昌航函授、夜大学教育的评估意见，同意昌航成人高等教育通过评估验收。函授教育评为优良，夜大学教育评为合格。昌航重视成人教育。学院领导办学指导思想端正，对成人教育工作重视。评估工作中切实贯彻"以评促改，以评促建"的原则，较大地促进了办学条件的改善。能根据本校专业优势，开展成人教育。专业设置合理，办学规模适当。师资队伍比较稳定，教学条件保证。能贯彻执行国家有关成人教育的政策法规，收费符合规定。注意增设新专业的实验设施，加强能力的培养。教学管理规章制度比较健全，管理比较严格有序，学籍档案齐备。采取院系二级管理模式，加强面授，努力提高质量，取得了较好的社会信誉。希望昌航今后稳定教师队伍和提高师资水平，完善管理体制，进一步加强管理干部队伍建设，加强对教学过程的监控，开展成人教育理论研究，提高和发展成人教育。[②]

（三）成人教育检查评估整改措施

航空工业总公司函授、夜大学教育评估专家组对昌航函授、夜大学教育进行了现场考察评估，在肯定成绩的同时，提出了一些宝贵意见和建议。为了落实"以评促改、以评促建、评建结合、重在建设"的评估原则，进一步加强教学管理、提高教学质量，学校逐条认真地进行了讨论。1996年11月21日，学校以"院成字（96）第176号"文下发《南昌航空工业学院函授、夜大学教育评估整改措施》，[③]经过一年来的教学实践，1997年12月11日，学校以"院成发〔1997〕第169号"文下发《关于印发学院函授、夜大学教育评估整改措

---

① 《航空高校函授、夜大学教育评比结果》，南昌航空大学档案馆电子档案，1996-永久-0048-030。

② 《航空工业总公司函授、夜大学教育评估领导小组对南昌航空工业学院函授、夜大学教育评估的结论意见》，南昌航空大学档案馆电子档案，1996-永久-0048-029。

③ 《南昌航空工业学院函授、夜大学教育评估整改措施》，南昌航空大学档案馆电子档案，1996-永久-0048-045。

施修改意见的通知》，对整改措施进行了修订。[①]结合两次通知，整改措施归纳如下：

第一，进一步统一认识。1996年11月中旬，召开学校成人高教评估领导小组会，主要对"成人教育是高等学校的基本任务之一"的问题，在思想上进一步统一认识，重点提高中层干部、各职能部门干部的认识；同时还进一步要求各职能部门有支持和配合成人教育的工作措施，努力做到像重视全日制教育那样重视成人教育。

第二，努力做到成人教育的投入与现有的办学规模相适应。为此，采取的措施有：（1）针对成教的师资力量投入不足的问题，学校已明文规定在"九五"期间调进人员主要是教师，尽快缓解师资力量不足的问题。从下个学期开始，争取更多地从已退休的教师中选聘部分人担任成人教育部分教学任务。（2）学校提取的成人教育发展基金做到专款专用，将有限基金集中用于解决成人教育办学条件上。（3）根据学校成人教育发展的实际，进一步充实和加强成教学院管理人员队伍以及各系部（站）专兼职管理工作队伍的建设。当前特别要努力提高现有人员的管理水平。（4）针对评估专家组提出的函授生的"精力投入不足，学生工学矛盾突出，学生的集中面授辅导出勤率低"的问题，为提高函授学生集中面授时的到课率，修订了《关于加强函授生考勤管理，提高出勤率的规定》，特别是在函授生面授期间考试的有关规定，如，将原来制订的第二次面授前集中考试的三门科目，改为分别在面授期间的前、中、后三个时间进行，以制止学生的请假和旷课现象发生，更好地保障学生面授出勤率。（5）针对评估专家组提出的"平时的自学、作业和毕业实习等环节难以保证，学校又难于掌握和检查"的问题，修订了《关于加强函授生自学作业管理、毕业实习管理的若干规定》，将采用统一的交、批制度，规定学生必须在距离下次面授时间前2个月将作业寄交所在系、部（站）教务员，由教务员转交任课教师，不仅严格要求学生必须按时交作业，而且对教师的作业的布置和批改也将起到监督作用。毕业实习管理，推广经管系的做法，规定学生在实习期间每天记实习日记，实习结束后，上交实习日记，

---

① 《关于印发学院函授、夜大学教育评估整改措施修改意见的通知》，南昌航空大学档案馆电子档案，1997-永久-0017-004。

实习指导教师应认真审阅实习日记，并将其作为评定学生实习成绩的依据之一。各系、部应管理好学生的实习日记并存档。

第三，在稳定办学规模的同时，进一步加强对教学环节的管理。具体措施如下：（1）针对评估专家组提出的"适合于成人教育的教材和教学指导书很少"的问题，对各相关系（部）已发出了"关于修订教学计划、教学大纲、自学指导书"的通知，进一步修订、完善教学计划、教学大纲，并在组织教学时，严格执行教学计划、教学大纲的规定。（2）针对评估专家组提出的"有的教学安排不尽合理，如夜大一天上课11个小时，影响教学效果"的意见，为使夜大学的课程教学安排更趋合理，印发了《关于变更夜大学上课时间的决定》，决定从1997年春季开始，重新调整夜大学学生上课时间。即自1996—1997学年第二学期开始，将夜大学授课时间改为每周星期三和星期四晚上、星期天白天进行。（3）针对评估专家组提出的"有的课程教师对考试关把得不严，有的课程及格率、优秀率过高，这是不正常的"问题，为进一步严把考试质量关，以"成教字（1996）第016号"文发出了《关于做好期中、期末考试工作的通知》，从进一步加强对期中、期末考试的学生考试资格的审查、考试命题、严格考场纪律等工作着手，使考试成绩更能符合实际。（4）从1996级学生开始，逐步试行对夜大学、脱产班学生英语、数学课程的期中、期末考试进行统考，即统一命题、统一考试、统一阅卷。还将逐步推广到其他学科中去，以便能更客观地反映学生的学习成绩。

第四，加强教学质量宏观监控。为进一步加强成人教育学院对各系（部）教学质量的宏观监控，制发了"成教字（1996）第015号"文，对做好期中教学检查重新做了规定，规定凡成人教育各类班级，每学期都必须进行期中教学检查。时间一般安排在第9周至13周之间。要求有关系（部）、教研室领导、教务员、班主任均应深入教学第一线，进行教学检查。成人教育学院将配合各系（部）组织人员定期进行重点抽查，发现问题及时与有关系（部）一起研究解决办法。今后每学年召开一次高数或英语等公共课程的备课研讨会，力求进一步加强成教学院对各系部（站）教学质量的宏观监控。同时，每年召开一次成人高等教育教学工作会，总结交流各系部（站）的成人教育教学工作情况，研究解决存在的问题。

第五，进一步加强对成人教育教学班，尤其是函授教学任课教师资格的审查和教学效果的考核。从1997年开始，所有成人教育教学班的任课教师名单，必须先经成人教育学院审核后方可聘用。经考核，对教学效果确实差的教师，成教学院提出意见，各系部（站）必须另聘教师。

第六，建立以退休老教师为主体的成人教育教学督导小组，定期到各系部（站）对教学和教学管理巡视监督指导。督导小组的任务是：以教学为中心，以听课、召开各种座谈会、抽考、查阅教学文件及资料等方式，巡视检查成人教育函授、夜大及成人脱产班教与学和教学管理等情况，提出改进教学、提高教学质量的意见和建议。

第七，继续办好南昌航空工业学院《成人高等教育》刊物，积极开展成人教育和函授教学研究，搞好函授自学辅导，坚持定期出版。

各系、部、站认真贯彻执行了整改措施，收到了较好效果。1997年3月4日和3月7日，江西省高招办黄继晏副主任一行6人和江西省教委成教处朱鹏喜处长一行4人分别来到昌航考察成人教育工作。陈立丰院长出席接见了省高招办的同志，并介绍了航空总公司对昌航函授、夜大进行评估的结果，并希望他们今后继续加强对昌航成教工作的指导。成教学院罗志华院长汇报了函授、夜大教育的评估情况和评估后的整改工作。黄继晏副主任在听完汇报后，高度赞赏昌航成人教育工作成就，他说，"南昌航院领导办成人教育思路清晰，视野宽、有新意，工作扎实，能够在强手如林的竞争对象中取得优秀不容易"，希望昌航继续努力，发挥普通高校的优势，进一步提高办学效益。省教委朱鹏喜处长等人听了成教学院负责人的汇报后，认真考察了航空工业总公司专家组对昌航的评估过程，特别对专家组给昌航的评估结论做了详细的了解。朱处长说："航空部的评估工作做得细致、认真，你们南昌航院的工作也做得好，取得了好成绩，为我们江西争了光。"省教委成教处的同志还对这次评估中组织的抽考等一些做法给予了充分肯定，认为航空部成教评估工作的成功经验值得江西借鉴。省教委的同志最后勉励昌航要"巩固评估成果，提高教学质量，努力办出自己的特色"。①

----

① 《成人教育简报（二十八期）》，南昌航空大学档案馆电子档案，1997-永久-0017-005。

　　航空工业总公司为加强对航空院校成人高等教育的领导，在1996年对成人高等教育进行评估的基础上，于1997年4月正式成立了航空院校成人高等教育督导组。督导组于6月5日至13日召开了第一次会议，并对南京航空航天大学和南昌航空工业学院的成人教育评估整改工作进行了首次考察检查。督导组对昌航成人教育评估整改工作进行考察时，陈立丰院长、孙一先书记等领导听取了督导组意见，并对学校如何加强对成教事业的支持、加大投入、落实整改措施等问题向督导组做了介绍。督导组考察后认为，昌航始终贯彻了"以评促改、以评促建、评建结合、重在建设"的方针，整改工作"领导重视，措施落实，效果明显"，[①] 具体表现在：第一，学校领导十分重视整改工作。他们感觉到函授教育评估得"优良"来之不易。评估结束后，他们就在全校有关会议上做了传达，并下发了学校文件。校领导提出了"要从办学转向办教，要着重内涵建设，要抓管理、抓质量、抓素质教育，要加强整改力度"等原则意见。第二，以梳辫子的方法，对评估中专家组提出的问题进行逐个梳理，作出了一系列规定和采取了一套具体措施，并已经在教学管理中具体得到贯彻。第三，抓教学质量，修改教学文件，整顿课堂纪律，进行统考，进一步严格考试管理等工作已取得明显进展。第四，进一步完善两级管理模式，加强了对学生的全面管理，促进了教育质量的提高。督导组对昌航在成人教育评估后所做大量整改工作表示十分赞赏。

　　为巩固函授、夜大教育评估成果，总结交流经验，表彰先进，学校于1997年10月23日召开第十一次函授站工作会议。参加这次会议的有来自校外函授站和校本部专业系（部）代表共30余人。校领导陈立丰院长、刘高航副院长、史蓉蓉副书记和省高招办黄继晏副主任列会，陈立丰、刘高航、黄继晏等领导分别做了讲话。[②]

　　陈立丰院长指出，随着教育观念转变和教育思想更新，终身教育观念更新为人们所共识，在成人教育战线工作的同志们，责任将更加重大。昌航成人高等教育经过十几年的发展，取得了可喜的进步，1996年又通过了总公司

　　① 《成人教育简报（三十二期）》，南昌航空大学档案馆电子档案，1997–永久–0017–005。

　　② 《成人教育简报（三十三期）》，南昌航空大学档案馆电子档案，1997–永久–0017–005。

对学校函授、夜大教育的评估，这是总公司和江西省教委正确领导和全体教职工艰苦努力工作的结果。我们要认真总结，更好面向未来。要突出强调成人高等教育质量是南昌航院生命线的思想，要处理好"规模、结构、质量、效益"的关系。要结合各自函授站、系（部）的具体实际，切实加强师资队伍、教材、实验室建设，每个教学环节都要严格质量要求，并贯穿于整个教学过程。要积极开展教学科研，尤其在更新、重组教学内容、课程体系改革、优化教学计划等方面，动脑筋办实事。

刘高航副院长结合自己学习党的十五大工作报告的精神，强调昌航作为一所工科本科院校，在成人教育方面具有自己的优势，更有自己的责任。为积极发展成人教育，要进一步努力做好以下的工作：一是维护成人高等学历教育的严肃性，要有对国家、对社会，也是对学生负责的态度，认真组织学历教育全过程，坚持学历教育规格要求，加强对成人教育的全方位的管理。二是各专业系（部）要和设有函授站的地方和企业保持更密切的联系，拓展学校走产学结合道路的领域。三是重视对成教学生的工程实践能力的培养。函授、夜大学学生大多数是在职人员，他们的大部分时间本来就是在生产和工作中积累实践知识与能力的过程，关键在于我们要将他们的这种优势有计划、有安排、有考核地体现在培养计划之中，通过严密的教学组织，转化为有指导、自觉的积累，以加强对学生工程实践能力的培养。

会议举行了表彰仪式，由校领导分别授予成人教育先进单位机械系和经管系以及昌河工学院函授站奖旗。本次会议由成教学院院长罗志华做了函授、夜大教育评估工作总结报告，副院长郑长林就进一步落实整改措施，提高函授、夜大学教育质量做了具体部署。与会代表在讨论过程中，既充分肯定了评估工作所取得的成绩和对学校成教工作的有力推动，也对进一步落实评估整改措施，提高教育质量发表了许多很好的意见。这次会议是发展学校成人教育的一次重要会议。

总之，通过评估和整改，各级领导更加重视成教事业的发展，进一步提高了广大职工对学校举办成教的地位和作用认识，强化了职能部门加强成教管理自我完善运作的机制，增强了全员注重教学质量的意识，同时也为学校吸取兄弟院校先进经验提供了重要信息，这对于指导成教工作，为学校成教事业的进一步发展起着十分重要的作用。

（四）开展举办成人高等教育过程中执行政策法规情况检查

遵照总公司成教评估专家组1996年10月31日南京航大评估总结会上的布置，昌航对近几年来举办成人高等教育过程中执行政策的情况认真进行了检查，1996年11月21日，昌航以"院成字（1996）第175号"《关于我院举办函授、夜大教育执行政策法规情况的报告》上报总公司成教评估领导小组，报告认为总的情况是好的，能够遵守政府法令和有关成人教育的政策法规，没有发生明显违纪现象，并对两种情况作出如下说明：[①]

第一，1995年以来昌航每年接收了少量成人教育进修生。主要是随脱产班进修课程的，其中部分学生经过全国成人统考取得学籍后，跟班学完教学计划规定全部课程，成绩合格从取得学籍后，达到规定的学制年限发给正式毕业证。未取得学籍者则按进修时间所学课程发写实性修业证书。经过这次清理统计，目前接收在校进修的学生有36人，分布在各专业函授、夜大、脱产班学习；最多的教学班跟班进修的学生也只有5人。成人高等教育按规定接受进修生是正常的；问题是在学籍管理上要做到严格学历教育和非学历教育的区别，对此，昌航采取以下措施来保证：（1）凡来校进修的学员，按规定办理进修课程的手续，学完进修课程经考核后，发给写实性修业证书；（2）对在校进修生经国家成人统考录入本校后，严格按学校管理规定，编入当年的新生班级，按所学专业的学制年限开设的课程教学计划，重修全部课程，考核合格才能颁发毕业证。

第二，根据地方经济发展对人才的需求，在目前日校办学条件偏紧的情况下，学校从1994年开始，在江西渝州电子工业学院举办了应用电子技术专业成人脱产班，主干课程全部由昌航派出退休教师主讲，全部实验实习课程回昌航本部进行，最后一学期学生全部回昌航本部进行毕业设计和毕业答辩，或由昌航本部组织答辩委员会赴学生实习单位进行答辩。在省内举办校外脱产班是根据地方政府经济部门对人才培养需要的实际而定的，昌航为了保证

---

① 《关于我院举办函授、夜大教育执行政策法规情况的报告》，南昌航空大学档案馆电子档案，1996–永久–0048–018。

教学质量培养合格人才所采取的措施是落实的。

通过这次评估对该班毕业生比较集中的珠海恒通公司（共有18人）的调查显示，用人单位对学生的基础专业理论和动手能力，普遍反映良好，同时，昌航在校外举办脱产班的办学实体——江西渝州电子学院，1996年经江西省教委组织的评估，被评为民办大学中的优良学校。因此，昌航在新余举办的成人脱产班，办学条件较好，管理严格，是能够保证质量的。

第四篇 04

继续教育学院时期（2007—2023）

随着世界范围内知识经济的崛起，我国改革开放和市场经济的发展的深入，对人才的需求更加迫切，而且对受过进一步再教育的人才的需求日益旺盛；成人高等教育随之进一步发展，继续教育越来受重视，而且越来越多的高校将其成人高等教育学院更名为继续教育学院。2007年3月21日，昌航成人高等教育学院更名为继续教育学院，开启了成人教育的新篇章，进入了稳步、健康发展时期，构建了"一体两翼"的发展模式，形成了以成人学历教育为主体，自学考试、职业培训共同发展的办学格局，专业覆盖面更广，办学形式更多，航空特色更加鲜明。成人高等学历教育稳步、健康发展，学历教育实现年度招收新生数量过万，培训工作也闯出了一条新路子，办学规模屡创新高。2023年学校制定《南昌航空大学继续教育高质量发展实施方案》，继续教育管理职能统一归口到继续教育学院，通过基础建设、能力提升、品牌创建等三阶段，努力实现跟跑、并跑到领跑，打造省内继续教育的高地，朝着高质量发展阶段迈进。

第七章

继续教育的兴起

继续教育并不是新涌现的词，实际上在第一次世界大战时期就已经出现，随着经济的发展，社会的进步，学习目的、学习能力、学习需求的变化，成人教育的概念内涵不断演化，终身教育的理念不断深化和拓展，继续教育得到越来越多人的重视与参与，继续教育实践领域不断发展。南昌航空大学紧跟形势，成立了继续教育学院，积极在成人学历教育和非学历教育等各个领域开拓进取。

一、成立继续教育学院

（一）继续教育的新理念

一般来说，高校继续教育学院涵盖的业务有成人高等教育、网络教育、自学考试、社会培训等。继续教育与成人教育既有联系又有区别，继续教育是成人教育实施高层次教育的部分，其关系越来越受到关注。

对于继续教育的涵义，各国的理解和运用各自不同。联合国教科文组织出版的《职业技术教育术语》的理解是："广义的继续教育是指那些已脱离正规教育、已参加工作和负有成人责任的人所接受的各种各样的教育。该教育对个人而言，可能是接受某个阶段的正规教育，也可能是在某个特殊的领域内更新和补充知识，还有可能是在为提高其职业能力而努力。"我国学者齐高岱、赵世平认为，广义的继续教育是指采用多种教学形式，通过教育者对那些离开了常规的学校教育、进入社会且从事工作的成年人，不断地进行有目的、有计划、有组织地旨在增加新知识、提高技能、开发智力、完善知识结构、提高业务能力的一种再教育，以使他们适应本职岗位的要求和科技进步以及社会发展的需要。[①]

继续教育是现代科学技术迅猛发展的产物，也是经济发展的必然要求，其理论来源于西方，但更契合中国改革开放发展的实际需求。1944年，英国巴特勒教育法首先专门立章节，建立系统的继续教育制度，之后，其他欧美国家相继建立自己的继续教育制度，只不过各有不同。

中国对继续教育的理解和实施经历了四个演变阶段。

从新中国成立初期到20世纪70年代末属于萌芽时期。中国20世纪50年代以来的科技、经济和社会发展事业中，其实已蕴含了继续教育的工作，比如政治改造教育、扫盲教育、基本学历补偿教育等等。但是，直至1979年我国代表张宪宏教授赴墨西哥参加世界继续工程教育大会，才将继续教育概念引进过来。之后，我国开始逐渐进行有计划、有组织地从事现代涵义上的继续教育事业。

从20世纪80年代到90年代属于继续教育的起步和初步发展时期。1980年8月，中国科协颁布《关于积极开展在职科技人员专业继续教育工作的意见》，对科技人员参加"继续工程教育"作出具体的规定，包括教育对象、内容、经费来源、组织形式等，这是我国官方第一次在政策文件中提及"继续工程教育"这个概念，尽管只是某个领域的继续教育，但是在中国继续教育发展史上具有十分重要的意义。在此基础上，1981年4月，中共中央、国务院办公厅联合下发《科技干部管理工作试行条例》，将科技干部的继续教育培训列入官方的议事日程。1983年召开的六届全国人大会议上，华罗庚等提出"发展我国继续教育"的建议。1984年，经民政部批准，我国第一个继续教育的专门协会"中国继续工程教育协会"在北京成立。1985年，经国家教委批准，清华大学成立我国第一个继续教育学院，标志着继续教育的理念开始被接受并正式进入我国教育体系。1986年制订的国家"七五"工作规划提出建立完善科技人员继续教育制度，第一次把继续教育列入全国教育工作的重要组成部分，因而使得继续教育被列入政府工作范围。不过，从当时的定义看，继续教育是特指对各类专业技术人员和管理人员等科技人员进行的再教育，还

---

① 齐高岱、赵世平：《成人教育大辞典》，石油大学出版社2000年9月版，第290页。

没有广泛铺散到各个行业和领域。1987年6月23日，国家教委在《关于改革和发展成人教育的决定》中正式提出，要积极开展大学后继续教育和专业培训、实践培训。1987年10月，国家科委、国家经委、中国科协联合出台《企业科技人员继续教育暂行规定》，这是第一个有关继续教育的行政法规。1987年12月15日，国家教委联合国家科技委、国家经委、劳动人事部、财政部、中国科协等6个部委共同颁布《关于开展大学后继续教育的暂行规定》，这样，继续教育不再局限于工程技术人员，而是成为大学后的培训教育，首次定义了大学后继续教育的对象范围是"已具有大学专科以上学历或中级以上专业技术职务的在职专业技术人员和管理人员，重点是中、青年骨干"。[①]1988年，国务院决定将专业技术人员的继续教育工作从中国科协转移至人事部。1989年人事部出台《全国专业技术人员继续教育暂行规定》，这是指导全国继续教育工作的第一个重要文件。1991年人事部出台的《全国专业技术人员继续教育"八五"规划纲要》提出对专业技术人员进行全员继续教育。1993年2月13日，中共中央、国务院联合颁布《中国教育改革和发展纲要》，提出"成人教育是传统学校教育向终生教育发展的一种新型教育制度"，这是我国教育史上第一个使用"终身教育"概念的官方文件，并规定继续教育是与高等教育、职业教育、基础教育并列的四大教育体系之一，"要本着学用结合、按需施教和注重实效的原则，把大力开展岗位培训和继续教育作为重点，重视从业人员的知识更新，国家建立和完善岗位培训制度、证书制度、资格考试和考核制度、继续教育制度"。[②]1993年开始，国家实施"紧缺人才工程"，探索建立岗位职业资格证书制度，建立各种培训中心，成人培训工作越来越受到重视。由于中国改革开放的进一步深入，经济发展对人才的需求更加迫切，继续教育由起初面向工程技术人员的技术教育衍变为对各行各业人才的教育和培训，并逐步向着成人教育的方向发展和融合。1995年3月18日，八届全国人大三次会议通过《教育法》，第一次从法律上确定终身教育的地位，逐步

---

① 交通部教育司交通普通高校成人教育协作组编：《高等学校成人教育文件选编》，大连海运学院出版社1994年3月版，第56页。

② 交通部教育司交通普通高校成人教育协作组编：《高等学校成人教育文件选编》，大连海运学院出版社1994年3月版，第19页。

建立和完善我国终身教育体系。1996 年，教育部在制定教育"九五规划"和2010 年教育远景规划中，提出要重视职前、职后的各类培训和继续教育工作，注重学历教育和非学历培训，通过终身教育将不同层次、不同形态的教育衔接起来，构建面向21世纪的现代教育体系。1999 年，中共中央、国务院联合颁布《面向21世纪教育振兴行动计划》和《关于深化教育改革推进素质教育的决定》，对终身教育和继续教育的关系做出深刻阐释。2000 年国家出台《关于制定国民经济和社会发展第十个五年计划的建议》提出完善继续教育制度，逐步建立终身教育体系。

从2001 年至2011 年，属于继续教育的稳定发展时期。进入21世纪，我国政府十分重视继续教育工作，把它作为实现科教兴国和可持续发展战略的重要措施及提高科技、人才在国民经济增长中所占比例的重要内容。2002 年11月，党的十六大提出"建设全民学习、终身学习的学习型社会"，之后，国家颁布了一系列政策文件，从不同方面深入贯彻终身教育理念，丰富高等继续教育办学形式和教学方式，注重高等继续教育内涵建设。2003 年出台的《中共中央、国务院关于进一步加强人才工作的决定》提出构建中国特色的终身教育体系，加强人才培训和继续教育工作。2004 年3月3日，教育部颁布的《2003—2007 年教育振兴行动计划》提出发展多样化的成人教育和继续教育。2004 年12月1日教育部颁布的《关于推进社区教育工作的若干意见》提出加快构建终身教育体系，初步形成了以终身教育理念为先行的继续教育服务体系。自此前后，各地区成人学校、社区学校以及老年学校纷纷建立。2006 年12月27日，国务院常务会议审议并原则通过、2007 年颁布的《国家教育事业发展"十一五"规划纲要》提出构建现代国民教育体系和终身教育体系。2010 年我国发布了《中国中长期教育改革发展规划纲要（2010—2020 年）》，规划纲要中明确指出："继续教育是面向学校教育之后所有社会成员的教育活动，特别是成人教育活动，是终身学习体系的重要组成部分"，同时要求加快发展继续教育。这样，就把过去一直从属于成人教育的继续教育分离开来，继续教育成为一个独立的教育体系，成人教育被继续教育取而代之。2012 年的《关于加快发展继续教育的若干意见（征求意见稿）》将终身教育理念融入继续教育体系之中，在全国范围内广泛开展学习型社会的建设。

2012年至今，属于继续教育的高质量发展时期。2012年党的十八大报告将继续教育与职业教育、高等教育、基础教育并列论述，将继续教育视同国民教育体系中的一种独立类型。2015年修改的《中华人民共和国教育法》将国家实行成人教育制度修改为国家实行继续教育制度。2017年，《国务院〈关于印发国家教育事业发展"十三五"规划〉的通知》明确指出：大力发展继续教育，要加快构建终身教育制度，要加强继续教育平台建设，要统筹扩大继续教育服务。2017年党的十九大报告指出，我国要完善职业教育和培训体系，办好继续教育，加快学习型社会建设，提高国民素质。2022年10月，党的二十大报告提出"统筹职业教育、高等教育、继续教育协同创新，推进职普融通、产教融合、科教融汇，优化职业教育类型定位"的新要求。可见，继续教育一词在国家政策文件中使用的频率越来越高，有取代成人教育一词的倾向和趋势。

随着继续教育新理念的逐渐推出和实践，我国高校采用继续教育学院这个名称作为对外开展非全日制学历教育和社会培训业务已经非常普遍。

（二）成立继续教育学院

面对国家教育振兴的新形势和任务，昌航继续深入开展教育思想大讨论，不断提高对办学治校规律的认识，进一步转变教育思想，更新办学理念。

2006年3月，学校年度党代会的党委工作报告提出未来五年的发展思路："以育人为本，全面实施素质教育，稳步提高教学质量，培养适应社会发展需要的基础扎实、实践能力强、具有团队协作和创新创业精神的复合型人才；坚持学科建设的龙头地位，大力提升自主创新能力；密切产、学、研合作，积极为区域经济社会发展和国防现代化建设服务。加强内涵建设、深化各项改革，着力建设一所特色突出、优势明显、充满活力、和谐发展的多科性教学研究型航空大学。"[①]同年4月制定的《南昌航空工业学院"十一五"发展计划，强调在办学思路上要从办学规模的持续扩大转移到以质量、特色为主的内涵建设上来，进一步指明了学校未来发展的思路和方向。"十一五"发展计

---

① 南昌航空大学档案馆编：《南昌航空工业学院2006年鉴》，南昌航空大学档案馆2007年12月内部编印，第5页。

划确定的办学规模，到2010年，全日制在校生总数26500人，其中在校本科生20000人、研究生1500人、国际合作教育学生1000人、高职生4000人；另外，成人高等教育在册生4000人。[①] 这为学校的成人高等教育办学规模定了新的发展目标，这也是适应国家、地方经济社会发展和高等教育发展的迫切需要。

学校深刻认识到，21世纪是知识经济时代、信息化时代、全球化的时代，要实现国家的可持续发展，必须依赖于社会成员整体和个体素质的不断提高，这对教育的发展提出更新、更高的要求。而继续教育是国家发展生产力、保持国际竞争力的创新体系的组成部分，在提高全民族素质和国家知识创新能力，提高国际竞争力，促进社会全面进步方面具有着独特优势，发挥着独特功能。

学校深刻认识到，要实现新的目标，发展成人高等教育，必须更新成人高等教育理念，响应国家继续教育和终身教育的新趋势，建立现代继续教育新理念。虽然理论界对现代继续教育理念的理解不同，但有学者认为，继续教育是面向学校教育之后所有社会成员特别是成人的教育活动，是终身学习体系的重要组成部分，是已经脱离正规教育、已参加工作和负有成人责任的人所接受的各种各样教育的总称。继续教育包括成人高等教育、培训教育、终身教育。一般来说，成人高等教育的层次分为高起专、高起本、专升本，甚至还有同等学力申请硕士学位等，形式分为函授、业余、脱产。培训教育是普通高校和成人高校所承担的社会义务，包括职务培训、行业培训、岗前培训、转岗培训。终身教育包括社区教育和银发教育或老年教育。这样，现代继续教育的内涵可以这样理解：第一，继续教育是一种成人学历教育和非学历教育。第二，受教育者在学历上和专业技术上已达到了一定的层次和水平。第三，继续教育的内容是新知识、新技术、新理论、新方法、新信息、新技能。第四，学习的目的是更新补充知识、扩大视野、改善知识结构、提

---

① 南昌航空大学档案馆编：《南昌航空工业学院2006年鉴》，南昌航空大学档案馆2007年12月内部编印，第88页。

高创新能力，以适应科技发展、社会进步和本职工作的需要。[①]

　　2007年3月21日，学校以"校人字［2007］23号"发文《关于成人高等教育学院更名的通知》，称：经学校五届107次党委会研究决定，成人高等教育学院更名为继续教育学院。[②]继续教育学院工作职责包括：（1）贯彻、执行国家和学校有关继续教育工作的方针、政策，拟定全校继续教育发展规划及各项规章制度，归口管理全校的继续教育工作，代表学校参加或承办有关部门组织的成人学历教育、非学历教育的会议和活动。（2）负责学校成人高等学历教育新专业设置申报、招生计划的上报审批、招生宣传、新生录取、学籍管理、毕业或结业办证等相关工作。负责学校成人高等教育校外教学点的建设和管理工作。（3）负责学校自学考试管理工作。做好自学考试的组织实施、辅导、新专业设置申报、教学计划的制订、学生考籍管理工作、档案管理、毕业办证、实践性教学管理等工作，做好学校江西省自学考试考点、阅卷点各项工作。负责学校自考合作单位的管理工作。（4）负责学校非学历教育各类办班培训的审批备案等管理工作。（5）负责学校成人教育或自学考试学历＋技能就业的在校学生管理工作，做好招生管理工作；制定学生管理各项规章制度；加强学生的思想教育工作；抓好班主任、学生干部队伍建设；抓好学生党、团组织建设和组织发展工作；积极组织开展各种健康有益的文体活动；做好学生奖学金、评先评优、违纪处理等方面的工作。（6）组织学历教育毕业生申请学士学位资格的申报与管理工作。（7）负责继续教育教学管理工作。制订教学管理各项规章制度；制订教学计划和教学大纲；做好教学安排，落实教学任务；加强教学督导检查，实施教学质量监控，促进教学质量不断提高。

　　2007年4月6日上午8：30，学校在上海路校区校门口举行揭牌仪式，庆祝成人高等教育学院成功更名为继续教育学院。学校校长余欢，省高招办书记曹正龙等出席揭牌仪式。仪式结束后，学校在学术报告厅举行了2007年成

[①]　李昕阳、李晓白、罗兆博主编：《现代继续教育研究》，吉林人民出版社2020年6月版，第4—5页。

[②]　《关于成人高等教育学院更名的通知》，南昌航空大学档案馆电子档案，2007-XZ12-21-YJ-024.009。

人招生工作研讨会，来自全国38个函授站的领导和学校各专业院系主要负责人参加会议。会议表彰了在2006年成人高等教育招生工作中涌现出的先进个人，并由与会领导为他们颁奖。与会代表就成人招生工作进行了交流发言。

（三）拟筹建网络教育学院

随着互联网技术的发展，现代远程教育在这一阶段得到了广泛应用和深入推广。2004年，教育部转发《中央广播电视大学关于广播电视大学进一步面向农村开展现代远程教育的若干意见》，以推进现代远程教育在农村中的应用，为农民接受实用技术培训和劳动力转移培训以及农村党员干部接受培训提供便利。2007年4月，教育部发布《关于进一步加强部属高等学校成人高等教育和继续教育管理的通知》，提出要注重现代信息技术在高校中的应用，逐步将函授教育向现代远程教育过渡。2007年10月，党的十七大将"远程教育"写入报告之中。现代远程教育在全国范围内大力推广。

应用现代网络技术，扩大高等教育的供给，丰富高等教育供给方式，是当今世界高等教育改革发展的大趋势，也是为深化教学改革、提高教学质量，加快高等教育信息化，从而加快教育现代化步伐的必由之路。2009年8月4日，学校出函恳请省教育厅出函教育部支持昌航申办网络教育学院，开展现代远程教育。[①]经2009年8月25日学校第一届第三十三次党委会研究决定：成立网络教育学院，与继续教育学院合署办公，两块牌子、一套人马。2009年9月4日，学校以"校人字［2009］94号"发文《关于成立网络教育学院的通知》。[②]这次党委会还决定成立由校长余欢为组长的学校网络教育学院建设工作领导小组，领导小组下设办公室，挂牌继续教育学院，办公室主任由继续教育学院院长钱振林兼。[③]

但由于形势的发展和政策的限制，网络教育学院建设并没有取得实质进展。2012年3月22日"党政办发［2012］5号"《关于撤销培训学院和网络教

---

① 《关于恳请省教育厅出函教育部支持我校申办网络教育学院开展现代远程教育的请示》，南昌航空大学档案馆电子档案，2009-JX11-12-YJ-032.009。

② 《关于成立网络教育学院的通知》，南昌航空大学档案馆电子档案，2009-XZ12-21-YJ-023.036。

③ 《关于成立学校网络教育学院建设工作领导小组的通知》，南昌航空大学档案馆电子档案，2009-XZ12-21-YJ-023.007。

育学院（筹）的通知》：经学校第一届第七十二次党委会研究决定：撤销与工程训练中心合署办公的培训学院；撤销与继续教育学院合署办公的网络教育学院（筹）；两个撤销机构的相关管理职能归口继续教育学院。[①]学院开始了与外校合作办网络教育的模式。

二、规范函授站（点）管理

为进一步推动学校成人高等教育事业持续、稳定、健康发展，加强和规范函授站管理，提高教学管理和办学声誉，做好招生、教学和学籍管理工作，学校定期召开函授站工作会议，总结上年函授站工作成果，部署当年工作，并经常性开展函授站（点）检查评估和业务培训工作。

（一）定期开展函授站（点）检查评估工作

《南昌航院成人高等教育学院"十一五"发展规划》指出："十一五"期间（2006年—2010年），进一步加强函授站点建设，利用昌航品牌建立覆盖全省各地市的函授教育网，通过扩大函授站点布局进一步扩大我校成人高等教育办学规模。建立函授站点考核评估淘汰制。积极慎重扩大函授站点布局的同时，进一步促进函授站点的建设，规范函授站点的教学和管理工作。定时评估考核函授站点的办学条件、教育管理和教学质量等方面的情况，对办学指导思想不端正，管理混乱，办学条件和教学质量达不到要求的函授站点予以整顿，情况严重的予以撤销。[②]学院进一步规范函授站的教学与管理，在清理中调整联合办学规模，拓宽联合办学的渠道。

2007年4月初，继续教育学院召开院长办公会，按照省教育厅《关于加强对全省成人高等学历教育函授站点规范建设和管理的通知》（赣教高字〔2007〕4号）、《南昌航院普通高等学校函授教育辅导站暂行规程实施细则》和《南昌航院成人高等教育函授站评估方案》等文件精神，对学校40余所函授站

---

① 《关于撤销培训学院和网络教育学院（筹）的通知》，南昌航空大学档案馆电子档案，2012-XZ12-2-YJ-025.023。

② 《关于印发〈南昌航院成人高等教育学院"十一五"发展规划〉的通知》（成字〔2006〕第15号），南昌航空大学继续教育学院档案，2006-5-30。

点进行了一次全面的清理审查。对管理混乱、办学条件和教学质量达不到要求的3个函授站予以停止招生处理。2007年继教学院加大了同社会、同其他高等院校和科研单位合作力度，进一步加强了同省内外院校和企事业单位的联系，经过认真考察和充分协商，2007年2月完成了新设专业的申报，增加了高分子材料专业，满足了函授站所需专业的要求。2007年有函授站43个，正常招生并组织教学的32个。

2008年，学校制定和完善了《关于函授站（点）日常教学管理工作的具体规定》《关于毕业设计及毕业答辩工作的具体规定》等管理文件，进一步规范了函授站教学管理。在教学质量管理上，始终坚持认真贯彻执行学校《成人高等教育教学质量管理监控体系》和《成人高等教育教学质量评估办法》，加强了对教学过程中各个环节的质量管理和监控。2008年上半年，继续教育学院下发了《关于对我院函授站（点）进行检查评估工作的通知》（继综字〔2008〕6号），制定了《南昌航空大学函授站（点）评估指标体系（试行）》和《南昌航空大学函授站（点）评估自查情况表》，组织开展了函授站（点）检查评估工作。在函授站（点）自评基础上，根据《南昌航空大学函授站（点）评估考察工作程序》，继续教育学院组织专家组先后对近20个函授站（点）进行了检查评估和实地考察。经学校综合评审，确认15个函授站（点）为合格函授站（点），暂停6个函授站（点）招生并进行整改，撤销20个函授站（点），新设12个函授站（点），改善了学校函授站（点）的整体布局。2009年5月27日，继续教育学院评选出了4个优秀函授站（点），将函授站（点）评估检查合格函授站（点）及新设函授站（点）名单予以公布。这次对所属函授站点进行的全面评估检查，起到了良好的效果。

2010年，学院完善各项教学制度和工作流程，进一步规范教学管理。对现有的10余项教学管理制度进行了修订完善，制定了教务和考务的年度工作计划，编制了6项主要工作流程图，规范了教学管理过程，减少和杜绝了工作中的随意性，保证了教学工作的规范化、制度化，使各项教学工作按计划有条不紊地进行，教学秩序明显好于往年。

《南昌航空大学继续教育"十二五"发展规划》提出：加强函授站的建设和规范管理，重点建设30个左右办学实力强、自成规模、教学质量得到保障的函授站（点）。^①"十二五"时期（2011年—2015年），学院成人函授教育实现了稳步发展，成人函授设站（点）45个。学院每年召开函授站工作会议，加大对函授站（点）日常管理和规范运营的指导和督查，定期对函授站进行评估，加强了对函授站（点）教学过程中各个环节的质量管理和监控，使学院成人高等教育的规模和教学、管理质量得到了稳步提高。

2011年，利用现代化手段规范函授站点管理。为进一步规范昌航函授站（点）的管理和招生行为，根据《南昌航空大学函授站（点）管理办法》的有关规定，对于近两年没有招生、管理混乱和拖欠学费的函授站点停止招生。经2011年4月11日成教学院院长办公会研究，决定对14个函授站（点）拟停止2011年的招生资格。函授站（点）已经成为学校成人学历教育的办学主体，学校在着力扩充函授站（点）数量的同时，加大了对函授站（点）日常管理和规范运营的指导和督查，2011年4月下旬召开函授站工作会议和站点工作人员的业务培训，由于加强了对函授站（点）的管理，加强了教学过程中各个环节的质量管理和监控，同时开通成人教育网络管理平台等现代化管理手段，使学校成人高等教育的规模和教学、管理质量得到了稳步提高。

2012年，在2008年对所属函授站点进行全面评估检查的基础上，为巩固评估成果，进一步规范函授站招生宣传、教学以及学籍学历管理工作，继续教育学院对所属函授站点进行了评估抽查。本次评估工作贯彻"以评促建、以评促改、以评促管、评建结合、重在建设"的指导原则，以函授站自查与抽查相结合的形式。函授站（点）评估以自查为主，2012年1月至5月各函授站点重点对招生宣传工作、招生计划执行情况、录取报到情况以及学籍学历管理工作进行自查，并根据自查情况形成自评报告，于5月底前将自评报告、评估自查情况表等有关材料送交继续教育学院。在规定期限内未提交评估申请的站（点）视为自动放弃评估并暂停招生。2012年下半年，继续教育学院对接受评估的函授站（点）给出评估结论并予以公布。评估结论分为优秀、合格、不合格三个等级。对评估优秀的函授站点在11月召开的函授站会议上进行表彰，对评估不合格的函授站（点）要针对存在的问题限期整改，整改

---

① 《南昌航空大学继续教育"十二五"发展规划》，南昌航空大学继续教育学院档案，2010-12-25。

后仍不合格的函授站（点）将取消其设站资格并停止招生；未申请评估的函授站（点）视为不合格，取消设站资格并停止招生。此次对函授站（点）进行评估，是推进学校成人高等教育事业发展的重要举措，各函授站（点）举办单位从改革和发展的角度出发，高度重视，精心组织，认真实施，实事求是地做好各项工作，保证评估工作顺利进行。

2013年、2014年、2015年，继续加强对函授站的规范管理和监督。在招生宣传方面，重点加强函授站点的招生人员培训与招生行为规范管理。在学籍管理方面，根据教育主管部门学籍学历管理工作的新规定与高要求，一方面把好入学关，加强了函授站点报名数据真实性与准确性的核查力度，另一方面守住毕业关，对学生毕业资格审核、毕业信息核对、毕业图像采集、档案材料的完善、毕业证书的领取均设置了规范的工作流程，与此同时，还注重了学籍工作的过程和节点管理。在函授站从事人员培训方面，强化了对函授站点各岗位管理人员的业务技能培训工作。培训内容涵盖至学籍管理、图像采集、招生录取、资料整理、档案建立与归档、网络操作等多个环节。保证了学院函授教育工作的规范运行。在教学质量管理上，加强了对函授站（点）教学过程中各个环节的质量管理和监控。按时收集整理各函授站的教学环节相关资料，组织安排了函授站毕业答辩的巡视工作。在日常教学管理方面，重点强化对各函授站日常工作情况及存档资料建立、整理、备案的检查与监督工作。一是对各类教学管理资料的上交格式进行了全面整理、修订与规范，二是同时加大了函授站（点）内勤管理人员的工作指导力度，安排相关管理人员不定期下到站（点）进行抽查与业务指导，对管理不到位、教学资料不全、档案建立不完善的站（点）要求限期整改 、定期上交。

《继续教育学院"十三五"发展规划》提出"十三五"期间（2016年—2020年），学院要稳中求进、内涵建设、积极拓展、防范风险。内涵建设就是加强教学管理和内部制度建设，注重过程管理，有效规避风险。"十三五"规划以来，学院强化了校外教学中心的建设管理，严格新建教学中心的资质审核，执行新建教学中心上会制度，规范教学中心招生、办学行为，坚决杜绝与招生、教学不规范的单位合作。据统计，2017年至2021年已撤销37个教学中心的招生资格，新建教学中心33个，至2021年省教育厅备案教学中心37

个、省外教学中心7个。

2019年规范了函授站建设。通过修订《南昌航空大学函授站（教学点）管理暂行规定》，强化对各函授站日常工作情况及存档资料建立、整理、备案的检查与监督工作，实现教学质量的过程控制，坚决取消不良招生机构和教学与招生不规范的建站单位合作，2019年已撤销6个函授站（点）的招生资格。切实加强新建函授站的质量管理，严格新建站点的资质审核，执行新建站点上会制度，规范函授站办学行为。同时积极配合好海南省、湖南省、浙江省、广东省函授站在当地教育主管部门的申报工作，成功完成广东省与海南省的函授站备案工作，共新建省内外函授站（点）13个，为做大做强成教生源的质量与数量奠定了坚实的基础。5月份召开了已停3年的南昌航空大学函授站工作会议，学校分管领导到会指导，7个省份40家函授站的负责人和工作人员代表共70余人参加了会议，会议取得了圆满成功。

为促进学校成人高等教育工作的发展，充分调动函授站（教学点）工作人员的积极性，2019年4月28日，修订了《校外优秀函授站（教学点）、先进个人评选方法（试行）》，对函授站（教学点）及工作人员进行评优并对先进函授站（教学点）及先进个人予以表彰。先进函授站（点）条件是：（1）认真贯彻执行国家教育政策和学校有关规定，能严格按照联合办学协议履行职责，高质量地做好成人高等教育各项工作，成绩突出。（2）积极组织生源，招生人数呈上升趋势，在籍生具有一定规模。（3）严格执行教学计划和认真组织教学，按规定的时间、学时完成教学任务，按学校规定组织考试，成绩登记清楚、准确，各种资料上报及时。（4）严格执行我校学籍管理的相关规定，做好在册学生学籍管理，按规定的时间和程序进行新生注册、复查、毕业生信息核对及办理学生学籍异动。（5）具有较好的社会办学声誉，学生学籍、学历信息注册及时，缴费及时。先进个人条件是：（1）拥护党的领导，坚持党的教育方针，热爱成人教育事业。（2）爱岗敬业，工作积极主动，尽职尽责。（3）热爱本职工作，能创造性地开展工作，对工作认真负责。圆满完成各项工作和任务，并做到各种资料存档齐全。（4）有较强的组织协调能力，有较强的团队合作精神，协作互助。（5）关心学生的学习、生活，帮助学生解决实际困难，热情全方位地为学生服务。

2020年，在函授站（点）的日常管理方面，重点强化对各函授站（点）工作情况及存档资料建立、整理、备案的检查与监督工作。一是对各类教学管理资料的上交格式进行了全面整理、修订与规范；二是加大了函授站（点）内勤管理人员的工作指导力度，对管理不到位、教学资料不全、档案建立不完善的站（点）要求限期整改、定期上交；三是对学院需上交校档案馆的各函授站学生学籍学历材料按照档案馆收档的新要求，重新进行整理、编码、线装、分盒建立清册进行移交。2020年撤销10个函授站（点）的招生资格，新建函授站（点）7个。

为落实江西省教育厅《关于开展成人高等学历教育校外教学站（点）自查工作的通知》精神，进一步加强学校成人高等学历的管理和监督，规范函授站（教学点）办学行为，促进成人高等学历教育持续健康发展，学校开展了2021年度成人高等学历教育函授站（教学点）教学检查工作。此次教学检查范围为学校成人高等学历教育函授站（教学点）2019—2021学年期间的办学情况，重点检查近一年的教学情况。检查内容根据《南昌航空大学函授站（点）管理暂行办法》，按照《南昌航空大学成人高等学历教育函授站（点）教学检查对照表》，就站点办学条件、站点管理、招生办学、学费管理、教学管理、教学组织、质量监控等方面由继续教育学院安排人员进行实地抽查。此次教学检查由继续教育学院学历办及教学办联合实施，分若干检查小组分组进行检查，实行检查人员负责制，完成检查及复查工作后形成《函授站（点）教学检查情况反馈表》由学历办归档。各函授站（点）认真按照检查要求，对此次教学检查所涉及的相关资料档案和图片数据进行准备并整理归档，先提交自检书面报告。2021年7月1日至12月15日，继续教育学院组织人员进行实地检查。教学检查结果分为合格、基本合格和不合格。对招生虚假宣传、招生情况差，学费欠缴、不组织教学的函授站直接评定为不合格。对检查为基本合格的函授站提出限期整改要求；对检查为不合格的函授站在2022年度暂停招生并限期整改，限期内达不到要求的，取消合作办站（点）资格。根据检查结果和江西省有关规定，除南昌航空大学继续教育学院函授站之外，2022年校外教学点招生单位只保留了10家。

2022年对全部函授教学点进行检查整顿，对发现存在问题的教学点，坚决要求整改或清理。并首次试点进行线上网教平台授课，组织学士学位英语考试，对学士学位论文进行复查等。

（二）开展管理骨干岗位培训

教育者首先自己要不断接受教育。随着继续教育的发展，网络技术的突飞猛进，继续教育的方式方法、手段不断创新，继续教育的政策不断与时俱进，从事继续教育的工作者必须不断加强学习，不断加强业务知识的培训。《南昌航空大学继续教育"十二五"发展规划》提出，要"优化职工队伍，提高管理水平，逐步把学院建设成为学习型和开拓型的学院"。①《继续教育学院"十三五"发展规划》也指出，要"加强人员培训，特别是对业务人员进行培训，使其了解继续教育发展的形势和要求，以适应继续教育发展需要"。学院高度重视从事继续教育管理人员的岗位培训，以提高政治、业务素质和履行岗位职责必备的工作能力。

1. 召开2010年成人教育业务培训会。为进一步提高成人教育工作者的业务素质，提高工作效率和管理水平，进一步做好做强昌航的成人教育事业，2010年5月14—16日，在南昌召开南昌航空大学2010年成人教育业务培训会，来自山东、福建、贵州、上海等地的31家函授站的工作人员、继续教育学院领导班子以及相关工作人员40余人出席会议，会议由继续教育学院副院长谢友宝教授主持。

钱振林院长指出，本次业务培训是根据2010年4月8日在贵阳召开的2010年的函授站站长工作会议精神召开的；是在成人函授教育面临机遇和挑战并存的关键时刻，各函授站领导、各位朋友聚集一堂，共商改革事宜，同谋发展大计。钱振林院长深刻分析和阐述了这次会议"求真务实、开拓进取、规范管理、科学发展"的主题。

规范管理，创造特色，打造品牌，是成人教育生存和发展的核心，南昌航空大学历来以办学严谨著称，成人教育办学市场当前最大的问题就是办学不规范，也是国家当前和今后大力整治的重点，突出表现在招生中的欺骗手段和虚假宣传、教学不认真或根本不教学、不考试、乱收费或搭车收费等等。

---

① 《南昌航空大学继续教育"十二五"发展规划》，南昌航空大学继续教育学院档案，2010-12-25。

时间必将证明，靠牺牲教育和学校的尊严，以营利为目的、投机取巧、出卖文凭的不规范办学，是无法长久生存的，败坏的是整体成人学历教育的声誉，必然遭到社会的反感和政府的取缔。为此，学校将继续加大对各函授站点招生、学籍和教学管理工作的检查、监督，确保办学的规范和信誉。这次又把各站从事具体工作的人员请过来，专门召开有关招生、学籍和教学管理工作的业务培训会，有着特别重要的意义。

在本次培训会上，继续教育学院副书记兼副院长徐传新传达了2010年全省高等学校学生学籍学历管理会议精神，并结合昌航的实际如何贯彻和落实会议精神进行了部署；龙玉繁老师详细介绍了学籍管理的业务流程，并结合工作中的实际情况，指出了各函授站在学籍注册、上报数据等方面存在的问题；陈莉娜老师详细介绍了学位办理的业务流程；陈平老师介绍了教材征订方面的要求；王浩兰老师着重指出了过去几年招生过程和学生档案管理中存在的问题，分析了当前招生的形势并就2010年的招生工作进行了部署。

继续教育学院党总支书记杨志明对本次业务培训会进行了总结，指出这次培训会形成了三点共识：一是规范办学，要按照党和国家关于成人教育的政策和要求去做，在收费、招生等问题上按程序按政策办；二是以诚相待，要讲诚信，不搞欺诈行为，着眼于长远；三是齐心协力，要相互沟通、相互理解、共同搭好成招事业的平台，实现互利双赢。

2. 召开2011年、2013年函授站工作会议，开展相关培训。2011年4月21—23日，南昌航空大学2011年函授站工作会议顺利召开并取得圆满成功。来自省内外近30家函授站的负责人和代表、昌航继续教育相关领导及工作人员共计40余人参加了会议。与会校领导围绕"总结经验、创新管理、提高质量、科学发展"16字会议主题，对函授教育工作提出四点要求，即：坚持开拓进取、求真务实的办学理念；善用新理念、新技术提升管理水平；着力教学质量这一高等教育永恒主题；贯彻育人为本的科学发展思路。为社会培养出更多的合格人才，为经济发展和社会进步作出新的更大的贡献。继续教育学院院长钱振林在会上做了题为《加强信息化管理和网络资源建设、提高学院教学和管理水平》的报告，分析了当前学校成教招生和教学管理工作中存在的问题，提出了学校成人高等教育今后一段时间的工作重点和改革发展思路，即：一是要端正办学指导思想，规范成人教育过程管理；二是加快信息平台和网络资源建设，提高学院教学和管理水平；三是提高教学管理人员素质，以学为本开展成教工作。强调各函授站点务必规范办学行为、强化质量管理、创新成教理念，面对成教事业发展的机遇和挑战，努力保持和维护好"南昌航空大学继续教育学院"的品牌形象和声誉，共同推进成教事业健康、稳健发展。继续教育学院副书记兼副院长徐传新向与会代表传达了省学籍学历工作会议的会议精神，并组织继续教育学院各职能部门和专业人员对各函授站点的相关业务人员进行了学位管理、学籍管理、招生管理以及成人教育管理系统办公网络化工作培训。全体与会代表围绕此次函授站工作会议的发言及函授站的招生工作、教学工作等进行了热烈讨论与交流。会议对培训内容进行总结，提出："规范有序、做大扶强、促发展；目标一致、齐心协力、解疑难"的发展期望，要求函授站严抓教学过程管理，携手将学校的成人教育事业做得更好。

2013年在函授站从事人员培训方面，强化了对函授站点各岗位管理人员的业务技能培训工作。培训内容涵盖至学籍管理、图像采集、招生录取、资料整理、档案建立与归档、网络操作等多个环节。保证了学院函授教育工作的规范运行。

3. 召开2019年函授站工作会议，进行成人教育教学系统网络化工作培训。2019年5月30日，南昌航空大学2019年度全国函授站工作会议在前湖校区专家楼三楼多功能会议室隆重召开。来自7个省份40家函授站的负责人和工作人员代表及昌航继续教育全体领导及相关工作人员共70余人参加了会议。周世健副校长对与会的函授站代表在"教育教学改革、优化办学层次、规范办学行为、加强校站合作"等4个方面提出了具体要求。继续教育学院副院长郑初华传达了江西省教育厅有关招生、教学及专业设置方面的最新政策与精神，并对今后工作的开展进行了部署。继续教育学院院长上官飞认真分析了学历继续教育的现状，明确指出成人继续教育工作正处于挑战与机遇并存的时代，提出"进一步优化高等学历继续教育专业设置，稳步扩大办学规模，努力提高继续教育办学水平和教育质量，推进南昌航空大学继续教育工作向高质量发展"的工作目标。会议还组织职能部门及专业人员对各函授站点的相关业务人员进行了成人教育教学系统网络化工作培训，同时围绕会议发言和培训内容对函授站的招生工作、专业设置及教学网络化工作进行了热烈交流与讨论。

4. 2023年召开首期继续教育工作者创新发展研修班。为加强继续教育工作者的交流沟通，提升继续教育从业人员的专业素养，2023年7月29日上午，继续教育学院举办的首期继续教育工作者创新发展研修班在江西省工人疗养院顺利开班。学校党委常委、副校长郭正华出席开班式并致辞，浙大城市学院继续教育学院培训三部部长舒桂飞、继续教育学院全体教职工及来自省内外的40多名教育培训负责人参加。郭正华对本次研修班的学员提出三点希望：一是要提高站位，凝聚发展共识，以习近平新时代中国特色社会主义思想为指导，深入学习党的二十大报告中关于继续教育的重要论述，全面把握新时代继续教育发展的政策和趋势；二是要持续学习，不断汲取全国高校继续教育改革发展先行单位的经验做法，研究创新发展典型案例，不断适应市场环境的变革，增强事业发展的本领；三是要学以致用，运用市场业务开拓的方法和实践技能，提高继续教育工作者的综合能力，实现管理出效益。本次研修班通过政策解读、专题讲座、同行面对面、团建活动等形式开展教学，将理论与实践相结合，注重实用性和应用性，通过案例分析、项目实训等方式，帮助学员将所学知识应用到实际工作中，增强教学实践能力。

三、招生办学情况

2007年3月16日，教育部同意南昌航空工业学院更名为南昌航空大学，随后，学校成人高等教育学院也更名继续教育学院，开启了成人教育的新篇章。继续教育学院成立后，乘着学校更名为航空大学的东风，在学校党委和行政的领导下，在上级有关部门的关心支持下，围绕学校党代会、教代会确定的目标，凝心聚力，成人教育发展平稳，在螺旋中上升，取得了良好的经济效益和社会效益，完成了稳定成人教育规模、保持自学考试省内领先地位，积极开拓非学历教育优质平台的总体工作任务。

（一）"十一五"规划期间招生办学情况

成人高等教育学院制定的"十一五"发展规划提出，办学规模到2010年，成人高等学历教育在册生达4000人，自学考试助学生达2000人，每年继续教育培训1000人次。工理文管为主干学科，经法教艺协调发展。成教本科招生专业主要以我校普通本科招生专业目录为依据，专科招生专业主要以市场需求为导向予以开设实施，本科（含专升本和高达本）招生专业25个，专科招生专业40个。[①]2007年7月7日，学校召开更名大学后的第一次党代会，要求继续教育"对学校的贡献率逐年提高"，提出"要加强对继续教育学院的领导，拓宽继续教育的领域，打造我校继续教育的品牌和特色，提高继续教育的质量"。[②]通过成教学院的努力，2010年成人高等学历教育在册生达4341人，顺利实现了目标。

1.2007年招生办学情况

（1）成人高等学历教育实现稳步发展。根据国家对普通高等院校举办成人高等学历教育学生的政策，由于全日制脱产学习的学历教育在2006年10%的基础上调整为5%（以招生计划总额为基数），招生计划数1500人。由于招生政策的调整，加之湖南省的一个函授站和浙江的一个函授站在内部管理上出现了一些新的情况，而未能继续招生，因此，2007年学校成人高等学历教育招生录取人数在2006年的基础上有所缩减，然而，面对异常激烈的生源竞争形势，通过多方努力，继教学院2007年录取了新生1782人（编为2008级新生），其中高达本28人，专升本406人，专科1348人。

在招生工作中，针对上线人数远远超过招生计划名额，并且绝大多数考生报考脱产形式，计划严重不足，而脱产指标有限的实际情况，学院一方面尽力做好省际之间余缺计划的调拨，不浪费原已下达的计划名额；另一方面，经过多次与江西省高招办、计财处的协调，追加了700余名计划，缓解了省内外的需求矛盾。同时对不足开班而需转专业、转学习形式考生，积极地与之联系与沟通，及时处理了一些具体问题，满足了考生的要求，从而基本上保

---

① 《关于印发〈南昌航院成人高等教育学院"十一五"发展规划〉的通知》（成字［2006］第15号），南昌航空大学继续教育学院档案，2006-5-30。

② 《南昌航空大学年鉴：2007》，南昌航空大学档案馆2008年12月内部编印，第10、12页。

证了一志愿上线考生的录取，赢得了良好的社会形象。

（2）加强学生思想政治教育和日常管理工作。2007年，包括自考全日制助学班在内，在校学生近4300人，函授站学生4000人。继教学院在加强教学管理，确保教学质量的同时，加强学生思想政治教育和日常管理工作，切实做好综合治理工作。

一是加强了学生政工干部队伍建设。针对自考脱产助学学生管理难度相对较大的特点，一方面加大投入力度，每班都配备具有丰富管理经验、工作责任心强的老同志担任专职班主任，同时每班还聘请一名军训教官担任班级管理员；另一方面加强管理制度建设，切实落实政工干部24小时值班制、领导干部与班主任食堂跟餐制、来电来访记录制、每周例会制、突发事件及时报告处理制等。2007年在学校的支持下又引进了一名专职学生团干，进一步充实了学生工作力量。通过严格管理、严格要求，充分发挥政工干部在学生教育管理中的主导作用，2007年以来，根据学生要求想办法解决了学生火车票和图书馆借书等一系列涉及学生切身利益的问题，尽管学生中还是出现了一些打架斗殴事件，但由于发现早，处理及时，事件得到了及时控制，未造成群体性事件和恶性事故。

二是加强了学生思想政治教育工作。以"社会主义荣辱观"为重点，切实加强学生的思想政治教育。通过主题班会，各班委、团支部组织成考、自考学生深入学习"社会主义荣辱观"，坚定信仰，增强自信心，提高学生的政治素质和理论水平。同时，为创建安全文明校园，成立了开展创建"安全文明校园"活动工作小组，并组织各班团支部召开主题班会，增强学生的安全文明意识。在组织学生参加学校的各项活动中都取得了出色的成绩。如在学校组织的"党在我心中"党团知识竞赛中，工院黄宇秋、韩晓强代表继续教育学院获全校第三名。在2007校运会中，取得团体总分第二名的好成绩。此外还组织了一场"感恩的心"大型文艺晚会。

三是加强学生党建工作，提高自我管理能力。为适应学生党员发展的需要，改选了学生党支部，健全了以班主任党员为主的学生党支部，定期召开全体会议，商讨学生党员的发展规划和组织理论学习。2007年3月，各班进行推选优秀团员工作，全院共推出93名优秀团员作为入党积极分子。4月初，继续教育学院开办了党校学习班，并推荐40名入党积极分子参加学校党校的学习。2007年11月，又推荐40名入党积极分子参加学校党校的学习。学生党支部确定了入党积极分子的培养人，分季度进行考察。2007年5月5名学生预备党员转正，2007年11月发展成人脱产班学生党员8名，预备党员转正1名。2006级自考生提交入党申请书220名，2007级自考新生提交入党申请书420名，入党申请人比例为25%。

（3）改善办学条件，塑造办学形象。多年来，继教学院的办公场所都拥挤在现有办公楼的二、三楼。2007年，在学校的大力支持下，学院从发展基金中拨出专款对现有办公楼进行了全面改造和维修，不仅改变了外在形象，同时也扩充了办公场所，现有的办公场所不仅能容纳全部办公科室，解决学生上机实践问题，还有能力安排省自考办自考阅卷工作和小型会议。

2.2008年招生办学情况

（1）成人高等学历教育实现稳步、健康发展。2008年8月，教育部颁发"教发〔2008〕22号"文件《教育部关于下达2008年全国成人高等教育招生计划的通知》，明确指出"坚持成人高等教育面向在职从业人员的办学方向和业余学习为主的办学形式，普通高校停止举办成人脱产班。各地、各有关部门一律不得为普通高校安排成人脱产班计划，也不得将函授、夜大等业余学习形式的招生计划用于招收成人脱产班学生"。国家2008年全面停止普通高等院校举办成人高等学历教育全日制脱产班，这给2008年的成教招生工作带来了巨大的压力。在招生录取工作中，继教学院克服重重困难，一方面积极组织生源，尽力做好省际和各层次、各专业计划的调拨；另一方面，经过多次与江西省高招办、计财处的协调，充分用足招生政策。最终录取新生1360人（编为2009级新生），其中高达本36人，专升本314人，专科1010人，从而基本上完成了2008年的招生计划。

（2）加强教学管理，改善教学条件，努力提高教学质量。

一是高度重视教学管理工作，不断强化质量意识，把切实保证教学质量提到维护学校办学信誉的高度来认识。2008年下半年，投入近20万元维修了金球教学楼，让学生在干净、明亮的教室里迎来了新的学年。还投入了6万余元新建和改造了6个多媒体教室，先后共购置了20余台便携式无线话筒，大大改善了教学条件，提高了教学效果。

二是加强了教学管理，派出1名教务人员到教学楼办公，聘请了1名专职教学督导员，深入课堂听课、检查教学秩序、协调教学问题，起到了很好的效果。学院中层以上干部坚持轮流值班（包括双休日），巡查教学楼、食堂和学生宿舍，编印了每两周一期教学检查情况通报，及时和学院、任课教师沟通教学情况。种种措施，进一步稳定了教学秩序，规范了教学管理，使各项教学工作按计划有条不紊地进行，教学秩序明显好于往年。

三是每学期都要召开自学考试教学工作会议。本学期各学院负责自考工作的教务员进行工作经验交流、教学情况通报，学习新制定的《自考教务员工作细则》和《教务员工作注意事项》以及教学管理资料，布置实践性环节考核的有关工作，起到了很好的效果。

（3）加强学生思想政治教育和日常管理，活跃学生业余文化生活。

一是加强了学生政工干部队伍建设。针对自考脱产助学学生管理难度相对较大的特点，一方面加大投入力度，聘请25位具有丰富管理经验、工作责任心强的同志担任专职班主任，另一方面加强管理制度建设，切实落实政工干部24小时值班制、领导干部与班主任食堂跟餐制、来电来访记录制、每周例会制以及突发事件及时处理制等。

二是试行班主任工作考核办法。为充分发挥班主任在学生教育和管理中的作用，正确客观地评价班主任的工作效果，使学生管理工作逐步走向规范化和科学化，经过长时间的调研、酝酿，结合学院的实际情况，正式实施了《南昌航空大学继续教育学院班主任工作考核办法》，制定了详细的《班主任工作考评指标体系》，每个月进行考核，和业绩津贴挂钩，使班主任普遍感到有压力，也有动力。

三是以"和谐平安校园建设"为契机，切实加强思想政治教育，提高学生自我管理能力。成立了开展"和谐平安校园建设"活动工作小组，并组织各班团支部召开主题班会进行动员和布置。11月份组织了100多名学生青年志愿者，和上海路南社区居委会共同举办了"社区消防知识宣传"活动；12月份在全院学生中，开展"安全与学习月"活动，通过宣传栏公布学生典型违纪案例，在学生宿舍和教学楼前，悬挂横幅宣传和谐平安校园建设的重要性，遵纪守法的自觉性，介绍安全知识，增强学生的防范意识，进一步推动安全、和谐、文明的校园环境的形成。

四是2008年继教学院独立设置了团委，学生文体活动和校园文化建设有了较大的发展。开展首届"自学成才"科技文化节系列活动和创业规划的一系列主题活动，在校园里都产生了巨大的影响，学生创办社团的积极性也空前高涨。2008年的学校运动会选拔赛、振兴杯篮球赛、"激情五月，放飞梦想"文艺演出、汶川地震赈灾义演以及"启程·追梦2009"迎新年联欢晚会，都很好地展示自考生的魅力和风采。

3.2009年招生办学情况

（1）成人高等学历教育实现稳步发展。

《2009年学校工作任务责任分工》提出："继续教育学院要进一步扩大办学领域，拓展办学空间，增强办学活力，做到经济效益和社会效益相统一。"[①]根据国家停止普通高等院校举办成人高等学历教育脱产班的招生政策，面对异常激烈的生源竞争形势，在招生工作中，一方面针对报考昌航专科的上线人数远远超过招生计划的实际情况，继教学院经过多次与江西省高招办、计财处的协调，追加了446个专科招生计划，从而基本上保证了第一志愿上线专科考生的录取，赢得了良好的社会形象；另一方面，针对专升本科上线人数较少，积极争取省高招办的支持，降低录取分数线，同时加强与函授站（点）及学生的联系，取得了他们的支持，用足了专升本科招生计划，取得了较好的社会影响。2009年共录取新生1191人（编为2010级新生），其中高达本45人，专升本226人，专科928人。2009年学校共毕业成人学历教育学生1954人，其中本科生840人，专科生1114人。另外，2009年招收自学考试助学学生52人，毕业312人，在校生1574人。2009年6月，各函授站（点）在册学生5000余人，教职工和学生党员总数达113人，其中教职工党员23人，在校学生党员90人。[②]

---

① 《南昌航空大学年鉴：2009》，南昌航空大学档案馆2010年4月内部编印，第46页。

② 《关于将继续教育学院党总支升格为党委的请示》，南昌航空大学档案馆电子档案，2009–JX19–YJ–041.013。

（2）进一步加强学生思想政治教育和日常管理工作。

一是加强了学生政工干部队伍建设。针对自考脱产助学学生管理难度相对较大的特点，一方面加大投入力度，聘请20位具有丰富管理经验、工作责任心强的同志担任专职班主任，同时聘请两名工作人员分别负责学生的日常上课考勤及学生党团建设；另一方面加强管理制度建设，切实落实政工干部24小时值班制、领导干部与班主任食堂跟餐制、来电来访记录制、每周例会制、突发事件及时处理制等。通过严格管理、严格要求，充分发挥政工干部在学生教育管理中的主导作用。2009年以来，想办法解决了学生宿舍通热水等一系列涉及学生切身利益的问题，确保了校园稳定。

二是切实加强学生的思想政治教育。成立了开展创建"安全文明校园"活动工作小组，并组织各班团支部召开主题班会；开展了党团理论知识竞赛；针对新生开展了专门的入学教育和党团理论课的学习和实践；在2009年学校"祖国万岁"大学生爱国歌曲合唱比赛中，取得了二等奖的好成绩；承办了学校"纪念五四运动九十周年"文艺晚会和"感恩的心"大型文艺晚会。

三是加强学生党建工作，提高自我管理能力。主要有：为适应学生党员发展的需要，改选了学生党支部，充分发挥班主任党员在学生支部的作用。4月初，继续教育学院开办了党校学习班，共有700余名自考生提交入党申请书，入党申请人比例为45％。2009年共发展预备党员71名，预备党员转正29名。建立学生党员活动室，开展各种主题教育，丰富了学生党员的业余生活，增强学生党员之间的思想交流和理论知识的学习，增强学生党员的党性修养，扩大学生党员的影响力。深入落实实践党员联系群众制度。实行党员带动帮扶周围有困难以及学习成绩较差的同学，同时实行党员寝室挂牌联系寝室制度。深入了解同学们的思想、言行、生活等情况，并要求知无不报，真正地让学生党员为同学们服务。

（3）优化内部环境，理顺管理机制，明确岗位职责。

长期以来，继续教育学院作为主体的成人高等教育没有独立的机构，函授站管理力度不够、招生宣传组织不到位，加上国家政策的调整，致使近年成人函授教育出现明显滑坡。学院各部门、各岗位职责分工不够明晰，工作量不平衡，收入"吃大锅饭"，已严重影响了教职工的工作积极性。2009年上半年学院多次召开院长办公会讨论制定了《南昌航空大学继续教育学院岗位设置与定员方案》，并在继教学院教职工、工会会员一届二次会议上组织学习讨论，广泛征求意见，2009年8月学院顺利完成了所有岗位的竞聘，各部门各岗位运行较好，没有出现推诿扯皮的现象，全体职工以饱满的热情迎接各项工作。

4.2010年招生办学情况

《2010年学校工作任务责任分工》要求继续教育学院"要围绕建立终身教育体系的目标，加快继续教育的发展"。[①]2010年根据社会经济发展对人才需求的状况，通过市场调研和充分论证，完成了20余个新设成教专业的申报（包括一批已有专业的业余办学形式），新增了飞行器制造工程、飞行器动力工程、民航商务、数控技术、商务日语、酒店管理、播音与主持等本、专科专业，使成教专业的覆盖面更广，办学形式更多，航空特色更加鲜明，不仅满足了函授站所需专业的要求，也为学校本部成教事业的发展奠定了基础。

2010年克服重重困难，积极做好招生宣传工作。通过制作大量的彩页、折页等各种形式的招生简章，并在招生报名前分发到各函授站和各地市招办。组织招生报名人员进行业务培训，安排专人负责考生的咨询、报名和信息确认、相片采集，为考生提供舒适的报名环境和优质服务，并组织开设了第二期成人高考辅导班。招生计划为1530人，其中本省600人，专科630人，高达本135人，专升本765人，最终共录取新生1959人（编为2011级新生），其中高达本370人，专升本155人，专科1434人。使成人招生在成人教育市场竞争日益严峻、日趋激烈的形势下，扭转了近几年招生下滑的趋势，超额完成了2010年的招生计划。

（二）"十二五"规划期间办学情况

2011年5月4日，学校正式制定印发学校了"十二五"发展规划，明确了今后五年的战略发展目标：坚持"育人为本，质量立校，人才强校，特色发展，开放办学"的办学理念；坚持"立足江西，面向全国，服务地方，服务国防"；以人才培养为根本，以学科建设为龙头，以科学研究和社会服务为

---

① 《南昌航空大学年鉴：2010》，南昌航空大学档案馆2011年5月内部编印，第37页。

支撑，以师资队伍建设为保障，以改革和创新为动力，注重内涵、协调发展，促进和谐校园建设，着力建设一所工科优势突出、航空特色鲜明的多科性教学研究型大学。"十二五"的总体战略目标：到2015年，基本建成一所优势明显、特色鲜明，以工、管、文为主干学科，工、管、文、理、经、法、教协调发展的多科性教学研究型大学，为建设高水平特色大学奠定扎实基础。[1] 以学校"十二五"发展规划为基础，《南昌航空大学继续教育"十二五"发展规划》提出的发展目标是：以巩固基础、扩宽办学形式和提高办学质量为着力点；以规范办学、依法办学、诚信办学为办学原则；稳定发展学历教育，大力开展自考助学和非学历教育，认真探索研究生层次教育，提升办学层次、开拓办学视野；充分挖掘学校资源，积极推进网络教育，拓展办学空间；深化教学改革，人才培养质量稳步提高；建立激励机制，提高各方面积极性；优化职工队伍，提高管理水平，逐步把学院建设成为学习型和开拓型的学院。办学规模：到2015年，各类学历教育函授站（点）稳定在40个左右，累计招生规模达到12000人。办学形式：根据上级有关要求，以函授、业余办学形式为主，积极进行自学考试综合试点改革，充分利用现代远程教育手段服务学历和非学历教育和管理。[2] 通过5年努力，成人教育实现了稳步发展。继续教育学院成人函授教育实现了稳步发展，办学形式日益多样化，成人函授设站（点）45个，累计招生录取规模达12901人，其中2011级1959人，2012级2060人，2013级3384人，2014级3087人，2015级2411人，超额完成了"十二五"规划目标，完成了稳定成人教育规模、保持自学考试省内领先地位，积极开拓非学历教育优质平台的总体工作任务。

1. 2011年招生办学情况。2011年积极申报新专业，扩大专业覆盖面。根据社会经济发展对人才需求的状况，通过市场调研和充分论证，完成了5个新设成教专业的申报，新增了焊接技术与工程、网络工程、公共事业管理、新闻学、工程管理等本、专科专业，使学校成教专业的覆盖面更广，办学形式更多，航空特色更加鲜明，不仅满足了函授站所需专业的要求，也为学校成

---

[1] 《南昌航空大学校史》编写组：《南昌航空大学校史：1952—2022 》，江西科学技术出版社2022年9月版，第203页。

[2] 《南昌航空大学继续教育"十二五"发展规划》，南昌航空大学继续教育学院档案，2010-12-25。

教事业的发展奠定了基础。2011年积极开拓生源市场、合理布局教学站（点），不断探索成人教育办学新模式，努力搭建新的办学平台，实现了成人高等学历教育稳步、健康发展。仅江西省内报考昌航的考生就达到2500余人，最终共录取新生2060人（编为2012级新生），录取人数重新回到2000人以上，其中高达本175人，专升本484人，专科1401人。

2. 2012年招生办学情况。成人高等函授教育是继续教育学院的办学主体，也是学院生存与发展的基础和前提。《2012年学校工作任务责任分工》明确继续教育学院要："以成人函授为主体，自学考试、非学历教育为两翼，办好继续教育，为学习型社会提供更好的教育服务。"①2012年面临上海路校区学生住宿资源紧缺的现状，学院及时调整招生布局，压缩了全日制脱产生的招生计划，大力发展成人函授教育，主动联系函授站（点），努力开拓生源市场。根据社会经济发展对人才需求的状况，通过市场调研和充分论证，坚持自愿互利、扬长补短、兼顾社会效益和经济效益的原则，从经济实力、技术实力以及服务和信誉保证等几方面综合考评，精心挑选了一批诚信度与知名度较高，具有鲜明特色和优势的四家企业和单位开展技能培训衔接函授学历教育的联合办学。2012年录取新生3384人（编为2013级新生），其中高达本216人，专升本611人，专科2557人，大大超额完成了招生计划，录取新生人数创历史新高。

3. 2013年招生办学情况。2013年成人高等函授学历教育继续稳步、健康发展。录取新生3087人（编为2014级新生），其中高达本434人，专升本624人，专科2029人，本科招生比率扩大，超额完成了招生计划，招生规模连续两年均超过3000人，取得了突破性的发展。

4. 2014年招生办学情况。《学校2014年工作要点》明确继续教育学院要："推进继续教育改革"，"扩大办学规模，提高教育质量，争取教学质量走在同类院校的前列"。②2014年成人高等函授教育取得良好发展，录取新生2411人（编为2015级新生），其中高达本139人，专升本380人，专科1892人。2014

① 《南昌航空大学年鉴：2012》，南昌航空大学档案馆2013年12月内部编印，第26页。

② 《南昌航空大学年鉴：2014》，南昌航空大学档案馆2015年12月内部编印，第29页。

年底，各类在籍在册学生达12300余人，提前实现到2015年累计招生规模达到12000人的目标任务。成人教育规模在江西省普通高校继续教育学院名列第六名，受到省考试院的好评。学校的综合办学能力、经济与社会效益名列全省普通高校前三名，受到省教育厅、学校领导、广大师生及同类高校的广泛认可。

5. 2015年招生办学情况。2015年继续教育学院党代会、教代会通过了学院的总体工作思路是："二个平稳发展"和"二个积极拓展"，保持成人高等教育和自学考试工作平稳发展，积极拓展网络教育和非学历培训优质平台，收官"十二五"，规划"十三五"。自江西2015年"6·7"高考替考案发生以后，江西省教育厅、省考试院出台了一系列的文件和通知，对自学考试和成人教育的报名报考严格要求。成人教育方面也出台了政策要求省外考生不得在省内报名，考生一律要持高中毕业证或者中、高职毕业证才能报名，很多在校生就无法参加成考。2015年福建、广东等省也相继出台了政策，成人教育专科不能跨省报考。因此江西省各高校成考报名人数骤降。形势和政策的变化，使江西省各高校继续教育发展进入艰难时期，少数学校招生甚至出现断档情况，虽然昌航继续教育的发展仍然处于全省领先地位，但也面临困难和挑战。2015年录取新生数断崖式下降，仅689人（编为2016级新生），其中高达本80人，专升本202人，专科407人。

（三）"十三五"规划期间招生办学情况

党的十八大以后，高等教育进入了以提高质量为核心、走内涵式发展道路的历史新阶段，由高等教育大国向高等教育强国迈进，中国的发展比任何时候更加依赖高等教育创新人才培养和科技进步。《国家中长期教育改革和发展规划纲要（2010—2020年）》将继续教育单章列出，与学前教育、义务教育等其他教育形式并列作为教育的八项发展任务之一，并明确提出要加快发展继续教育，是促进我国经济发展方式转变和产业结构调整的重要支撑，是构建终身教育体系和建设学习型社会的迫切需要。在这一大背景下，《南昌航空大学"十三五"发展规划》提出，大力发展非学历继续教育，稳步发展学历继续教育。面向航空航天企事业单位，依托航空制造与材料、环境工程、航空检测与评价等学科专业优势，培植特色培训项目，发展和规范培训服务，统筹扩大继续教育资源，不断提高办学质量和效益。[①]这为继续教育学院发展创造了良好条件。为此，《继续教育学院"十三五"发展规划》提出，"十三五"期间学院发展思路是：稳中求进、内涵建设、积极拓展、防范风险。具体目标，一是稳定办学规模。学历教育和非学历教育并举，协同发展，年均成人教育招生600人左右；二是优化专业结构。将国民经济建设对人才需求和学校办学特点、特色专业相结合，开拓航空特色项目培训。三是提升人才培养质量。积极依托学校二级学院的师资队伍和教学条件等优质资源，完善导师制，促进人才培养质量的持续提升。四是强化内涵建设。狠抓内部管理，完善规章制度，有效规避风险。"十三五"时期，学校科学规划调整了成人高等教育各层次、各专业招生计划，招生以本科层次为主，高达本专业27个，专升本专业43个，暂停了部分专业招生，特别申请保留了2个航空特色专科专业（飞行器制造技术、空中乘务），面向江西、浙江、山东、湖南、贵州、广东、海南等7个航空、民航生源省份，并先后与青岛民航专修学院、贵州航空职业技术学院、湖南航空工业职工工学院等学校合作。年均成人教育招生1600余人，生源数量与质量得到较大提高，毕业生受到用人单位一致好评。

1. 2016年招生办学情况。面对江西省成人教育政策出现重大调整，学校2016年的成人教育在逆境中求发展。继续教育学院及时调整思路，将往年的求量转向求质，更加注重学历教育的内涵发展。学院于二、三月份就开始对各函授站点的预计招生规模进行摸底，了解生源的升学意愿，并依据历年计划的执行情况，科学上报各省份专业招生计划。同时，积极与各省教育厅取得联系，争取政策，力求实现计划资源的合理配置。针对政策变化较大的江西、山东、贵州、湖南等省份，主动与其教育主管部门进行沟通与协调，取得了一定效果。2016年3月，学校获批专科学制四年减为三年，为江西省首家获批学校，为来年的成招工作寻求增长点。通过努力，2016年成人高等函授教育在逆境中回升，录取新生1862人（编为2017级新生），其中高达本78人，专升本162人，专科1622人。

2. 2017年招生办学情况。2017年国家成人教育政策又出现重大调整，自

---

① 《南昌航空大学"十三五"发展规划汇编》，南昌航空大学发展规划处2017年12月内部编印，第11页。

2018年起，本科高校均不能招收全日制招生专业以外的成人学生，鉴于昌航高职学院已取消，学校29个成人专科专业均面临无法招生的局面，特别是生源多的航空服务及民航商务专业，且高达本受专科计划比例控制。昌航每年成招专科学生占比均在70%以上，这一政策的出台无疑对学校成人招生工作带来较大冲击，成人招生工作受到严峻考验。2017年成人高等函授教育录取新生746人（编为2018级新生），其中高达本152人，专升本267人，专科324人，专科招生大幅度减少。

加强校外教学中心管理。在积极扩展招生范围的同时也强化了校外教学中心的建设管理，严格新建教学中心的资质审核，执行新建教学中心上会制度，规范教学中心招生、办学行为，坚决杜绝与招生、教学不规范的单位合作。2017年至2021年撤销37个教学中心的招生资格，新建教学中心33个，现有省教育厅备案教学中心37个和省外教学中心7个。

3. 2018年招生办学情况。面对教育部成招政策的重大调整，学校积极调整政策。针对政策变化较大的江西、山东、贵州、湖南等省份，主动与其教育主管部门进行沟通与协调，取得了一定效果，争取保留了学校7个专业的专科招生资格，专业涵盖了文理科及航空特色等主要专业。并在规定时间内完成了教育部高等学历继续教育144个专业申报及教学计划导入工作，科学调整分省本、专科招生计划。2018年学校作为广东省批准的全国4所高校之一，允许进行成人教育招生，并启动了浙江省招生工作，使学校招生省份扩大到江西、湖南、浙江、贵州、云南、广东、山东等7个省份。学校在开拓生源渠道的基础上，注重服务航空产业发展，在航空工业、中航发及民航企事业单位较多的省份设置了函授站。共新建函授站9家，函授站数量达35家。2018年成人高等函授教育招生工作企稳回升，录取新生2504人（编为2019级新生），较2017年新增1756人，其中高达本209人，专升本793人，专科1502人。招生范围涉及江西、浙江、山东、湖南、贵州5个省份，生源数量大幅增加，质量持续提升。

4. 2019年招生办学情况。2019年，继续教育学院结合"不忘初心、牢记使命"主题教育，按照党的十九大提出的"办好继续教育，加快建设学习型社会，大力提高国民素质"新要求，落实《国家教育事业发展"十三五"规划》要求，服务国家战略需求，经全院教职工共同努力，各项工作扎实推进。根据教育部要求，科学规划调整了今后各层次专业及培养计划，争取保留了2个专科专业，调整高中起点达本科专业43个，专科起点达本科专业51个，完成培养方案96项。成功申请高达专、专升本二个层次的学制异动，由三年学制缩短为二年半学制，为学校成人招生工作赢得先机。2019年成人高等函授教育录取新生2487人（编为2020级新生），保持了稳定，其中高达本359人，较上年增加150人，增幅71%；专升本1947人，较上年增加1154人，增幅146%；高升专181人，较上年减少1321人，降幅88%。本科招生比例大幅增长。新增2个省的招生，生源范围涉及江西、浙江、山东、湖南、贵州、广东、海南七个省份，生源结构成功转型以本科层次为主，生源数量不断增加，质量持续提升。

5. 2020年招生办学情况。2020年适应政策要求，完善成教招生录取工作。学院根据教育部要求，科学规划调整了成人高等教育各层次专业及培养计划，暂停了生源情况不理想的本科24个专业招生，保留了高升本专业27个、专升本专业43个及学校航空特色专科专业2个（飞行器制造技术、空中乘务），修订专业培养方案72项，进一步调整、完善了具有学校航空特色的成人专业布局。2020年全国成教报考学校人数为4385人，其中高升专199人，专升本3348人，高升本838人。2020年最终录取新生3492人（编为2021级新生），较上届增长40.4%，创历史新高。其中高中升本科512人，较上年增长42.6%；专科升本科2868人，较上年增长47.3%；高中升专科112人，较上年减少38.1%。招生范围包括江西、浙江、山东、湖南、贵州、广东、海南等7个省份，招生数量重回3000大关，生源数量不断增加，质量持续提升，本科层次生源比例不断增长，生源结构继续以本科层次为主，提升了办学层次。同时，根据教育部要求，科学规划调整了各层次专业及培养方案69项，高升本专业22个、专升本专业40个，争取保留了航空特色和社会需求专科专业7个，进一步完善了具有我校航空特色的学历继续教育专业布局。

（四）"十四五"规划期间招生办学情况

"十四五"规划期间，高质量发展对高质量的人才培养和科技创新需求不断增长，国家实施双一流建设、深化教育评价改革给高校带来机遇，《南昌航空大学事业发展"十四五"规划》提出，实现学校高质量跨越式发展，全面建成"工科优势突出、航空特色鲜明、服务贡献彰显"的较高水平教学研究型大学，为建设"省内一流、国内知名、行业领先、国际影响"的高水平教学研究型大学奠定基础。"十四五"发展目标：到2025年，全面建成"工科优势突出、航空特色鲜明、服务贡献彰显"的较高水平教学研究型大学。为此，2023年12月，学校制定了《南昌航空大学继续教育高质量发展实施方案》，通过基础建设、能力提升、品牌创建等三阶段，努力实现跟跑、并跑到领跑，打造省内继续教育的高地。高等学历继续教育在招生规模和办学条件允许的情况下，每年招生1万人左右，累计总规模达到3万人，并形成专本硕一体化的人才培养体系；非学历教育培训依托江西地域优势与学科特色融合，整合校内外资源，实现从0到1的突破。继续教育学院正踔厉奋发，朝着高质量发展奋勇前进，目前势头正旺。

1. 2021年招生办学情况。2021年学校学历继续教育新生10790人（编为2022级新生），较上届增长209%，录取人数再创历史新高且首次超万人。其中：高中升本科1200人，较上年增长134%；专科升本科7120人，较上年增长148%；高中升专科2569人，较上年增长219%。2022年，在籍生人数达19538人。

2. 2022年招生办学情况。2022年上半年，首次顺利完成春、秋季两届毕业生毕业工作，其中：春季毕业生2200人、秋季毕业生1855人，共计4055人，注册数据、毕业数据上传及时准确。按照教育部、省教育厅要求，学院开展了函授教学点日常管理及教学工作检查整顿工作，对发现存在问题的教学点，坚决要求整改或清理。并首次试点进行线上网教平台授课，本校师资授课达30%，并参照学校教学工作量计算办法，按照超工作量核发津贴。此外，学院完成了高等学历继续教育62个专业的培养方案修订工作，制订《高等学历继续教育教学实施方案（试行）》，编制《实践性环节考核工作方案》。按照省学位办、省考试院要求，组织本科生完成实践性环节考核，组织参加学位课程抽考，并首次独立组织学士学位英语考试，完成本科毕业生学士学位申报与授予工作，并对学士学位论文进行复查。同时严把招生录取关，对

2023级357名艺体特殊类专业考生进行加试。2022年录取新生6036人（编为2023级新生），其中高中升本科565人，专科升本科4107人，高中升专科1364人。

3. 2023年招生办学情况。2023年江西省内成人高考报考昌航人数13227人，仅次于南昌大学和江西师大，最终省内外录取新生11342人（编为2024级新生），创新了学校成人学历教育40多年来新纪录。其中高中升本科1179人，专科升本科6634人，高中升专科3529人。同时，创新工作方法，根据非学历业务发展需要，增设基地管理办公室的业务机构，统筹国家级专业技术人员继续基地等培训平台开展非学历教育，非学历教育培训实现新突破。2023年12月，学校制定《南昌航空大学继续教育高质量发展实施方案》，学校继续教育管理职能统一归口到继续教育学院，通过基础建设、能力提升、品牌创建等三阶段，努力实现跟跑、并跑到领跑，打造省内继续教育的高地。采用"三统一分"运行管理模式，首次实现同等学力申硕项目统一招生管理、统一财务管理、统一学员管理，分专业教学的模式，办学形势喜人，前景光明。

第八章

高等教育自学考试

南昌航空大学是江西最早开展自学考试教育的院校之一，多年被评为江西省自学考试工作先进单位。1998年获批举办自考助学班，2003年成为江西省教育考试院确定的自学考试主考院校，2011年与江西科技学院同时获批江西省首批省级高等教育自学考试学习服务中心，2012年成功获批江西省唯一的公办学校国家级自学考试示范学习服务中心试点建设单位，2013年列为江西省自学考试本科（专升本）综合改革试点院校，2014年9月被授予"江西省高等教育自学考试制度实施30周年先进主考学校（助学单位）"称号。多年来，在省教育考试院的指导下，学校在自学考试教育教学以及改革与发展方面做了大量卓有成效的工作，积累了丰富的经验。严格按照国家考办的要求，坚持质量第一的原则，科学论证，严格管理，稳步推进各项改革，为江西省自学考试事业发展作出应有的贡献。学校有雄厚的师资条件和齐全的教学实验设备，能够保证完成开考专业助学活动以及实践环节考核，同时也能完成指导自考学生撰写毕业设计及论文等其他自学考试工作。2015年率先在全省高校中实行了"导师制"，聘请学校本科专业学院老师对学生进行一对一的实践及论文指导。

一、成功申请高等教育自学考试主考学校

（一）申请高等教育自学考试主考学校

高等教育自学考试是采用个人自学、社会助学和国家考试相结合的教育形式，也是规模最大、最能体现终身教育理念与学习型社会特点的教育形式。参加考试的人员不受性别、年龄、民族、职业和学历的限制。自学者只要学

完专业考试计划规定的全部课程，并取得合格的考试成绩，即可获得相应的毕业证书。考试分单科、专科和本科多层次。自学者可按照学用一致的原则自行选择应考专业，这是一种方便、灵活、开放和讲究实际应用的教育形式，它为广大学习者开通了自学成才的广阔道路。

1981年1月13日，国务院批转教育部《关于高等教育自学考试试行办法的报告》，决定建立高等教育自学教育制度，先在北京、天津、上海进行试点。这标志着高等教育自学教育制度的正式建立。国家设立了全国高等教育自学考试委员会，在国家教育部（原国家教委）领导下，负责制定自学考试的具体政策和业务规范，指导和协调地方的自学考试工作。高等教育自学教育制度是适应中国国情的，有广泛的社会需求和广阔的发展前景。至1987年，高等教育自学考试已在全国29个省、自治区和直辖市展开。

1992年中共十四大召开，确立了市场经济体制，国家加快了经济建设步伐，对各类人才需求急速增长，成人高等教育顺势迅速发展，这也成为我国20世纪90年代初教育改革与发展的一个亮点。为了更大力度地推进中国教育改革与发展，1993年2月13日，中共中央、国务院颁发了《中国教育改革和发展纲要》，《纲要》明确提出："要完善和发展自学考试制度，鼓励自学成才。"[1]在《纲要》精神的鼓舞和指导下，高等教育自学考试在20世纪90年代得到空前的发展，并取得了巨大的历史性成就。

1993年1月，全国高教自学考试委员会在北京召开了省级自学考试办公室主任（扩大）会议。会议提出了体制改革和人才培养与层次调整的问题，确立了基本思路和改革措施。主要是建立分级管理分级负责的新体制，把办教育的权力下放到省一级，同时大力调整培养人才的规格和层次，开考专业以专科为主，适当发展本科，以满足社会经济发展对人才规格和层次的新需求。经过几年的实践探索，1996年5月10日，国家教委在总结经验的基础上，正式颁布了《高等教育自学考试开考专业管理办法》。管理体制的改革，为地方发展高等教育自学考试提供了制度上的基本保障，激发了社会成员接受继续教育的热情。

---

[1]　何东昌主编：《中华人民共和国重要教育文献》，海南出版社1998年版，第3469页。

　　1983年7月12日，江西省人民政府发出了成立江西省高等教育自学考试指导委员会的通知，办公室设在省教育厅。8月6日，江西省高等教育自学考试指导委员会制定了《江西省高等教育自学考试暂行办法》，1984年开始实施高等教育自学考试制度，指定江西大学、江西师范学院、江西财经学院为主考学校，分别开设法律、马列主义基本理论、会计专业。1991年主考学校增加到江西大学、江西工业大学、江西师范大学、江西财经大学、江西医学院、江西中医学院、江西农业大学、江西公安专科学校等8所大学。

　　1997年，国家教委教成司以"［1997］32号"文下发《关于加强高等教育自学考试社会助学管理工作的通知》，昌航等多所高校向江西省教委申请要求举办自考助学班。1998年4月20日，江西省教委以"赣教成字（1998）026号"下发《关于同意南昌大学等高校举办自考助学班的批复》，"同意南昌航空工业学院举办自考助学班，归口管理机构为南昌航空工业学院成人高等教育学院"，并要求学校对举办的自考助学班，加强管理，保证质量。今后学校开展社会助学活动，应由学校归口管理部门统一管理，学校其他机构不得面向社会举办自考助学班。

　　根据"赣教自考字［2003］2号"《关于在高等学校中开展自学考试本科段助学活动的实施意见》，对照申请主考学校的要求，昌航符合申请主考学校的条件，为更好地贯彻落实文件精神，顺利有效地开展自学考试本科段助学活动，经学校研究，2003年9月29日，以"院成字［2003］145号"《南昌航院关于申请高等教育自学考试主考学校的请示》，特向江西省高等教育自学考试委员会申请"高等教育自学考试主考学校"，主考本（专）科10个专业。①2003年9月30日，江西省自学考试委员会以"赣考委字［2003］08号"《关于对南昌航空工业学院等三所学校申报高等教育自学考试主考学校请示的批复》，同意学校为"高等教育自学考试主考学校"，可成立高等教育自学考试"开放学院"，从2003年下半年起，招收在校专科学生，进行自学考试本科专业教育。学员报考条件、考试管理、学籍管理办法，参照省教育厅《关于在高等学校中开展自学考试本科段助学活动的实施意见》（赣教自考

---

① 《南昌航空工业学院关于申请高等教育自学考试主考学校的请示》，南昌航空大学档案馆电子档案，2003JX19-1-YJ-053.002。

字〔2003〕2号）文件精神。免考规定参照江西省自考委《江西省高等教育自学考试课程免考暂行规定》（赣考委字〔2003〕6号）执行。批复的10个主考本（专）科专业为：机电一体化、英语、模具设计与制造、测控技术与仪器、电气工程及其自动化、计算机科学与技术、电子信息工程、环境工程、土木工程、信息管理与信息系统。[①]以后，学校又相继申请增加主考专业。比如，2005年5月9日申请增设电子商务、工商管理、经济学、市场营销等4门本科自考专业。2005年5月18日申请开设数控技术（独立本科段）专业的自学考试。2006年6月9日申请增设开考本科、专科各15门主考专业。本科15门主考专业是：金融、会计、法律、教育管理、秘书学、新闻学、音乐教育、计算机网络、国际贸易、物流管理、数学教育、生物工程、软件工程、艺术设计、餐饮管理。专科15门主考专业是：金融、会计、法律、教育管理、秘书学、新闻学、音乐教育、计算机网络、电子技术、电子商务、工商企业管理、经济学、市场营销、机械制造设计及其自动化、数控技术。至2012年，主考本科专业50个，专科专业54个，其中有9个专业是学校独立申办、江西首创的。

（二）完善自考机构

2003年9月份获得了江西省自学考试主考学校资格后，学校着手做好各项准备工作，成立自学考试办事机构，设在南昌航空工业学院成人高等教育学院。由一名南昌航空工业学院副院长分管成人高等教育学院，成人高等教育学院由一名处级领导分管自学考试工作，成人高等教育学院培训部配备专人具体负责此项工作。

2006年4月3日，学校以"校人字〔2006〕66号"《关于成立自学考试办公室等机构的通知》下发文件，根据成人教育事业发展需要，经学校五届九十七次党委会研究决定：同意成教学院成立自学考试办公室和继续教育培训部，科级建制。自学考试办公室与学院办公室合署办公，两块牌子，一套

[①]《关于对南昌航空工业学院等三所学校申报高等教育自学考试主考学校请示的批复》，南昌航空大学档案馆电子档案，2003JX19-1-YJ-053.001。

人马。继续教育培训部，与教学部合署办公，两块牌子，一套人马。①2006年9月29日，根据成人教育事业发展需要，学校以"校人字［2006］174号"《关于独立设置成教学院自学考试办公室的通知》下发文件，经学校五届一百零二次党委会研究决定：成教学院自学考试办公室与成教学院办公室分离，独立设置，科级建制。②2011年5月，设立南昌航空大学高等教育自学考试学习服务中心，设在继续教育学院，与自学考试办公室两块牌子一套人马。继续教育学院有教职工37名，设有学院办公室、自学考试办公室（自学考试学习服务中心）、教学管理部、学生工作办公室、成人教育部、培训部等科级机构。

二、高等教育自学考试助学工作

（一）自考招生办学情况

2003年9月份获得了江西省自学考试主考学校资格后，学校抓住机遇、加快发展，不断开拓新的办学平台，扩大招生规模，逐步形成了"成人高等教育为主体，自学考试和职业技能培训为两翼"的办学格局。

2004年，成人高等教育学院招收了在籍专升本及本科自考第二专业的自考生共95人，均为本校在校高职生，按规定没有招收有社会助学性质的"自考生"，也没有任何人向自考学生做过超越文件规定和学校能力的承诺。

自学考试得到迅速发展，在教学实验设备上投入了大量人力财力，不断引进人才，完善实验设备及实施条件，并成立了督查小组。加强了实践考核领导，成立了实践教学、考核领导小组。保证一切实验正常运行。完全能够满足学历文凭实践考核的软、硬件要求。教学方面安排理论与实践丰富的"双师型"教师授课。理论与实践相结合，运用现代教育技术。理论教学与实践教学统一安排，严格按照省考办要求，按计划组织实施考核，确保实践环节考核质量。2005年4月21日向省自考办申请自行组织学历文凭实践环节考核。

---

① 《关于成立自学考试办公室等机构的通知》，南昌航空大学档案馆电子档案，2006-XZ12-2-YJ-019.011。

② 《关于独立设置成教学院自学考试办公室的通知》，南昌航空大学档案馆电子档案，2006-XZ12-2-YJ-019.004。

　　2006年学校抓住机遇，开始开展全日制自考助学工作。根据2006年学校党代会、教代会精神和学校"十一五"规划，成教学院结合自身实际情况，制定了成教学院"十一五"发展规划，提出今后发展的指导思想：遵循党和国家关于成人高等教育的方针、政策和法规，围绕学校总体发展规划和成人高等教育具体发展目标，转变观念，与时俱进，深化改革，实施多条腿走路，多元化发展成人高等教育。成教院"十一五"发展规划的三大任务：做大做强成人高等学历教育；大力发展自考助学教育；积极开展各种培训工作。实现学校成人高等教育的经济效益和社会效益的双丰收。①

　　江西省的民办学校经过几年超规模发展，从2006年开始，教育厅从招生计划等方面开始规范民办学校，这为自学考试提供了较好的发展机遇。从其他高校来看，江西师大、南昌大学、江西财大等高校都在招自考助学脱产生，为他们带来了可观的经济收益和良好的社会效益。另外，从2005年开始，成人学历教育的脱产计划逐年减少，昌航本部的脱产生受其影响也随之减少。根据形势的变化发展，成教学院于2006年5月19日召开院务会讨论成教事业的改革和发展，决定从2006年秋季开始招收全日制自学考试助学班，招生规模650人，学制4年。②

　　2006年9月举办了首届专本连读的高等教育自学考试全日制助学班，开创了成教工作的新局面。自学考试全日制助学班970余人，教学班21个，涉及模具、机械制造、机电一体化、计算机及应用、建筑工程、英语、电子商务、工商管理、市场营销等9个专业。招生过程中，继教学院严格跟踪监督、指导，做到了杜绝虚假宣传，不做出不符合实际的承诺，受到广大学生和社会各界的一致好评。在继教学院的争取下，学校同意将首届助学班学生全部放入前湖校区学习，与全日制本科生共享学校各项资源，为自考生创造了良好的学习生活环境。

　　进一步理顺了自学考试管理工作，建立和完善管理办法，制订一系列自

---

① 《关于印发〈南昌航院成人高等教育学院"十一五"发展规划〉的通知》（成字［2006］第15号），南昌航空大学继续教育学院档案，2006-5-30。

② 《关于成教学院2006年秋季招收自学考试助学班的请示》，南昌航空大学继续教育学院档案，2006-5-23。

考工作的规章制度。学校高度重视自学考试助学活动，将自学考试社会助学全日制班纳入学校统一管理。采取统一招生管理、统一学生管理、统一财务管理、分专业组织实施教学的运行模式。

成功申报考点，首次组织考试取得圆满成功。2006年10月经过上级相关部门的实地考察，严格审批，学院成功申报考点。同时，迎来了学院自考国考第一次考试。经过精心筹划，认真组织，严格按照省市考办的要求，首次组织考试就取得了圆满成功，得到了省巡视员的肯定，并获得了综合评分97分的高分。

学校自学考试全日制助考班招生工作在学校党政的大力支持下，由于相关专业学院的积极配合和全院职工的共同努力，2007年共招收了自学助考脱产学生2200余名，本、专科各17个招生专业。在招生过程中，继教学院一方面严格把握宣传资料的真实性，另一方面加强进行跟踪管理，努力协调解决问题，受到广大学生和社会的一致好评，取得了良好的社会信誉，同时也得到了省自考办的肯定，维护了学校的良好形象。截至2007年底，自学考试脱产在校生2829名，其中2007级1978名，2006级851名。

2007年学校作为江西省自学考试考点，先后组织了5次国考课程和省考课程考试工作。考试组织工作中，学校严格遵循江西省自考办及南昌市自考办的指示精神，精心组织，认真筹备，全力投入，在前湖校区和上海路校区分别设置了考场，出色地完成了8000多人次大规模的考试考务工作任务，得到了上级有关部门的好评，自考办副主任获评2007年江西省自学考试工作先进个人。此外，为了进一步做大做强学校自考事业，继教学院又向省学位办、自考办申请了自学考试学位课程27门，为开创自考工作新局面奠定了良好的基础。

2008年，继续教育学院探索新的模式、寻求新的发展，自考助学规模稳定。2008年，国家调整政策，规定普通高校原则上不得举办自考脱产班。根据学校意见，继教学院自考助学实施了"技能＋学历"的双证教育模式，以学校培训学院为招生主体，继续教育学院积极配合，共招收新生800余名，使学校自学考试助学班在校生稳定在3000人规模。此后，继续教育学院多次和培训学院及相关部门，就双证教育模式进行探讨，认真总结经验和不足，改进和完善运行模式，寻求新的发展策略。

2008年学校作为江西省自学考试考点，先后组织了5次国考课程和省考课程的国家统一考试，组织了15000多人次的考试工作。考试组织工作中，严格按照上级自考办的指示精神，精心组织，认真筹备，热情为考生和监考老师服务，确保了考试的顺利进行，得到了上级主管部门的好评。

2008年，学校组织并顺利完成了4次自学考试的阅卷工作。分配给学校的试卷科目多、跨学科门类广，时间紧迫，任务繁重。学校严格执行阅卷纪律，进行了阅卷前培训，制定了阅卷工作制度，设置了试卷保密室等，值班人员在阅卷期间坚持24小时值班，从而顺利完成了248000科次的阅卷工作。

为适应社会需求，继续教育学院积极调整专业结构，扩大专业覆盖面。2008年又向自考办申请并获批了律师和体育教育两个本科专业和物流管理、公共关系等6个专科专业，使学校的主考专业达到了本科49个，专科54个，专业涵盖了文、理、工、管、法、教育、经济等7大学科门类，形成了专业数较多，学科门类较齐全，结构较合理的国家自学考试学历教育专业设置格局，为做大做强学校自考工作奠定了良好的基础。

由于国家自考助学政策的调整，自考助学脱产生流失率较高，2009年招收自学考试助学学生52人，后逐步转向以业余和网络助学为主。自学考试和阅卷工作组织严密。2009年学院面向全校选拔了一批素质高、责任心强的教师成立继教学院国家自学考试监考教师库，制定了《严肃考风考纪管理规定》，促使自考考风考纪有明显好转，2009年7月自学考试，学校作为考点，得到了省市相关部门高度评价，捍卫了国家考试的权威性和自考文凭的含金量，进而推动学风建设，形成良好的学习环境和氛围。学校作为江西省统一阅卷点，每年都要组织4次阅卷。阅卷组织工作中，严格按照上级自考办的指示精神，精心组织，认真筹备，坚持公平公正，确保试卷的安全和评阅质量，热情为阅卷老师服务，顺利完成了阅卷的组织工作，得到了上级主管部门的好评。2009年，学院荣获江西省自学考试开考二十五周年优秀主考学校，自学考试教材供应先进单位等荣誉称号。

2010年自学考试狠抓质量、扎实工作。一是适应社会需求，积极调整专业结构，扩大专业覆盖面。经过努力工作，自考本科专业已经达到50个，专科专业54个，其中有9个专业是学校独立申办、江西首创的。这些专业涵盖了文、理、工、管、法、教育、经济等7大学科门类，初步形成了专业数较多，学科门类较全，结构较合理的国家自学考试学历教育专业设置格局，为学校自考事业发展打下坚实的基础。二是2010年作为江西省自学考试考点，先后组织了4次国家统一考试，组织了12000多人次的考试工作。考试组织工作中，严格按照上级自考办的指示精神，精心组织，认真筹备，热情为考生和监考老师服务，监考老师严格培训、持证上岗，确保了考试的顺利进行，得到了上级主管部门的好评。三是组织并顺利完成了四次自学考试的阅卷工作。分配给学校的试卷科目多、跨学科门类广，时间紧迫，任务繁重。学校严格执行阅卷纪律，进行了阅卷前培训，制定了阅卷工作制度，设置了试卷保密室等，值班人员在阅卷期间坚持24小时值班，从而顺利完成了每次7—8万科次，全年总计24万余科次的阅卷工作。四是自学考试工作任务艰巨、头绪繁多，时间性强，要求严格。每年要组织2次各专业实践性环节的考试考核，包括：毕业论文撰写与答辩、计算机上机考核、物流和营销等专业的职业资格认证以及各专业多门课程的实践操作和考核等等，每年都有几千人次；还组织了每年两次毕业审核、学位申报工作，还要承担省考办下达的考试大纲编写、出考卷以及试卷校对、监印等临时性任务。由于各项工作组织严密，要求严格，操作规范，得到了省市自考办的一致好评，2010年在读学生（含本科第二学历）2057人。2010年获评南昌市2010年自学考试优秀考点，多人获得南昌市自学考试优秀监考员殊荣。

经申报，2011年6月10日，江西省考试院批复同意昌航和江西科技学院设立江西省首批省级"高等教育自学考试学习服务中心"，生源以本校全日制自考助学、专升本、本科第二学历的普通专科、本科的在校生为主，适当接受部分南昌地区的社会考生，并面向社会考生开展网络助学服务和课程学业综合评价工作。"南昌航空大学高等教育自学考试学习服务中心"，成为江西首家省级公办自学考试学习服务中心，为学校自考事业的发展带来了新的契机。

学院加强硬件建设，办学条件得到了进一步改善。为保障继续教育管理平台的正常运行，满足哈工大网络教育和自考学习服务中心网络助学的需要，学院开通10M光纤专线，完成了学院服务器的调试安装，在十大楼投资建设了能容纳45名学生同时上机学习的新机房，装修改建了自学考试学习服务中心报名大厅，大大改善了学习服务中心的办公条件，提高了服务质量和效果。

学习服务中心采取"网络＋面授"的混合式教学方式，将优质的网络学习资源与助学院校面授教学相结合，并对考生采取"过程性评价＋国家统考笔试"的科学评价体系，即自考课程最终成绩＝过程性评价成绩×30%＋国家统考笔试成绩×70%。2012年4月，江西省教育考试院向社会公布了昌航高等教育自学考试学习服务中心，具有从事面向社会开展自学考试社会助学活动的资质。

2012年学院提出了"积极发展，开拓创新，规范管理，提高质量"的发展方针，积极拓展自考业务，加大与高职高专及民办院校的联系，利用学校的优势资源吸引广大自考生到学校报名参加自学考试实践性环节考核。2012年7月学校成功获批江西省唯一的公办学校国家级自学考试示范学习服务中心试点建设单位。自学考试工作取得新突破。学院充分发挥自考领域的示范带头作用，为广大自学考试学习者提供更加优质的学习支持服务，并以此为契机，切实加强对社会助学工作的指导和管理，促进自学考试综合改革的进一步推进和完善，促进自学考试事业健康有序发展。学院积极参与自学考试综合改革试点工作。在全省率先开展了网络助学和过程性考核试点，将优质的网络学习资源与学校面授教学相结合，并对考生采取"过程性评价＋国家统考笔试"的科学评价体系，2012年共组织1800余科次，学生考试通过率较之前有较大幅度提升。年底学院积极申报"自学考试综合改革试点"工作。

（二）自学考试助学工作的做法和特色

学校开展高等教育自学考试助学工作，具备了良好的助学条件，同时也做好了助学管理、助学指导、助学服务、助学效果，形成了自己的一套体系，凝练了自身特色。

1. 建立了规范的管理体系。

（1）各项管理制度健全。2006年全面开展全日制自考助学活动后，制定《南昌航空工业学院高等教育自学考试全日制助学管理规定（试行）》（校成字［2006］194号），明确规定：我校高等教育自学考试全日制助学实行统一招生管理、统一学生管理、统一财务管理、分专业组织实施教学的运行机制。多年来学校依据国家法律法规，结合学校实际情况和自考助学的特点，逐步制定并完善了各项管理制度。在自考助学过程中，始终树立规范助学的观念，建立规范管理的机制，把一切助学活动和管理行为都纳入规范化、制度化的管理轨道，使学校的自考助学教育工作走上健康、规范、和谐发展的道路。学校根据上级自学考试行政主管部门的要求，制订了较完备的行政管理、教职工管理、学生管理、教学管理、财务管理、生活管理、安全管理等管理制度，各项管理制度符合国家的有关规定，有效地保障了教职工和学生的合法权益。各项管理制度均能在学校日常工作中有效执行，效果显著。

（2）教学管理规范有效。学校依据国家考委和省考试院制定的专业课程开考计划和教学、实训大纲，结合学校实际制定各学期教学计划和教学进程，遵循教育教学规律，贯彻"教考分离"原则，有计划地开展助学活动。为进一步加强教学管理，实行教学管理规范化、制度化，使各专业院系及任课教师明确日常教学工作管理职责和流程，2007年又制定《自学考试全日制助学教学工作管理实施细则》，提出11条细则，包括：各专业院系明确一位领导全面主管自考助学工作，并确定一位教务员负责自考教学管理工作，密切与继续教育学院的联系；各专业院系每年六月初作出各专业的考试计划；每学期开学前，各专业院系负责聘请任课教师，把好教师选用关；开学初各专业院系负责检查开学的教学准备工作；学期中各专业院系按照期中教学检查要求；各门课程结束后必须进行结业考试；任课教师必须在指定的时间、地点上课，不能随意调课、停课、代课、换地点上课等等。[①]

加强教学管理和教学督导工作，自考助学配有专职教务员和教学督导，坚持期中教学检查和不定期抽查制度。学院领导干部坚持每天轮流值班，检查教学情况，每位领导每周听课、查课2—3节。

各班设立学生教学信息员，通过问卷调查、座谈会等方式，听取学生意见，开展评教评学活动。教师考评结果（包括通过率）与教师的续聘、课酬、

---

① 《南昌航空大学自学考试全日制助学教学工作管理实施细则》，南昌航空大学档案馆电子档案，2007–JX19–YJ–042.005。

奖惩等挂钩，激励教师把更多的精力投入自考助学工作。

（3）学生管理有力有序。继教学院设立了学生工作办公室、学生党支部、团委、学生会。配有专职辅导员2名，各班配有专职班主任，建立健全各班团支部和班委会，认真选拔、配备好班干部。

班主任是学院学生管理工作的重要承担者，各班主任都制定了学年、学期工作计划，加强学生日常思想教育和管理工作。为充分发挥班主任在学生教育和管理中的作用，正确客观地评价班主任的工作效果，使学生管理工作逐步规范化和科学化，2008年10月28日制定了《南昌航空大学继续教育学院班主任工作考核办法（试行）》，要求班主任履行以下15项工作基本职责，包括：全面做好所任班级新生入学的相关工作，组织新生入学教育，建立健全学生信息库，全面掌握班级每位学生的基本情况和思想状况；认真选拔、组建班委会、团支部，并培养、指导学生干部开展工作，发挥学生自我管理的作用；建立健全班级管理相关制度，制定班级学期工作计划，并认真实施、检查和总结，做好班级工作记录；积极开展各种主题教育活动，负责班级班风、学风建设。及时召开主题班会和班干部会，传达学校和学院有关文件精神、通报情况、研究布置工作；每天深入班级、坚持随班听课，及时了解教师授课和学生学习情况，经常与任课老师交流和沟通，反映学生学习动态、意见和要求，促进教学质量提高；经常性深入学生宿舍，了解学生的生活状况，加强学生的安全教育，督查宿舍卫生；建立班级学生突发事件应急预案，对学生中出现的突发情况，如违法乱纪、聚众闹事、意外灾祸、严重伤病等要做到及时发现，迅速到达现场，妥善处理并及时上报；指导学生参加学校、学院组织的各项文体活动和公益活动，以及积极开展班级文体活动和公益活动，促进学生全面发展；认真负责、深入细致地做好所带班级学生的综合测评、评优评先、违纪处理、外宿审批、毕业鉴定、离校手续办理等工作；组织学生参加自学考试的报名、考试，教育学生遵守考风考纪；负责办公用品、班级财产和班费管理，督促学生按时缴费；加强与家长的沟通与联系，客观地向家长反映学生在校的表现，并做好记录；参与毕业生就业工作，协助做好毕业生就业指导、毕业鉴定及材料整理归档和文明离校教育等工作；认真填写《班主任工作手册》，做到开会、谈话、座谈等均有记录；参加校、院组织的各种会议、学习和集体活动，完成领导交办的其他工作。对班主任的考核项目包括以下10项：一是班级管理规范、制度健全；二是主题教育活动要求；三是组织开展文体或公益活动要求；四是深入课堂、宿舍要求；五是出勤率要求；六是到课率要求；七是学生事件率要求；八是工作计划性和执行力要求；九是食堂巡视要求；十是信息畅通要求。[①]坚持班主任与学生家长联系制度，配合家长，共同教育好学生。由于学院学生管理有力有序，近年来未出现一例人身安全事故和学生群体性事件，继续教育学院被学校评为2010年综合治理先进单位，2011年党风廉政先进单位。在校学生思想稳定，大部分学生学习积极性高，年平均学生流失率都在7%以下。

（4）招生宣传合法规范。学校自考招生工作，严格按照国家及省教育主管部门制定的招生政策，结合学校实际，编制当年招生宣传资料，报经主管部门审核同意后印发，各合作院校的招生简章一律要报主考学校审核。为了加强招生管理，学校专门制定了招生工作管理办法，并严格认真执行。多年来无违规招生行为，无虚假承诺。

（5）考风考纪严格良好。2009年下发《关于进一步加强自学考试考风考纪管理的通知》。建立考前动员教育制度和考试宣传周活动。在每次考前一周时间里以班级为单位，对学生进行考风考纪教育，引导学生坚定考试信心，端正考风考纪，坚守诚信、沉着应考。每次考试前，开好领导布置会、考务工作会、监考培训会，坚持监考人员持证上岗制度，严格考试管理，确保考试安全。因此，学校设为考点以来，从未出现一例群体性舞弊事件，考试违纪考生及时严格处理并张榜公布，舞弊现象被有效控制。

2. 开展了富有特色的助学指导。

（1）确立了符合自考规律的助学理念。自考助学活动要树立以科学发展观为统领的指导思想。科学发展观的精髓就是"以人为本，全面协调可持续发展"，前者是其精神实质的科学内涵，后者是其基本要求。学校在自考助学过程中自觉贯彻落实科学发展观，坚持"育人为本、质量立校、特色发展"的助学理念，以教学工作为中心、以学生为中心，坚持理论与实践紧密结合，

---

① 《南昌航空大学继续教育学院班主任工作考核办法（试行）》（继学字［2008］27号），南昌航空大学继续教育学院档案，2008-10-29。

重视工程实践能力的培养，为企事业单位培养了大批"用得上，留得住，上手快，作风实，能力强"的应用型技术人才。在长期的助学过程中，学校一直秉承"服务学生，报效国家"的宗旨和"育人为本，教管精细，强化执行，重视责任"的助学方针。学校的全部工作，都是为了全体学生，使他们全面发展，成长成才。

（2）采用了灵活多样的助学方法。多年来的自考助学活动中，学校既有全日制脱产班，又有在职业余助学班；既有高中达专科层次，又有专科升本科层次，还有本科第二学历教育；既有教师面授助学，又有远程网络学习，助学形式灵活多样。学校的助学方式周一至周五以全日制面授为主，周末以业余助学和网络学习为主。

自考学习服务中心成立以来，坚持远程网络课件学习和课堂面授相结合，学生在网络课件学习时任课教师跟堂，随时解答学生的提问，集中讲解重难点问题。开通了华夏大地远程网络学习平台，供学生24小时不间断学习，晚上和周末都开放机房，免费给学生听课、练习和测试。根据某些专业课程的特点，有计划地开展校内和校外实习实训，不断提升学生的实践技能。

（3）形成了丰富多彩的校园文化。学校的校训是"日新自强，知行合一"，学院大力宣传校训，以培育"勤奋、文明、求实、创新"的优良校风。学院每年举行一届科技文化节，使学生陶冶情操，磨炼意志，提高能力，展示风采，丰富校园文化生活。每年开展一次"体育健身月"活动，增强师生体质，在全校学生运动会中，继续教育学院代表队连年取得优异成绩。学院每年举行一次"元旦师生联欢晚会"，加强了师生的交流和情感，深受师生欢迎，继续教育学院创建的"自学成才"科技文化节活动成为学校的十项精品活动之一。学院学生还建立了多种社团组织，特别是志愿者协会，积极组织参与各种公益活动，进社区服务、福利院帮助老人、汶川玉树捐款等，锻炼了学生，扩大了社会影响。

（4）彰显了鲜明的助学特色。在长期的助学实践中，学校形成了自己的办学特色。一是自考学生在校学习期间，与全日制学生共享学校各种教学资源，与全日制学生一视同仁，在教学资源、文体活动、生活设施等方面，享受完全同等的待遇；二是在教学大纲、课程设置和教学内容等方面，既严格按照考试计划要求，又针对在校学生的特点，在要求学生掌握本专业所必需的基础理论和专业知识的前提下，重视培养学生的实践能力、适应能力、创造能力、外语能力和计算机能力，毕业生以基础理论和专业知识学得扎实，实践技能、适应能力和动手能力强，有强烈事业心和责任心的特点，受到用人单位的好评；三是全日制脱产班学生的日常教育管理实行单列集中管理体制，学院有自己的学生党、团组织和学生分会组织，配有专职学生工作干部，各年级配备专职辅导员或班主任，学生的教育管理纳入整个学校学生的教育管理体系，以与其他全日制学生平等的身份参加学校组织的各项文艺、体育、科技、政治活动，完全融入学校育人的大环境之中。

3. 形成了内容广泛的服务格局。

（1）助学服务内容广泛。学校自考学习服务中心根据考生需要，开展包括政策资讯、网络助学、考籍服务、考试服务、就业指导等一站式网络学习支持服务工作：一是学习过程指导。学生一入学，及时向学生宣讲自学考试的有关规定和特点，提供政策指导。班主任引导学生制定"职业生涯规划"，确立学习目标，落实执行措施。引导学生科学支配时间，合理安排学习、休息和娱乐；二是设立了学习服务中心报名大厅，使学生了解自考的信息和动向，为学生提供报名、注册、教材发放、课程转免考办理、毕业审核、学位申报等服务；三是由自考学习服务中心负责，按照教学计划，适时征订正版教材和辅导资料；四是学习服务中心对学生网上课程学习、阶段测评、综合测评、学习表现等四个方面进行全过程考核及成绩评定；五是根据网学课程特点，网络助学班主任随时在后台跟踪课程进度，记录学习成绩，提出学习建议，督促学习进度；六是为毕业生提供就业指导。邀请省市劳动人事部门，来校做就业讲座。联系企事业单位，为学生提供就业信息。组织学生参加校本部招生就业处组织的供需见面的招聘会，为学生创造就业机会。

（2）助学方式开拓创新。与泰豪动漫学院全面合作，开办了2期专升本网络助学班，开创了新的模式，取得了良好的效果。一是依据自考面授教学的特点，探索实行"课前预习—课堂讲授—作业实训—系统复习—模拟训练"五环节教学法，注重学习过程的教学指导。二是依据网络助学班教学的特点，把网络学习和面授答疑结合起来，每门网学课程都安排了10个学时左右的专业老师辅导和答疑时间，提高学习的灵活性和有效性。三是切实加强实习实训教学，着力提高学生实践动手能力，培养技能型人才。

（3）服务质量不断提高。我校继续教育学院全体教职员工，都秉承"一切为了学生"的助学理念，恪尽职守，搞好服务，无论白天黑夜，不分工作时间还是节假日休息，经常加班加点、任劳任怨，深受同学们欢迎。

4.取得了显著的助学效果。

（1）课程通过率和毕业率不断提高。全日制助学班的课程通过率，理科一般达54%左右，文科达70%左右。通过网络学习学业综合评价的课程通过率显著提高，达到了82%。毕业率（含补考后毕业）达60%左右，明显高于省市的平均合格率和毕业率。

（2）为国家培养了大批优秀人才。学校从2006年全面开展自学考试工作以来，至2012年，校本部先后招收各类本、专科自考生6000多人，已经毕业、结业的有5500多人。他们大多成为企、事业单位的技术骨干和管理骨干，为我国航空工业、国防工业的发展和社会经济建设作出贡献。几年来共有116名学生发展为中共党员，有130多名同学获得本科学士学位，20多名同学本科毕业后继续深造，考取了研究生，一批学生取得各类职业资格证书；有的同学自主创业，为社会创造了财富。

（3）获得荣誉和表彰。学校的自考助学和成人教育管理工作得到了教育考试上级主管部门的充分肯定。2011年，继教学院院长钱振林获全国高等教育自学考试先进工作者称号，副书记、副院长徐传新获评全国成人教育优秀奖。由于学校自学考试各项工作组织严密，要求严格，操作规范，也得到了省考试院和市考办的一致好评，多年来学校连续荣获江西省自学考试优秀主考学校、先进个人，自学考试教材供应先进单位、先进个人，南昌市自学考试优秀考点等称号，一批监考老师获得南昌市自学考试优秀监考员殊荣。

由于学校自学考试工作取得了长足性发展，2012年成功获批江西省唯一公办学校国家级自学考试示范学习服务中心试点建设单位，在全省率先开展了网络助学和过程性考核试点工作。

三、自学考试综合改革试点工作

国家高等教育自学考试综合改革从2008年开始，先后在北京、天津、江西、湖北、山东、福建等省试点。全国高等教育自学考试专业建设工作会议提出，构建高等教育自学考试与高等专科学校、高等职业技术学院相衔接开展本科教育自学考试。江西省教育考试院以江西科技学院（民办）为试点院校组织开展了10个专科专业、14个本科专业的综合改革试点工作，并在南昌理工学院、江西渝州学院等民办高等学校逐步推广，在考试院的监督、指导下，高等教育自学考试综合改革试点取得了预期的效果，之后开始在普通高等学校中进行推广。江西省教育考试院在全省2012年4月自学考试考务暨巡视员培训工作会议上提出，今后我省的自考工作要"深化自考综合改革试点，适当扩大试点规模，从民办高校扩展到公办院校"，但公办本科院校不能开展脱产自学考试助学教育。

2012年12月26日，南昌航空大学以"昌航校字〔2012〕138号"《南昌航空大学关于开展自学考试综合改革试点的请示》，向江西省教育考试院申请开展自学考试综合改革试点，从主考专业中遴选了机械制造及自动化、机电一体化工程、数控技术、模具设计与制造、汽车维修与检测、电子工程、软件工程、动画设计、计算机及应用、工程造价管理、工程管理等11个应用性强且具有学科优势和专业特色的本科专业和机械制造及自动化、数控技术应用、模具设计与制造、工程造价管理、房屋建筑工程、工商管理等6个专科专业列为综合改革试点专业。[①]

2013年3月1日，江西省自学考试委员会以"赣考委字〔2013〕5号"批复学校列为江西省自学考试本科（专升本）综合改革试点院校，同意学校开展自学考试（专升本）综合改革试点工作，并选择学校主考的6个本科专业为自考综合改革试点专业，均为工科专业。这6个自考综合改革试点本科专业为：机械制造及自动化、数控技术、模具设计与制造、计算机及应用、动画设计、工程造价管理。试点期间只能招收南昌市范围内的高等专科学校、高

---

① 《南昌航空大学关于开展自学考试综合改革试点的请示》，南昌航空大学档案馆电子档案，2012-JX11-YJ-045.003。

等职业技术学院专科在籍在校学生（年龄不得超过25周岁）或具有国民教育系列的专科（及以上）学历的社会考生。[1]

为加强对此项工作的领导，进一步推进我校自学考试综合改革试点工作健康发展，经2013年第六次校长办公会研究决定，成立南昌航空大学自学考试本科（专升本）专业综合改革试点领导小组，由分管自学考试工作的副校长黎明为组长，[2]制定了《南昌航空大学自学考试本科（专升本）专业综合改革试点工作实施方案》，严格按照"统一招生宣传口径，统一助学收费标准，统一学生管理体制，统一试行网络助学，统一实践课程考务考核管理，统一成绩管理"六个"统一"精神加强管理，并按照省考试院相关文件精神迅速启动了自学考试本科（专升本）专业综合改革试点工作，在高职高专院校中推广，同时积极组织人员开展社会招生。但2013年当年只招生139人。招生困难的原因主要有：省内其他各试点高校纷纷放宽了经济政策，给合作学校较大的经济收益和办学自主权，致使昌航在争取与高职高专院校合作过程中存在很大的困难；昌航招生专业较为单一，获批的6个专业均为工科专业，生源人数较少，缺少生源较好的文科专业；获批的工程造价专业为生源较好的专业（10月份该专业人数占总人数的58%），但是该专业在我校不能颁发学士学位，一定程度上影响了招生工作。有鉴于此，学校及时调整政策，并于2013年11月13日以"昌航校字〔2013〕138号"《南昌航空大学关于申请增设自学考试综合改革试点专业的请示》，向省教育考试院申请增设工商企业管理、会计、市场营销、法律、公共事业管理、建筑工程、行政管理学、新闻学、体育教育、汽车维修与检测等10个本科专业和工商企业管理、工程造价管理、环境工程管理、空中乘务与旅游艺术4个专科专业。2015年3月16日又以"昌航校字〔2015〕15号"《南昌航空大学关于申请增加自学考试综合改革试点专业的请示》，向省教育考试院申请增设工程管理、人力资源管理、艺术设计（视觉传达设计方向）3个本科专业和环境艺术设计、中国茶艺、县镇

---

[1] 《关于对南昌航空大学申请开展自学考试本科（专升本）专业综合改革试点工作的批复》，南昌航空大学档案馆电子档案，2013–JX13–YJ–024.002。

[2] 《南昌航空大学关于成立自学考试本科（专升本）专业综合改革试点领导小组的通知》，南昌航空大学档案馆电子档案，2013–XZ12–21–YJ–019.029。

企业管理等专科专业。[①]

2014年新增自考招生专业12个，使学校本专科招生专业达18个。通过多渠道、多种方式共招收本专科自考学生4500余人，自考招生规模名列全省普通高校第二名，取得了良好的社会效益和经济效益，2014年9月被江西省自学考试委员会授予江西省高等教育自学考试制度实施30周年先进主考学校（助学单位）称号。

2015年上半年学校自学考试招收新生800余人，国考报考人数4317人，作为自学考试主考学校，组织了442场次的国家级自学考试，报考和考试规模均排在全省前列。2015年继教学院率先在全省高校中实行了"导师制"，聘请学校本科专业学院老师对学生进行一对一的实践及论文指导。"导师制"已经成为昌航的特色管理品牌，省考试院也拟在全省高校中推广昌航"导师制"管理模式。

自江西2015年"6·7"高考替考案发生以后，江西省教育厅、省考试院出台了一系列的文件和通知，对成人教育和自学考试的报名报考严格要求，强调各主考院校不得面向社会招生以及省外考生不得在省内报名，并且不允许主考学校委托中介机构代为招生。因此2015年下半年全省各高校自学考试不能招收社会自考生，只能招收本校在籍学生，学校下半年招收社会自考生也因为政策的变化全部劝退。继教学院及时调整思路，将往年的求量转向求质，更加注重学历教育的内涵发展。继续做好在校学生的试点专升本工作，加强与各高职学院的沟通合作。继续做好前期招收社会自考生的助学工作，把自学国家级考试工作做严做实。使得学校招收自学考试考生在助学、实践性环节考核、论文指导和论文答辩的各项过程能够科学管理，顺利有序进行。

2016年上半年，江西省执行自考新政策，强调各主考院校不得面向社会招生。学校在无法接收社会考生报名的严峻形势下，转而向高职院校扩展自考综改合作，与江西应用工程职业学院、上饶职业技术学院、江西泰豪动漫职业学院等20余所高职院校建立合作关系，2016年度招生560余人。

2017年，自学考试由于受政策影响本部不得面向社会招生，故无新招收

---

① 《南昌航空大学关于申请增加自学考试综合改革试点专业的请示》，南昌航空大学档案馆电子档案，2015–JX19–YJ–031.001。

学生数，原在册自考学生力求在"十三五"期间基本毕业完毕。院校自考综改及大自考合作方面以稳定现有规模为目标。

根据教育部办公厅《关于印发〈高等教育自学考试专业设置实施细则〉和〈高等教育自学考试开考专业清单〉的通知》（教职成厅〔2018〕1号）和江西省高等院校招生及自学考试委员会、江西省教育厅联合下发的《关于印发〈江西省自学考试专业设置工作实施方案〉（试行）的通知》（赣招委字〔2018〕20号）文件精神，为进一步加强江西省自学考试管理，规范主考学校各项工作，促进自学考试科学发展，2019年4月18日，江西省高等院校招生及自学考试委员会下发《关于调整江西省自考主考学校及主考专业的通知》，决定从2020年起，对全省自学考试主考学校及主考专业进行调整。一是调整主考学校基本条件，新规定包括：（1）申请担任主考任务的学校，在专业内涵建设中，其学科具有较高的教学水平和较雄厚的专业师资力量，在全省有一定的专业优势。同时，在全省普通高校本科专业综合评价中获较好名次。（2）有健全的自学考试管理机构和完成工作任务相应的专职人员。具备完善的专业课程实验（实践）基地和相配备的教师队伍。（3）在历年担任自学考试主考学校工作中，履职情况良好。（4）每个自考专业原则上由一所全日制普通高校担任主考学校。二是调整主考专业。规定：（1）从2020年4月起，新生报考专业按照江西省自学考试主考学校及主考专业调整后的方案执行。老考生继续由原主考学校进行主考。2021年起，所有考生由调整后的主考学校开展专业主考工作。（2）原来是主考学校而这次没有列入担任主考任务的高校，从2020年4月起，不再开展相关专业新生主考工作，但应继续完成相关专业老考生主考任务。同时，可以根据社会需求和学校情况，按照《江西省自学考试专业设置工作实施方案（试行）》规定，申请开设新的自学考试主考专业。

根据新规定，南昌航空大学只保留了机械设计制造及其自动化和动画两个本科专业。

为进一步做好学校自学考试主考专业考试计划调整工作，2022年2月24日，继续教育学院组织召开机械设计制造及其自动化、动画两个主考专业的研讨会，副校长周世健出席，继续教育学院、航空制造工程学院、艺术与设计学院相关负责人和部分专业教师参加。会上介绍了新时代高等学历继续教育改革、高等教育自学考试社会助学的政策走向，江西省自学考试专业设置与管理工作研讨会精神，以及学校机械设计制造及其自动化、动画两个主考专业考试计划调整的初步方案。与会人员围绕方案中的指导思想、培养目标和基本要求、课程设置学分、实践性环节考核、教材选定等提出了修改建议，对学校自考主考专业的生源组织、与高职院校联合培养、线上线下的教学组织、数字化教材建设、自考专业建设专家联盟等运营工作机制进行了探讨。

周世健副校长对主考专业建设提出了三点意见：一是深刻领会和把握自考政策。高等教育自学考试是我国高等教育基本制度之一，是对社会自学者进行的以学历考试为主的高等教育国家考试，是个人自学、社会助学、国家考试相结合的高等教育形式，也是我国高等教育体系的重要组成部分。高等学历继续教育、自考助学正在进行改革，把握政策走向是做好主考专业考试计划调整的基础。二是实事求是把握质量。针对机械设计制造及其自动化、动画这两个主考专业，要结合考试的性质、考生的特点，制定符合实际的人才培养方案，体现立德树人之根本、课程思政新要求，体现适用性和可操作性，以有利于考生的知识增长、能力提升和社会贡献度加大。三是抢抓机遇谋划发展。学校多年来重视自学考试工作，曾经在全日制自考助学、自考综合改革取得了较好成绩，在业界享有较好的声誉，被评为全国示范学习服务中心。我们要善于总结，分析当前形势，提出建设性的发展方案，发挥继续教育学院的管理服务优势和专业学院的人才培养优势，双方共同研讨、共同谋划，助力江西自考事业发展。

第九章

非学历教育的发展

经济的腾飞离不开千百万能工巧匠，社会的进步离不开数以亿计的高素质劳动者。培训教育是继续教育学院成立后的三大任务之一。学校2006年修订的《成人高等教育学院"十一五"发展规划》指出：实施多条腿走路，多元化发展成人高等教育。做大做强成人高等学历教育；大力发展自学考试助学教育；积极开展各种形式培训教育，实现我校成人高等教育的经济效益和社会效益的双丰收。[1]《学校2013年工作要点》提出"优化继续教育的结构布局，调整继续教育的办学方向，以开展非学历教育为重心，加大承接校外培训的力度"。[2]通过多年的尝试和努力，学校获评多个省级和国家级平台：国家级专业技术人员继续教育基地、全国优秀成人继续教育院校（培训机构）、江西省退役军人创新创业培训承训机构、人社部数字技术工程师培育项目培训机构。这些优质平台为继续教育学院开展校企合作办学和岗位培训创造了条件，非学历教育取得较大发展，获得较大成绩。

一、继续教育平台建设

学院在狠抓学历教育内涵发展的基础上，积极开辟新的发展赛道，夯实非学历教育培训基础。积极申报获取各级各类资质、平台、基地，充分发挥基地的赋能作用，不断拓宽培训服务面向，提升培训服务水平。

获得全国"2018年优秀成人继续教育院校（培训机构）"称号。党的十九

---

[1] 《关于印发〈南昌航院成人高等教育学院"十一五"发展规划〉的通知》（成字［2006］第15号），南昌航空大学继续教育学院档案，2006-5-30。

[2] 《南昌航空大学年鉴：2013》，南昌航空大学档案馆2014年12月内部编印，第23页。

大提出的"办好继续教育，加快建设学习型社会，大力提高国民素质"新要求。教育部从2017年开始在全国全民终身学习活动周期间开展全国"优秀成人继续教育院校（培训机构）"评选工作，当年全国共有13所本科院校继续教育学院获评。2018年8月，教育部办公厅、江西省教育厅分别下发文件通知，开展2018年全国及江西省"优秀成人继续教育院校（培训机构）"评选活动。学校继续教育学院认真准备，按时提交总结文字稿、照片、视频等申报材料，经省教育厅、省社区教育指导中心专家小组评审、公示、认定，学校和南昌大学、华东交通大学、江西农业大学、江西中医药大学、东华理工大学、九江学院、井冈山大学、豫章师范学院等9所本科院校继续教育学院获评2018年江西省"优秀成人继续教育院校（培训机构）"，并推荐昌航参加全国评审。经全国全民终身学习专家小组评审、公示、认定，报全国全民终身学习活动周工作小组同意，昌航和南开大学、吉林大学、西安电子科技大学、河海大学等11所本科院校继续教育学院荣获全国"2018年优秀成人继续教育院校（培训机构）"称号，并在教育部官网进行宣传展示。2018年10月25日，由中国成人教育协会颁发荣誉证书。2018年11月27日，2018年江西省全民终身学习活动周总开幕式在南昌举办。江西省副省长孙菊生出席并宣布活动周开幕，省教育工委书记、省教育厅厅长叶仁荪出席并讲话，省科技厅、省民政厅、省财政厅、省人社厅、团省委等部门和南昌市政府、新余市政府相关人员参加。开幕式上表彰了2018年全国及江西省"优秀成人继续教育院校（培训机构）"，我校继续教育学院喜获全国"优秀成人继续教育院校（培训机构）"称号。

获批设立国家级专业技术人员继续教育基地。根据国家人力资源和社会保障部2022年4月14日发布的申报第十一批国家级专业技术人员继续教育基地的通知要求，学校由继续教育学院牵头，在人事处、航空制造工程学院等单位的大力协助下，经组织申报、江西省人社厅推荐、专家评审、人社部审批等环节。2022年7月，人社部以"人社厅函〔2022〕115号"《人力资源和社会保障部办公厅关于设立第十一批国家级专业技术人员继续教育基地有关事项的通知》，决定在南昌航空大学设立第十一批国家级专业技术人员继续教育基地。这一批，全国共30家单位获批。国家级专业技术人员继续教育基地是由各省（自治区、直辖市）人力资源社会保障部门推荐、经人力资源社会保障部认定，以对专业技术人才进行知识更新、拓展知识结构、提高综合素质和创新能力为基本内容开展教育培训的机构，是国家培养培训高层次、急需紧缺和骨干专业技术人才的服务平台，是实施专业技术人才知识更新工程的重要抓手。昌航此次升级为国家级专业技术人员继续教育基地，将有力助推学校进一步发挥自身在继续教育领域的优势，在培养急需紧缺专业技术人才、提升专业技术人才能力素质、促进专业技术人才队伍建设等方面发挥重要示范引领作用。基地将按照《专业技术人才知识更新工程实施方案》和《国家级专业技术人员继续教育基地办法》的要求进行建设，依托学校的学科专业优势和特色，发挥市场机制的作用，坚持社会效益与经济效益相统一，统筹学历教育与非学历教育协调发展，以党建引领、职继融通、校企合作为路径，形成特色化、数字化、职业化、体系化的发展目标，在航空与红色文化、企业人才素质提升、助力乡村振兴、数字教育转型、职业教育发展等五大领域打造分层分类培训格局和特色，助力"六个江西"建设和航空产业发展。

获批江西省退役军人创新创业培训承训机构。根据江西省退役军人事务厅《关于开展退役军人就业创业培训承训机构申报工作的通知》（赣退役军人办字〔2022〕15号）精神，2022年，继续教育学院牵头，依托航空制造工程学院等专业学院的学科专业优势，积极组织申报了焊接和数控技术、模具设计、航空服务、计算机、电子商务等专业的职业教育与技能培训。根据属地管理原则，经过南昌市退役军人事务局组织申报、材料清点、初步筛查、专家评审、实地考察、专业核对、公示等环节，并报江西省退役军人事务厅审核。2022年7月，学校成功获批退役军人创新创业培训承训机构，并于2022年9月初开始组织宣传和招生工作。此项目由政府出资，面向退役军人开展职业教育和技能培训，时间一般为3—5个月，分为理论培训和实习实践两个阶段，以期提升退役军人的创新创业能力。

入选人社部数字技术工程师培育项目培训机构。根据《专业技术人才知识更新工程实施方案》（人社部发〔2021〕73号）和《数字技术工程师培育项目实施办法》（人社厅发〔2021〕71号），2023年，继续教育学院与航空制造工程学院相互配合，依托专业学院的师资和实训设施，积极组织各项申报材料，经人社部门推荐、专家评议等程序，人社部遴选确认了江西省第二批数字技术工程师培育项目培训机构入围名单并予以公示，学校成功入选智能制造领域数字技术工程师培育项目培训机构，这是学校2022年成功获批国家级专业技术人员继续教育基地以来，又一重要的培训项目平台，将会为学校继续教育发展提供良好机会。数字技术工程师培育项目紧贴数字经济发展对数字技术人才的需求，围绕人工智能、物联网、大数据、云计算、数字化管理、智能制造、工业互联网、虚拟现实、区块链、集成电路等数字技术工程应用领域，培育一批有良好科学素养、精于实操应用、能够解决复杂问题的高水平数字技术工程师。2024年1月8日，江西省人力资源和社会保障厅印发《江西省数字技术工程师培育项目实施方案》，决定组织实施江西省数字技术工程师培育项目，将南昌航空大学列入江西省数字技术工程师培育项目培训机构，培育项目是智能制造。江西省数字技术工程师培育项目的目标任务是：到2030年，围绕人工智能、物联网、大数据、云计算、数字化管理、智能制造、虚拟现实、区块链等职业方向，重点服务江西省"1269"行动计划12条重点产业链和6个先进制造业集群，培养培训10000名左右具备良好科学素养、精于实操运用、能够解决复杂问题的高水平数字技术工程师，为江西省加快数字经济发展、构建现代化产业体系提供强有力的人才支撑。培训工作由纳入人力资源社会保障部培训机构目录的江西省相关培训机构负责。昌航入选人社部数字技术工程师培育项目培训机构，将为学校在该项目培训中提供广阔前景。

此外，2023年，与萍乡开放大学的龚全珍师德教育学院签订合作协议，共同打造教师师德培训的平台；与煤炭科学总院应急管理研究院初步达成了设立江西应急技术服务人员培训基地；与浙大城市学院继续教育学院达成了帮扶与深度合作的共识。

二、校企合作项目

职业教育按照教育部职业教育与继续教育工作总体要求：完善职业教育和培训体系，深化产教融合、校企合作，办好继续教育。学院紧贴国家职业教育发展战略需求，依托学校各专业学院优势，通过与中职、高职院校合作办学融合发展，开办航空特色和社会新兴专业方向班，推进"培训＋学历"职业教育。2014年校企合作在校学生700余人，2021年有学生1068人。

学院在开拓生源渠道的基础上，注重服务航空产业发展，通过市场调研和充分论证，从经济实力、技术实力以及服务和信誉保证等几方面综合考评，精心挑选诚信度与知名度较高的公司和单位开展培训合作，合作单位2017年4家、2018年16家、2019年27家、2020年11家、2021年18家，之后逐步走向规范化。

学院在稳定合作项目的基础上，注重贴合学校特色开办培训，如："国防教育＋"培训、"军工文化＋"培训、空中乘务培训、飞行员选拔培训、AOPA无人机培训，依托学校行业资源优势，打造特色培训。

学院充分发挥南昌航空大学优质教育资源，为企业解决紧缺适用型人才，更好地为地方经济服务。2018年，经南昌航空大学授权继续教育学院与明德、传习、博航、学联、洲际、宇瑶等6家职业培训特色明显的企业强强联手，合作开展订单式人才培养计划，旨在打造适合企业人力资源发展需要的新的人才培养模式。

2020年8月，教育部、江西省人民政府正式发布了《教育部江西省人民政府关于整省推进职业教育综合改革提质创优的意见》（赣府发〔2020〕16号），提出"支持有条件的普通本科高校继续教育学院举办本科层次职业教育"，并要求围绕以"航空"为首的重点发展产业，扩大人才培养规模，增强技术支撑能力，服务重大发展战略。经继续教育学院党政联席会讨论同意，紧贴国家职业教育发展战略需求，依托学校各专业学院优势，大力推进"培训＋学历"职业教育，通过与中职、高职合作办学融合发展，2020年在学校上海路校区开展校企合作职业技能及学历教育（见一览表），开办航空服务、无人机、智慧装备、人工智能、虚拟技术等专业方向，招生861人。

附：南昌航空大学继续教育学院校企合作职业技能教育等一览表

表9-1 南昌航空大学继续教育学院校企合作职业技能教育等一览表

序号	学部名称	办公地点	培养方向
1	物联网技术与应用学部	11大楼202	智能物联网+5G通信技术与应用、互联网+计算机与电子商务应用、智能金融+财务与会计电算化
2	互联网软件学部	11大楼204/408	UI设计、VR虚拟现实、WEB前端开发、网络安全大数据云计算
3	轨道交通与科学技术学部	11大楼203/403	轨道交通（含交通运输）、网络与新媒体、计算机应用及编程（Python）
4	航空服务艺术与管理学部	11大楼201、7大楼4楼	（空中乘务、航空内勤票务、机场安检、机场地勤内勤及机场vip接待）、互联网金融、海乘
5	计算机科学与管理学部	11大楼101、102	安防安保消防员城际运营管理公路方向，计算机（软件工程开发、高考班）方向，幼儿师范、新能源
6	无人机培训部	6大楼316	无人机驾驶员执照培训
7	研学培训中心	7大楼7401、7402	警务安防、研学、航空票务员
8	网络教育学习中心（西南科大+科培）	6大楼320	远程教育学习
9	自学考试理论助学培训部	11大楼307	自考助学

学院参照学校学生管理规章制度，制订职业教育管理细则，加强制度建设，实施每周例会制度、每日值班制度，规范管理，加强学生安全教育和管理。为加强职教班学生宿舍日常管理，增强"管理育人，服务育人"意识，营造良好的生活环境，遵循合作协议"谁主办谁负责"原则，检查督导学生自觉遵守学校宿舍管理制度和安全管理制度，结合继教学院实际情况，2018年11月8日，制订了《校企合作班辅导员（班主任）值班巡查工作制度》，要求辅导员（班主任）认真落实值班巡查工作制度和工作纪律，必须做到每天含周末和节假日值班巡查宿舍，每天晚上熄灯时间前必须值班巡查。2018年还制订了《职教班学生日常管理暂行规定》《职教班学生纪律处分管理暂行规

定》《职教班学生奖励评比暂行办法》《职教班学生素质测评方案》。2019年制定了《关于教室使用的管理规定》《关于多媒体教室的使用规定》《学生宿舍管理的暂行规定》《关于进一步加强学生宿舍安全管理的规定》。为规范校企合作办学管理工作，禁止校企合作单位存在管理不严、招生宣传不实、争生源、变相招生和收费等现象，2019年7月6日，学院颁发《关于加强我院校企合作办学管理有关工作的通知》，确保继教学院校企合作办学的顺利健康进行。学院加强了监督管理，定期加强对各校企合作单位情况进行检查，接受各方监督举报。对检查或举报中发现的问题，学院组织核实，并对出现问题的校企合作单位提出整改意见，对规定期限整改不到位或出现严重问题的校企合作单位，将停止合作，并依据校企合作协议追究相关责任。通过建章立制和扎实执行，也确保了学生学习、生活安全、有序，特别在三年疫情期间，保证疫情防控常态化，改善优化学生生活、学习条件，维护上海路校区校园环境和平安稳定。

三、网络教育合作项目

20世纪80、90年代，计算机技术、网络技术等信息技术飞速发展，在教育领域也得到广泛应用，带来了教育的全新发展模式和改革，这使得我国远距离教育由单向非实时的函授和广播电视教育，向以计算机网络技术为基础的双向实时现代远程教育过渡。1996年前后，我国部分大学，如清华大学、湖南大学、浙江大学、南京大学、哈尔滨工业大学等先后开始了现代远程教育的研究和实验工作，并初步提出了实施现代远程教育的基本构想和发展框架。为适应现代远程教育发展的需求，1998年6月5日，教育部报请国务院批转《关于发展我国现代远程教育的意见》（教电〔1998〕1号），提出积极推动现代远程教育发展的必要性和紧迫性，7月10日，时任国务院副总理的李岚清批示：应将现代远程教育作为一项重大工程来研究实施。1999年1月13日，国务院批转教育部《面向21世纪教育振兴计划》（国发〔1999〕4号），提出实施"现代远程教育工程"，形成开放式教育网络，构建终身学习体系。指出"现代远程教育是随着现代信息技术发展而产生的一种新型教育方式。它是构筑知识经济时代人们终身学习体系的主要手段。充分利用信息技术，在原有远程教育的基础上，实施'现代远程教育工程'，可以有效地发挥现有各种教育资源的优势，符合世界科技教育发展的潮流，是在我国资源短缺的条件下办好大教育的战略措施，要作为重要的基础设施加大建设力度"。1999年3月25日，教育部印发《关于启动现代远程教育第一批普通高校试点工作的几点意见》（教电〔1999〕1号），提出试点的目的、任务、条件、试点学校及任务的审批、政策、试点工作的检查评估等。1999年3月29日，教育部办公厅批复同意清华大学、浙江大学、北京邮电大学、湖南大学4所高校提出的现代远程教育试点方案（教电厅〔1999〕1、2、3、4号）。至此，现代远程教育试点工作正式拉开了序幕。2000年一年教育部就批准了25所高校开始试点，到2002年共批准66所院校开展试点。2010年前后，教育部结束试点工作，全面开放网络教育，网络教育实现了从作为办学模式到作为教学/学习方式的转变。

南昌航空大学敏锐地抓住远程教育蓬勃发展的契机，积极拓展网络教育优质平台。在学校主要领导的亲自关怀下，2008年开始，继续教育学院整合现有资源，加大对外联络力度，积极扩大办学领域和拓展新的办学空间，与武汉汇文杰教育咨询有限公司签订协议，联合筹建江西省第一所现代远程教育学院。2009年，南昌航空大学与中国动漫集团签订了合作办学协议。8月4日，学校向教育部申请成立网络教育学院开展现代远程教育试点，培养动漫人才和其他专业人才。[①]但因政策等原因，均未成功，转向寻求合作办学。

早在2002年与西北工业大学合作，在昌航设立西北工业大学现代远程教育南昌教学中心，当年招收计算机科学与技术、信息管理与信息系统2个高中起点达本科（全脱产）专业和电子商务、信息管理与信息系统2个专科专业（业余），4个专业各60人。2013年7月，该中心正式撤销。2011年继教学院与哈尔滨工业大学签订网络教育合作协议，设立哈尔滨工业大学网络教育南昌航空大学学习中心，但规模和办学机制极为单一，2018年全面停止招生。2015年又新签订与兰州大学网络教育合作协议，增加了一所综合性大学合作

---

① 《关于申请成立网络教育学院开展现代远程教育试点的请示》，南昌航空大学档案馆电子档案，2009-JX11-12-YJ-032.008。

学校，弥补了哈工大文科、经管等综合性专业的不足，使得学院网络教育的专业更加多元化。经省教育厅批准，南昌航空大学继续教育学院与西南科技大学网络学院及南昌科培教育科技有限公司开展网络教育学历合作办学，设立西南科技大学网络教育（南昌航空大学继续教育学院学习中心），学制二年半。学生在规定的学习期限内修满教学计划要求的最低学分，即可毕业，颁发经电子注册、国家承认学历的西南科技大学网络教育毕业证书。符合西南科技大学授予网络教育学士学位的本科毕业生，经本人申请可以授予成人高等教育学士学位。2020年招收生员823人，2021年招收生员1480人。

四、非学历教育培训项目

为规范全校各项非学历教育培训活动，保证学校非学历教育工作的顺利进行，2009年底学校成立了由校长为组长的非学历教育领导小组，领导小组办公室挂靠继续教育学院。2011年6月3日修订了《南昌航空大学非学历教育管理规定》（校继教字〔2011〕79号）。在此基础上，2021年修订了《南昌航空大学举办非学历教育管理规定》（校发〔2021〕8号）。该规定所称非学历教育，是指学校在学历教育之外面向社会举办以及非公益性面向校内举办，以提升受教育者专业素质、职业技能、文化水平或者满足个人兴趣等为目标的各类培训、进修、研修、辅导等教育活动。以获得高等教育自学考试毕业证书为目的的自学考试辅导不在该规定的适用范围内。学校按照"管办分离"原则，明确归口管理部门为继续教育学院，对非学历教育实施归口管理。要求举办培训班项目的单位，填写《南昌航空大学非学历教育办班申报表》。相关管理规定进一步强化了学校非学历教育的管理和监督机制，严格执行学校非学历教育办班的审批制度，继续教育学院协助学校非学历教育领导小组完善管理举措。仅2016年，审批学校非学历培训项目18项。

学院非学历教育培训工作，坚持确保学校声誉，注重经济效益与社会效益并重的原则。总体来说，学校非学历教育工作起步晚、发展慢、无团队、无规模，在项目设计、市场推广、基础设施、项目运营等方面与其他高校相比，存在较大差距。但近年来也有一些起色。

一是稳定开展职业资格证书培训等项目。2007年成立了"江西省航帆职业技能培训中心"，开办原劳动和社会保障部国家职业资格鉴定、CAD/CAM软件培训、建筑五大员培训、教师资格认定考试及培训等多个项目。在这方面深耕多年，成为稳定发展的项目。各培训考试项目的组织和管理日益规范，受到上级主管部门和受训学员的好评。2008年，继教学院培训部和江西省航帆职业技能培训中心积极拓展培训项目，坚持提高培训质量为工作原则，先后开办了涉外秘书、电子商务师、物流管理师、理财规划师、人力资源管理师等国家职业资格证书培训班各2期，CAD/CAM软件培训2期，建筑五大员培训班2期，参加各类培训总人数超过千名。既提高了学生的专业技能又实现了应用型人才培养的目标，为提高学生就业竞争力作出了积极贡献得了良好的社会影响并初显经济效益。2010年先后独立或联合开办了多项国家职业资格证书培训、教师资格证书培训和艺术类专业考前辅导，参加各类培训总人数近500人。2011年开展了教师资格证书考前培训、艺航艺术类考前培训、专升本考前培训和航空、高铁、银行、会计、电信类服务人员订单式培训以及国家人事与社会保障部的各项职业资格证书培训，培训部建立了项目分工合作机制，进一步规范管理，按照工作流程办事，提高了工作效率，取得了一定的经济效益。2011年，领导小组审批发放办学许可通知20余份，协同纪委处理违规办学项目多起，对促进学校非学历教育培训事业的健康、稳定发展起到了积极的作用。此外，往返政府主管部门、前湖校区，每年无偿为学生办理教师资格证书报考手续200人以上，深受学生好评。

二是逐步探索和打造特色培训。学院注重在现有稳定合作项目（如长期合作的空中乘务考前培训）的基础上逐步寻求特色发展，打造特色培训。2014年按照"对象社会化、运作市场化、内容多样化、管理项目化"的思路，在加大非学历教育培训项目的开发与运营，做好艺术类考前培训、专升本考前培训的传统培训项目的基础上，顺利引进了工信部"国家信息技术紧缺人才培养工程JAVE软件开发人才实训基地"培训项目。2016年依托学校行业资源优势，开辟新合作的AOPA无人机培训。依托江西红色文化资源和学校国防教育特色，积极开办"红色教育+""国防教育+"培训，不断完善培训体系，创新培训方式方法，提高培训质量。

三是尝试承接岗位培训等社会服务项目。继续教育学院作为全校非学历教育管理部门，努力服务全民终身学习，2017—2021年共受理培训项目76项，培训人数超5000人。比较重要的培训项目有：

2019年4月承办南宁市脱贫攻坚干部业务提升班。此次培训班由南宁市扶贫开发办公室举办，来自南宁市乡镇党政领导、扶贫办领导小组成员共46名同志参加了培训班。此次培训班上，邀请了在省内有影响力的专家学者和来自扶贫一线的第一书记进行授课，并安排了现场参观交流，让学员围绕新时期扶贫工作的矛盾、问题进行分析思考，以提高扶贫干部的政策理论水平和实际工作能力。

2019年10月14日至18日，承办南宁市领军人才项目"新兴产业发展"培训班，南宁市工业和信息化局、南宁市政府国资委组织南宁市工信局干部和企业负责人共45名同志参加了培训。除了授课，还组织到南昌八一起义纪念馆、航空企业现场学习参观。培训既包括了新兴产业发展、企业变革创新等内容，又融入了"不忘初心、牢记使命"主题教育内容，得到委托单位和学员们的充分认可和欢迎。

2021年是"十四五"开局年，学院先后为中国工商银行江西分行、中国银行江西分行（全年培训合作）、江西现代职院（骨干教师2021年集训班）等单位开展非学历培训超千人，且成功中标江西省烟草培训中心培训服务院校。同时，积极与北航江西研究院、商飞江西试飞中心、航空工业洪都、省国防科工文化联合会等单位和组织保持良好合作关系。

2022年学院克服上半年疫情影响，快速恢复非学历教育线上、线下培训服务，先后开办滨州学院航空类师资研修班、首期退役军人就业创业培训班、共青城市教体局骨干师资培训班及职业教育培训，培训人数达1080人。同时，按照学校服务"六个江西"部署，先后与吉安市、抚州市、新余市政府相关部门、院校等企事业单位洽谈，拓展校地合作，开展人才素质提升工程。

2023年，与国家发改委中宏网、省人社厅、教育厅、退役军人事务厅、应急管理厅、税务局等省直部门和航空企事业单位对接与联系，先后举办了两期退役军人技能培训班、江西青年职业学院2023年辅导员（班主任）岗前培训班、全省税务系统12366热线业务骨干培训班、全省税务系统后勤管理培训班、南昌市中小企业服务局数字化转型高级研修班、南昌市中小企业服务局服务业高质量发展研修班。

尾　篇

昌航继续教育的高质量发展

党的十八大以来，中国特色社会主义进入新时代，各个领域发生了翻天覆地的变化，我国进入了高质量发展阶段，提出了新发展理念，构建了新发展格局，在这一背景下，继续教育的高质量发展势不可挡，这也对高等继续教育提出了更高的要求和更大的挑战。为适应继续教育发展趋势，推动继续教育高质量发展，提升服务能力，2023年12月，南昌航空大学制定发布了《南昌航空大学继续教育高质量发展实施方案》，为未来几年的继续教育高质量发展谋篇布局，指明了方向。

一、我国高等继续教育的发展展望

（一）高质量发展是我国高等继续教育的行动指南

2022年10月，党的二十大报告指出："高质量发展是全面建设社会主义现代化国家的首要任务。"① 如果要对我国高等继续教育的发展展望的话，高质量发展应该是我国高等继续教育的行动指南。

高等学校继续教育承担着培养和提升人才的重要任务，是我国成人学历教育中最主要的一种。但随着我国普通高等教育的迅速发展，高等继续教育地位有逐渐被削弱的趋势，因之在发展中不可忽视地面临一系列挑战和问题，比如部分高等学校继续教育呈现出"规模扩张、质量下降"的趋势，教学水平不高；继续教育管理机构和人员力量不足，难以适应新形势下的发展需求；专业教师队伍建设滞后，尤其缺乏具有行业经验和实际操作能力的职业导向

---

① 习近平：《高举中国特色社会主义伟大旗帜，为全面建设社会主义现代化国家而团结奋斗——在中国共产党第二十次全国代表大会上的报告》，人民出版社2022年10月版，第28页。

教师；课程体系设置普遍单一，缺乏针对不同需求和层次的个性化课程，与实际的产业需求存在较大差距；教材和学习资源的开发和提供不够充分；对学员学习的评价大多仅局限于考试成绩，缺乏对学员实际能力和素质的有效的学习评价机制。种种情况表明，尽管高等学校继续教育在推动全民教育和终身学习方面发挥着重要作用，但社会对其总体认可度仍偏低。这些问题逐渐凸显，直接影响到了学员的就业和发展，也导致了一些高等学校继续教育的招生和就业面临一定的困难，因而在很大程度上阻碍了我国高等继续教育的转型发展。

但是，另一方面，强劲的社会需求又在有力地推动高等学校继续教育向前发展。随着我国经济社会的快速发展，国家战略、区域发展、产业转型、社会进步需求不断推进，现代制造业、现代服务业和乡村振兴等重点领域在知识更新和技能提升等方面对职业技能的要求不断提高，对学历教育的需求呈现出多样化、多层次的特征，同时对非学历教育的需求更加强烈。高等学校继续教育应根据社会需求调整学科领域和课程设置，提供与市场需求相匹配的培训项目和专业认证服务，为学员提供实用的职业技能和职业发展的机会。因而，在新时代背景下，非学历教育已经成为当前高等教育重要组成部分。高等学校要与时俱进，按照社会需求建立健全继续教育培养体系，持续更新继续教育的内容，拓展继续教育的领域，创新继续教育模式，提升继续教育的质量，持续提升自己在人才培养方面的核心能力和影响力。

从当前形势来看，在高等继续教育现状和社会需求双重驱动下，继续教育进入高质量发展阶段已经成为必然选择。2020年，党的十九届五中全会提出了"建设高质量教育体系"的发展目标，为我国高等继续教育发展指明了方向。此后，教育部陆续出台一系列政策，比如，2021年11月发布《普通高等学校举办非学历教育管理规定（试行）》，2021年12月发布《教育部办公厅关于加强高等学历继续教育专业设置与管理有关工作的通知》，2022年1月发布《高等教育自学考试社会助学活动管理办法（征求意见稿）》，2022年4月发布《关于严格规范高等学历继续教育校外教学点设置与管理工作的意见》，2022年7月发布《教育部关于推进新时代普通高校学历继续教育改革的实施意见》等等，进一步加大了对高等继续教育的管理力度，进一步规范高等继续教育招生专业设置、办学层次、招生规模、函授站设置等，确保"宽进严出"，力图使每一个社会成员能够享受到"公平而有质量的教育"，同时保障高等继续教育在建立学习型社会中的地位和作用。规范管理，提质增效，使我国高等继续教育逐步迈向高质量发展的新阶段是未来的趋势。

（二）非学历继续教育将成为我国高等继续教育发展的重点方向

习近平总书记指出"中国共产党人依靠学习走到今天，也必然要依靠学习走向未来"。[①]非学历继续教育是我国国民教育体系的组成部分，是全民终身教育的重要形式。随着我国进入高质量发展新阶段，非学历继续教育作为从业人员职后培训、提升专业技能水平和个人素质的主要渠道，在经济社会发展中的重要地位越来越凸显。承担非学历继续教育的培训机构主要有高等院校、社会培训机构及企业内训机构等，但就培训效果而言，高校因具有丰富的师资、较强的科研能力及实训场地，在开展非学历培训方面有着得天独厚的教学及学科优势，培训效果更大，经济效益和社会效益都能发挥重要作用。高校肩负着人才培养、科学研究、服务社会、文化传承创新等四大重要使命。非学历继续教育作为高校服务社会的一项重要任务，将越来越显重要，并且越来越具有前途。

1999年，普通高等教育的大规模扩招，招生增幅达到42%。之后，普通高等教育的扩招一直持续到现在。据教育部2024年3月1日召开新闻发布会介绍，2023年，我国高等教育毛入学率60.2%，比上年提高0.6个百分点，提前完成"十四五"规划目标。随着普通高等教育的蓬勃发展，高等学历教育的学历补偿功能逐渐弱化，因而高等非学历继续教育职业素养提升功能则日益彰显。2010年，教育部颁布《国家中长期教育改革和发展规划纲要（2010—2020年）》，提出了要"大力发展非学历继续教育"，[②]同时提出了完善非学历

---

① 《习近平谈治国理政》第三卷，外文出版社2020年6月第1版，第540页。

② 杨润勇：《国家中长期教育改革和发展规划纲要（2010—2020年）学习读本》，吉林大学出版社2010年8月版，第62页。

继续教育体系、创新非学历继续教育模式、提高非学历继续教育质量等方面的具体要求。在国家层面政策的引导推动下，到 2016 年，我国普通高校非学历继续教育结业人数已突破 900 万人，其中，进修与培训占比最大，约占总人数的 90% 以上 ①。

2002 年党的十六大报告提出"加强职业教育和培训，发展继续教育，构建终身教育体系"，"形成全民学习、终身学习的学习型社会，促进人的全面发展"，② 这是学习型社会建设首次被写入党的最高文件。党的十七大、十八大报告中也都把建设学习型社会作为一项重要任务。2017 年 10 月，党的十九大报告中明确指出，我国经济已由高速增长阶段转向高质量发展阶段，正处在转变发展方式、优化经济结构、转换增长动力的攻关期，要大力推动经济发展质量变革、效率变革、动力变革，提高全要素生产率，必须"办好继续教育，加快建设学习型社会，大力提高国民素质"。③ 党的十九大报告用了"加快"两个字，足见对建设学习型社会的重视程度。要加快建设学习型社会，高校必须在稳步发展学历教育的基础上，加快发展非学历继续教育，为学习者提供优质教育服务。2019 年 2 月中共中央、国务院印发《中国教育现代化2035》更明确地要求"强化职业学校和高等学校的继续教育与社会培训服务功能，开展多类型多形式的职工继续教育"，把高校开展非学历继续教育提高到服务国家战略、服务社会发展的重要窗口的地位。许多高校身体力行，开办了大量非学历培训班。在一些高水平大学，抢滩"高端培训"，比如企业CEO 研修班、商业领袖 EMBA 班、创新总裁高级研修班、董事长研修班、董事长决策班、总监高端班、院长实战班等等如火如荼。

非学历继续教育在学习上具有灵活性、便捷性和针对性的特征，也具有市场需求旺盛、授课时间灵活、教学内容适切性强等优势，因此高等非学历继续教育迅猛发展已成为一种趋势。但在快速发展的同时，也暴露出一系列

---

① 包华影：《高校继续教育变革与发展》，高等教育出版社 2019 年 12 月版，第62—63页。

② 江泽民：《全面建设小康社会，开创中国特色社会主义事业新局面——在中国共产党第十六次全国代表大会上的报告》，人民出版社 2017 年 11 月版，第20、40页。

③ 习近平：《决胜全面建成小康社会，夺取新时代中国特色社会主义伟大胜利——在中国共产党第十九次全国代表大会上的报告》，人民出版社 2017 年 10 月版，第46页。

问题，比如校际发展不平衡、缺乏统筹管理、教育资源匮乏、评价体系不完善、培训效果不理想等。为此，教育部进一步修订 1990 年颁布的《普通高等学校举办非学历教育管理暂行规定》，2021 年 11 月发布《普通高等学校举办非学历教育管理规定（试行）》，旨在构建高校非学历教育管理新机制。非学历继续教育发展问题已成为许多高校继续教育关注的重点。如何以提高培训质量为中心，加强培训团队建设，加强教师队伍建设，建立和完善保障机制，创新培训模式，不断拓展非学历继续教育新领域，推动高校非学历继续教育工作稳步健康发展，将成为高校抢抓机遇，精心规划和付诸行动的事情。这对一些以成人学历教育为主的高校来说，无疑是重大挑战。

（三）融合发展成为我国高等继续教育未来发展之路

探寻"三教融合"的发展道路。高校学历继续教育包含成人学历教育（包括函授、业余两种教育方式）、现代远程教育和自学考试等三大主要形式。这三种教育类别各有特点，也各有缺陷。成人学历教育很难解决成人的工学矛盾；现代远程教育放任性较高，较难保证教学质量；自学考试难度大，周期较长。这些缺陷是困扰高等继续教育高质量发展的不利因素。随着形势的发展，社会需求的增加，高校学历继续教育办学中生源质量数量下降，特别是"十四五"时期，高速发展的互联网时代对高等学历继续教育提出了新的要求，制定统一的高等继续教育政策，改变各自为政的局面，将这三者进行创新融合发展，把成人学历教育的面授优势、现代远程教育的先进技术优势、自学考试的弹性学制和严格的考试管理制度优势进行融合，逐步构建高校学历继续教育融合发展机制，才能更好地促进高校学历继续教育的发展。为此，必须加大政策的支持，对高校学历继续教育统筹规划，制定促进线上教育和线下教育、学历教育与非学历教育相融合的教育政策；加强师资队伍建设，探索构建"互联网＋教育"教学模式；加速继续教育信息化平台建设；持续开发优质课程资源，实现资源共享；优化课程设置，改革人才培养方案；完善监测评估机制，确保教育质量等。

产教融合是职业教育的基本办学模式。2017 年 10 月，党的十九大报告中明确指出，优先发展教育事业，"完善职业教育和培训体系，深化产教融合、校企合作"。① 党的二十大报告指出，"统筹职业教育、高等教育、继续教育协同创新，推进职普融通、产教融合、科教融汇，优化职业教育类型定位"，② 统筹"三教"，推进"三融"，再次明确了职业教育的发展方向。产业是经济发展增长带，产业要想获得持续发展动能，既需要数以万计的顶尖大师、领军人物攻克"卡脖子"技术问题，也需要更多的通过职业教育培养的技术技能"工匠"。2022年5月1日，新修订的《中华人民共和国职业教育法》正式实施，明确"产教融合、校企合作"是职业教育的基本制度和办学模式，鼓励学校重视和加强校企合作。加强校企合作，下好"先手棋"，统筹职业教育、高等教育、继续教育协同创新，满足"工匠"学历继续教育的再需求，培养更多更高层次的产业升级和产业创新的高素质技术技能人才，这是推动职业教育高质量发展的必由之路。

二、南昌航空大学继续教育高质量发展的探索

继续教育是学校教育事业的重要组成部分，是构建服务全民终身学习教育体系的重要内容。为深入学习贯彻习近平总书记考察江西重要讲话精神，聚焦"走在前、勇争先、善作为"的目标要求，推动继续教育高质量发展，提升服务能力，根据教育部《关于推进新时代普通高等学校学历继续教育改革的实施意见》《普通高等学校举办非学历教育管理规定（试行）》等文件精神，结合学校实际，2023年12月，制定发布《南昌航空大学继续教育高质量发展实施方案》。

（一）确定了继续教育高质量发展的指导思想、目标步骤和总体思路

《实施方案》确定了继续教育高质量发展的指导思想，即是：以习近平新时代中国特色社会主义思想为指导，把握新发展阶段，贯彻新发展理念，全面贯彻党的教育方针，加强党的领导，坚持社会主义办学方向，落实立德树人根本任务。遵循继续教育发展规律，适应在职学习特点，坚持规范与发展

---

① 习近平:《决胜全面建成小康社会，夺取新时代中国特色社会主义伟大胜利——在中国共产党第十九次全国代表大会上的报告》，人民出版社2017年10月版，第46页。

② 习近平:《高举中国特色社会主义伟大旗帜，为全面建设社会主义现代化国家而团结奋斗——在中国共产党第二十次全国代表大会上的报告》，人民出版社2022年10月版，第34页。

并重，加强内涵建设，强化公益属性，发挥市场机制作用，为主动服务国家航空国防战略需求，地方经济社会发展和服务全民终身学习作出更大贡献，为推动学习型社会和学习型大国建设提供支撑。

《实施方案》确定了继续教育高质量发展的目标和步骤，即是：建立健全与学校发展相匹配的职业与继续教育办学体系、培训体系、标准体系、管理体系、评价体系、服务体系，形成办学结构合理、办学行为规范、质量标准完善、监管措施有效、保障机制健全的新格局。"外学先进调整结构、内提质量打造品牌"，通过基础建设、能力提升、品牌创建等三阶段，努力实现跟跑、并跑到领跑，打造省内继续教育的高地。高等学历继续教育在招生规模和办学条件允许的情况下，每年招生1万人左右，累计总规模达到3万人，并形成专本硕一体化的人才培养体系；非学历教育培训依托江西地域优势与学科特色融合，整合校内外资源，实现从0到1的突破。

《实施方案》确定了继续教育高质量发展的总体思路，即是：坚持目标导向，总体发展思路概括为"12345"工程，即一条主线、两支队伍、三个统筹、四条路径和五大计划：一是贯彻落实党的二十大精神，以立德树人为根本任务，全力推进继续教育高质量发展为主线；二是调动编内和编外两支队伍的积极性；三是统筹社会效益与经济效益、统筹学历与非学历、统筹发展和稳定；四是构筑组织变革、业务重组、流程再造、激励约束四条路径；五是实施业务融合发展计划、数字化资源建设计划、内部治理提质增效计划、硬件设施改造计划、胜任力素质提升计划等五大计划，在规范化管理、市场化运营、体系化办学、数字化转型、特色化发展、国际化趋势上下功夫，朝着有规模、有质量、有特色、有情怀的继续教育而努力。

（二）确定了继续教育高质量发展的15条举措

1. 调整机构职能，实现管办分离。为响应党的二十大"统筹职业教育、高等教育、继续教育协同创新"的新要求，将"继续教育学院"更名为"职业与继续教育学院"。职业与继续教育业务主要包含高等学历继续教育、自学考试、同等学力项目、辅修学位、职业资格培训与考试考证、非学历短期培训。学校成立职业与继续教育工作领导小组，由分管职业与继续教育工作的校领导担任组长，成员由发展规划处、人事处、计划财务处、国资处、后勤管理处、昌航资产经营管理公司等相关部门、各学院、工程训练中心负责人组成，下设办公室，挂靠职业与继续教育学院。学校继续教育管理职能统一归口到职业与继续教育学院，代表学校对全校继续教育项目的实施进行全面的审批、统筹和协调；各专业学院为学校继续教育的办学主体，将继续教育工作纳入学院发展与规划。

2. 优化结构布局，稳步发展学历继续教育。全面落实关于高等学历继续教育专业设置管理、校外教学点管理、教材管理、招生广告发布管理等方面的政策文件。加强学生的思想政治教育、规范教学组织实施、加强师资队伍建设，推进教学改革，不断提升人才培养质量。突出航空特色和工科优势，优化校外教学点布局，积极开拓学历继续教育市场。

3. 开辟新的发展赛道，夯实非学历教育培训基础。积极申报获取各级各类资质、平台、基地，充分发挥基地的赋能作用，不断拓宽培训服务面向，提升培训服务水平。充分利用现有的国家级专业技术人员继续教育基地、全国优秀成人继续教育院校（培训机构）、江西省退役军人创新创业培训承训机构、人社部数字技术工程师培育项目培训机构，依托学校专业（群）建设，产教融合、校企合作共建培训中心（基地），力争获得上级部门支持产教融合实训基地建设。突出航空特色，发挥各方优势，融入江西的产业链现代化"1269"行动计划，与国家发改委中宏网、省人社厅、教育厅、工信厅、生态环保厅、应急管理厅、税务局、乡村振兴局等省直部门和航空企事业单位对接与联系，开发专业技术人员培训、教师培训、党政干部培训、企业培训、航空文化科技研学等项目产品体系，面向行业企业开展岗前适应性培训、专项能力培训、技术技能提升培训、就业创业培训等各级各类职业技能培训项目，重点打造无人机、数字技术工程师、工业机器人、航空服务等特色项目。

4. 深入总结经验，力争重启自学考试助学。总结过去学校在自考脱产助学与综合改革的经验，将学校现有机械设计制造及其自动化、动画两个主考专业与高职高专院校合作、有效衔接，探索线上线下相结合的自考助学模式、激发学院参与自考课程建设、打造高通过率课程等发展自学考试工作。

5. 调整运行模式，做大做强同等学力申硕项目。采用"三统一分"运行管理模式，实现同等学力申硕项目统一招生管理、统一财务管理、统一学员管理，分专业教学的模式。优化调整项目职责分工，继续教育学院负责项目的统一营运和市场开发、生源组织及公共基础课、信息化平台开发和管理；研究生院负责业务指导和监督；专业学院负责专业课程方案设计、教学组织及论文指导答辩等培养过程。

6. 适应发展新形势，适度开展继续教育的国际合作。利用现有上海路校区的教学场地和宿舍等资源，开展计划外的"2+2"或"3+1"等国际教育合作项目，推进继续教育国际化。

7. 共享校本资源，充实课程资源和师资库建设。打通职业与继续教育共享本科生课程建设、实验实训等资源的共享渠道。鼓励本校教师参与继续教育工作，学位论文由各专业学院教师担任指导并符合教育部抽检要求。广泛征集专业学院教师开发适应成人特点的自有课程和专题讲座。

8. 加强信息化平台建设，推进继续教育数字化转型。开展校企合作，与江西赣教云科技公司共建继续教育基地，开发"江西继续教育在线"数字一体化管理平台，服务于学校高等学历教育、非学历教育、自学考试以及同等学力申硕项目。成立学院主办、公司运维的全民终身学习公共服务平台，面向全国各级各类机关企事业单位与社团组织，广泛开展网络培训平台建设与运营合作，设立江西学习中心，推动"互联网 + 教育培训"领域发展。

9. 整合校内外资源，构建继续教育共同体。在校内，坚持管办分离，发挥专业学院的学科特色优势和师资优势，调动专业学院和教师参与的积极性。在校外，与浙大城市学院继续教育学院、各个地方的干部学院合作，尤其是挖掘"中央教育干部学校"的历史价值，争取国家教育行政学院的支持，在红色教育方面建立江西基地，在革命老区高质量发展高地中形成分段式培训格局的继续教育共同体。

10. 提升内部治理效能，构建有效的激励机制。制定职业与继续教育学院新的"三定"方案，增设基地管理办公室业务机构，学院岗位分为管理服务型和市场开拓型两类，进行分类管理和分类考核。保障和激励相结合，形成内部一致性和外部竞争性的差异化薪酬战略体系，对市场开拓型岗位实行项目工资体系。

11. 建立继续教育表彰奖励制度，调动校内外单位合作办学的积极性。设立学校高等学历继续教育优秀校外合作单位、继续教育先进工作者、项目引入奖等奖项。优秀校外合作单位奖励由当年新生报到缴费注册人数确定奖励比例，并与合作单位学费返款同步划拨。

12. 优化干部队伍，创新用人机制。根据新的目标任务要求，学校组织和人事部门重新核定职业与继续教育学院的干部职数和编制数。配齐配优学院班子成员，调整充实科级干部。编制内职工控制在12人之内，适度在校内交流换岗和公开招聘硕士毕业生；编制外人员根据业务发展需要自主聘任与管理，通过自建和引入团队的方式，"不为我有、但为我用"，形成专兼结合业务团队。专业学院明确领导班子成员分管继续教育、指派专人负责对接继续教育工作。通过结构化研讨、行动学习法等方式加强培训，提升业务能力和水平。

13. 创新改进教育教学方式方法，提升教育培训针对性和有效性。根据成人学习特点和教育培训内容要求，不断创新改进培训方式方法，开展研讨式、案例式、模拟式、体验式等方法运用的示范培训，探索运用访谈教学、论坛教学、行动学习、翻转课堂等方法，不断增强培养的针对性和有效性。

14. 开展继续教育理论研究，引领未来发展。依托学校人力资源开发与服务中心平台，围绕继续教育热点难点积极开展理论研究与引领性实践，开发有针对性和实效性的培训项目与课程，开展"学校、基地、企业"三位一体继续教育人才培养培训模式的教学改革课题研究，总结继续教育改革成果、发展成就和先进典型，凝练申报教学成果奖，加大宣传力度，树立继教品牌。

15. 坚持规范管理，营造继续教育高质量发展的良好生态。规范合作办学，加强校外教学点过程监管和风险防范。建立覆盖非学历教育立项、研发、招生、收费、教学、评价、发证等各环节的质量管理体系，实现办学过程受监控、可追溯。

此外，《实施方案》还确定了推动继续教育高质量发展的条件保障。一是加强党的领导。坚持学校党委对继续教育的全面领导，继续教育工作纳入学校党委、行政议事议程，制定继续教育发展规划，纳入学校整体发展规划和大学章程，为继续教育改革发展提供坚强的政治保证和组织保证。二是财务经费支持。三是资源供给支持。学校对继续教育给予政策、经费、场地、人员、资源等方面的支持，加大投入，优化教育资源配置。

　　《实施方案》是指导和推进学校未来几年继续教育事业转型发展的纲领性文件，在这一纲领指导下，相信南昌航空大学的继续教育事业一定会取得高质量发展，成为培养社会人才、服务经济社会建设发展的重要力量。

大事记

1978年3月初，师资培训班开学上课。分甲班、乙班，共75人。

1979年12月25日，成立南昌航空工业学院职工教育委员会。

1980年4月16日至6月26日，举办航空系统电磁涡流检测短训班，共有正式学员29名，旁听学员5名，来自全国20多个单位。

1980年，在人事处下设广播电视大学办公室，与培训科合署办公。

1980年9月，首次开办了电视大学无线电电子技术专业教学班。招收学员13人（后又从外单位电大转来3人）。

1980年12月28日，第三机械工业部同意学校举办夜大学的请示，夜大学名称为"南昌航空工业学院夜大学"。

1981年3月，首届夜大学学员正式开学上课。首届夜大学实际录取学员66名，其中工科班（机械加工专业）24名，文科班（汉语言文学专业）42名。

1981年7月2日，学校主管教学的副院长张桢兼任夜大学校长，教务处处长张功煊、人事处副处长吕全录兼任夜大学副校长。

1981年10月16日，将教务处师资培训科和人事处职工教育科合并为职工教育科，归人事处领导。原人事处下设电大、夜大办公室归教务处领导。

1982年4月，下发《关于调整学院部分机构的通知》，将电大、夜大办公室归人事处领导。

1982年11月10日，由学校和厦门第二电子仪器厂共同主办的"涡流检测级Ⅱ级人员培训班"在厦门第二电子仪器厂开班，为期一个月，招收名额60名。

1983年1月24日，教育部以"（83）教成字002号"《关于公布普通高等学校举办的函授部和夜大学名单的通知》公布100多所学校举办函授部、夜大学名单，"南昌航空工业学院夜大学（本科）"在名单之中。

1983年8月，学校开办了电大工业企业经营管理教学班，共有学员11人。1984年，又增加1名。

1983年9月，受航空工业部委托，学校举办首期出国留学预备人员法语培训班，此后根据上级要求，举办多期培训班，并逐渐成为航空航天工业部出国留学人员法语培训中心。

1983年12月，学校开展机构改革工作，人事处原职工教育科改名为培训科，统一管理夜大电大、师资培训、出国进修、实验员培训、自学考试、文化补习和工人技术培训、考核等工作。夜大电大的教学计划和师资配备由教务科研处教学研究科负责。

1984年3月，学校设立师范部，为航空工业部所属企业子弟学校（即部属单位附属学校）培养中学师资，设数学、物理、化学、英语4个专业，从1984年开始招生。

1985年12月，首届（1981级）夜大学员毕业，58名学员先后拿到本科毕业证书。

1986年1月13日，学校下发《关于增设部分机构的通知》，成立夜大学（处级建制）。

1987年2月2日，国家教育委员会以"（57）教高三字001号"《关于批准普通高等学校举办函授教育、夜大学的通知》，"南昌航空工业学院（函授本、专科）"在国家教育委员会第六次批准的国务院有关部委，有关省、自治区、直辖市及计划单列市所属普通高等学校举办函授教育、夜大学的名单之中。

1987年2月24日，学校下发《关于机构设置的通知》，设立学院函授部。函授部与夜大学两块牌子，一套班子。设立夜大学办公室（科级建制）。

1987年3月17日，学校下发《关于成人教育归口管理的决定》，将成人教学班级的教学管理和学生思想政治教育归口给相关系（部）管理。

1987年12月5日至8日，航空工业部部属院校夜大学"机械工程与电子控制"专业（本科）教学讨论会在南昌召开。

1988年1月1日，学校下发《关于理顺成人教育管理机构的通知》，决定成立成人教育处。成人教育处负责夜大学、函授部、干部专修科等成人教育的业务和日常管理工作。

1988年4月26日，学校下发《关于夜大学本科学生授予学士学位的规定（试行）》，当年首次对夜大1988届机械制造与电子控制专业本科毕业生试行了学位授予工作，授予工学学士学位15人，占毕业生数的68.2%。

1989年2月，第一期无损检测专业《专业证书》培训班86名学员入校学习，1990年1月上旬结业。

1990年2月12日，第二期无损检测专业《专业证书》培训班54名学员入校学习，1991年1月结业。

1990年12月11日，全省普通高校成人教育协作研究年会在昌航召开。

1991年11月7日至11月9日，航空航天工业部教育司组织的航空院校成人教育治理整顿工作检查验收组一行6人，对学校成人教育治理整顿工作进行了验收，认为可以通过验收。

1992年4月3日，学校召开第三次党代会，提出八五期间计划目标，成人教育在册学生控制在700人左右。

1993年，根据国家教委关于"招工招生结合"学历教育班的规定，从参加普通高考的考生中择优录取部分学生，分别进入财务会计、电气技术、金属材料热加工、机械制造与电子控制专业大专班学习。

1993年2月23日，国家教委以"教成厅〔1993〕1号"《关于公布一九九三年度普通高等学校举办函授专科和夜大学本专科教育备案名单的通知》公布和备案，公布内容为："（学校名称）南昌航空学院，（办学形式）夜大学，（层次）专科，（批准文号）教字（1992）143号。"

1993年6月5日，学校下发《南昌航院关于1992—1993学年成人教育教学质量检评的通知》，对理论力学、机械设计、普通物理、高等数学、有机化学等5门课程进行教学质量检评。

1994年1月29日，学校下发《关于成立"昌航机械工业总公司"筹备小组等机构的通知》，撤销成人教育处，成立南昌航空工业学院成人高等教育学院。

1994年3月21日，中国航空工业总公司教育局批复："来文收悉。经研究，同意你院成立南昌航空工业学院成人高等教育学院。"

1995年成人高等学历教育在册人数首次突破2000人大关，达到2175人，其中函授本专科1044人，夜大本专科295人，成人脱产班836人（含校本部410人），另外还有非学历教育班56人。

1995年9月，成教学院开始运行普通高等学校函授、夜大学计算机管理系统。

1996年1月15日，学校下发《关于成立成人教学管理部的通知》，内称：经1996年1月12日党委会研究决定，成立成人教学管理部（教学业务机构），隶属成人高等教育学院。

1997年5月7日，江西省人事厅以"赣人字（1997）159号"下发《关于公布第一批江西省继续教育培训基地的通知》，昌航成为20个"第一批江西省继续教育培训基地"之一。

1998年4月20日，江西省教委同意南昌航空工业学院举办自考助学班。

1999年在校学生总数为2528人，实现了五届四次教代会上提出的"成人学历教育规模达到2500人左右"的目标。

2000年5月7日第六次院长办公会研究决定，自2000—2001学年第一学期开学开始，成人高等教育学生日常教育管理从全日制学生中单列出来，由成人高等教育学院集中管理。

2000年5月8日，学校召开第五次党员代表大会，提出未来5年"成人高等教育在册生达到3000人以上"。

2001年，成人函授、夜大学、成人脱产班等学历教育招生比上年增长14.7%，在校学生数首次突破3000人，达到3153人。

2001年开始应用考生电子档案，实行网上录取。

2002年度党代会提出：成教学院要在积极发展以继续教育和岗位培训为主的非学历教育方面迈出步伐，并加强对全院继续教育的归口管理。

2002年与西北工业大学合作，设立西北工业大学现代远程教育南昌教学中心。

2003年9月30日，江西省自学考试委员会以"赣考委字〔2003〕08号"下发《关于对南昌航空工业学院等三所学校申报高等教育自学考试主考学校请示的批复》，同意学校为"高等教育自学考试主考学校"。

2003年上半年，突然发生"非典"，全国成人高校招生考试时间推迟至

11月进行。从2004年起全国成人高校招生考试时间基本实行"秋季考试，第二年春季入学"。

2004年5月，学院派出评估检查组对部分函授站进行检查评估。

2005年起实行网上报名、现场确认方式。

2006年9月29日，经学校五届一百零二次党委会研究决定：成教学院自学考试办公室与成教学院办公室分离，独立设置，科级建制。

2007年3月21日，经学校五届一百零七次党委会研究决定，成人高等教育学院更名为继续教育学院。

2007年4月6日上午8：30，学校在上海路校区校门口举行揭牌仪式，庆祝成人高等教育学院成功更名为继续教育学院。

2007年，"江西省航帆职业技能培训中心"启动。

2007年，校运会中，取得团体总分第二名的好成绩。

2007年，在学校的大力支持下，学院从发展基金中拨出专款对现有办公楼进行了全面改造和维修。

2008年，继教学院独立设置了团委。

2008年8月，教育部颁发《关于下达2008年全国成人高等教育招生计划的通知》，全面停止普通高等院校举办成人高等学历教育全日制脱产班。

2009年上半年制定了《南昌航空大学继续教育学院岗位设置与定员方案》，8月顺利完成了所有岗位的竞聘。

2009年12月，荣获江西省自学考试开考二十五周年优秀主考学校、自学考试教材供应先进单位等荣誉称号。

2010年，获评南昌市2010年自学考试优秀考点，多人获得南昌市自学考试优秀监考员殊荣。

2011年6月，和江西科技学院同时获批江西省首批省级高等教育自学考试学习服务中心。

2011年，开通成人教育网络管理平台。

2011年，与哈尔滨工业大学签订网络教育合作协议，设立哈尔滨工业大学网络教育南昌航空大学学习中心。

2012年7月，成功获批江西省唯一的公办学校国家级自学考试示范学习服务中心试点建设单位。

2013年3月1日，江西省自学考试委员会批复学校列为江西省自学考试本科（专升本）综合改革试点院校。

2014年9月，被江西省自学考试委员会授予江西省高等教育自学考试制度实施30周年先进主考学校（助学单位）称号。

2015年继教学院率先在全省高校中实行了"导师制"，聘请学校本科专业学院老师对学生进行一对一的实践及论文指导。

2016年3月，学校获批专科学制四年减为三年，为江西省首家获批学校。

2017年启动在线教育，实施线上线下混合式教学方式。

2018年10月25日，由中国成人教育协会颁发荣誉证书，获得全国2018年优秀成人继续教育院校（培训机构）称号。

2019年，成功申请高达专、专升本二个层次的学制异动，由三年学制缩短为二年半学制。

2020年，大力推进"培训＋学历"职业教育，通过与中职、高职合作办学融合发展，开办航空服务、无人机、智慧装备、人工智能、虚拟技术等专业方向，招生861人。

2021年学院学历继续教育得到了快速发展，校外教学中心进一步完善，学历继续教育招生计划数达10649人，增幅204.95%，再创历史新高且首次超万人。

2021年学院先后为中国工商银行江西分行、中国银行江西分行、江西现代职院等单位开展非学历教育培训超千人，且成功中标江西省烟草培训中心培训服务院校。

2022年7月，人社部以"人社厅函〔2022〕115号"《人力资源和社会保障部办公厅关于设立第十一批国家级专业技术人员继续教育基地有关事项的通知》，决定在南昌航空大学设立第十一批国家级专业技术人员继续教育基地。

2022年7月，成功获批江西省退役军人事务厅退役军人创新创业培训承训机构。

2023年，与萍乡开放大学的龚全珍师德教育学院签订合作协议，共同打造教师师德培训的平台。

2023年，人社部遴选确认了江西省第二批数字技术工程师培育项目培训机构入围名单并予以公示，南昌航空大学成功入选智能制造领域数字技术工程师培育项目培训机构。

2023年省内成人高考报名人数13227人，仅次于南昌大学和江西师大，最终省内外共录取了11342人，刷新了学校成人学历教育四十多年来新纪录。

2023年12月，学校制定《南昌航空大学继续教育高质量发展实施方案》，为未来几年的继续教育高质量发展谋篇布局，指明了方向。

2024年8月26日，学校党委以党字〔2024〕45号《中共南昌航空大学委员会关于部分学院设置调整的通知》发文，继续教育学院更名为职业与继续教育学院，不再保留继续教育学院。

附录一　南昌航空大学继续教育历史沿革表

名　称	时　间	文　号	文件内容摘录
夜大学人事处、培训科管理	1980.12.28	三教〔1980〕2220号	中华人民共和国第三机械工业部批复南昌航空工业学院举办夜大学，学校名称：南昌航空工业学院夜大学。（在人事处下设电大、夜大办公室。根据1981年10月16日（81）院办字第74号，"原人事处下设电大、夜大办公室划归教务处领导"。
夜大学处级建制	1986.1.13	院办字（1986）第4号	《关于增设部分机构的通知》，经研究决定：成立夜大学（处级建制）。
函授本、专科	1987.2.2	国家教委（57）教高三字001号	《关于批准普通高等学校举办函授教育、夜大学的通知》：现将我委第六次批准举办函授教育、夜大学的国务院有关部委、有关省、自治区、直辖市及计划单列市所属普通高等学校……南昌航空工业学院（函授本、专科）。请转告所属学校们，请转以下发给你们的名单印发给你们。
函授部夜大学办公室	1987.2.24	院教成字（1987）第022号	经学院研究决定，设立：学院函授部。函授部与夜大学两块牌子，一套班子。设立：夜大学办公室（科级建制）。
成人教育处　成人教育处办公室	1988.1.1	院人字（1988）第8号	《关于理顺成人教育管理机构的通知》：为适应我院成人教育事业的发展，理顺成人教育管理机构，经研究决定：成立成人教育处，原设置的夜大学，函授部办公室更名为成人教育处办公室（科级建制）。
成人高等教育学院	1994.1.29	院人字（94）第14号	经党委研究决定：撤销成人教育处，成立南昌航空工业学院成人高等教育学院。

续表

名称	时间	文号	文件内容摘录
成人高等教育学院直属党支部	2000.3.1	党发字[2000]第4号	经学院四届七十八次党委会讨论决定：撤销机关（二）党总支的成人教育学院支部，成立成人教育学院直属党支部。
成人高等教育学院党总支部	2003.9.24	党发[2003]第13号	经学院五届五十六次党委会研究决定：撤销成人教育学院直属党支部，组建成人高等教育学院党总支部。
自学考试办公室 继续教育培训部	2006.4.3	校人字[2006]66号	《关于成立自学考试办公等机构的通知》：根据成人教育事业发展需要，经学校五届九十七次党委会研究决定：同意成教学院成立自学考试办公室和继续教育培训部，科级建制；自学考试办公室与学院办公室合署办公，两块牌子，一套人马。继续教育培训部与教学部合署办公，两块牌子，一套人马。
成人高等教育学院自学考试办公室	2006.9.29	校人字[2006]174号	《关于独立设置成教学院自学考试办公室的通知》：根据成人教育事业发展需要，经学院五届一百零二次党委会研究决定：成教学院自学考试办公室与成教学院办公室分离，独立设置，科级建制。
继续教育学院	2007.3.21	校人字[2007]23号	经学院五届一百零七次党委会研究决定，成人高等教育学院更名为继续教育学院。

续表

名 称	时 间	文 号	文 件 内 容 摘 录
网络教育学院	2009.9.4	校人字〔2009〕94号	《关于成立网络教育学院的通知》：经2009年8月25日学校第一届第二十三次党委会研究决定：成立网络教育学院，与继续教育学院合署办公，两块牌子、一套人马。2012年3月22日"党政办发〔2012〕5号"《关于撤销培训学院和网络教育学院（筹）的通知》：经学校第一届第七十二次党委会研究决定：撤销与工程训练中心合署办公的培训学院；撤销与继续教育学院合署办公的网络教育学院（筹）；两个撤销机构的相关职能归口继续教育学院。
继续教育学院直属党支部	2021.8.2	党字〔2021〕22号	《中共南昌航空大学委员会关于调整部分二级党组织设置的通知》：成立中共南昌航空大学继续教育学院直属党支部委员会；撤销中共南昌航空大学继续教育学院总支部委员会。

附录二 南昌航空大学继续教育历任领导明细表

姓名	职务	发文时间	文号	备注
张桢	南昌航空工业学院副院长兼任夜大学校长	1981.7.2	（81）院办字第49号	副厅级。院党委第20次、27次会议研究决定
张功煊	南昌航空工业学院教务处处长兼任夜大学副校长	1981.7.2	（81）院办字第49号	正处级。院党委第20次、28次会议研究决定
吕全禄	南昌航空工业学院人事处副处长兼任夜大学副校长	1981.7.2	（81）院办字第49号	正处级。院党委第20次、29次会议研究决定
蔡德舆	南昌航空工业学院教务处处长兼任夜大学副校长	1984.2.24	（84）南航党字11号	正处级。党委会研究决定，《关于调整我院夜大学领导成员的通知》。至1986年10月15日
孔祥林	南昌航空工业学院副院长兼任夜大学校长	1985.9.10	（85）院干字第90号	副厅级
张功煊	南昌航空工业学院夜大学副校长	1986.1.13	院干字（1986）2号	正处级
甘登和	南昌航空工业学院夜大学副校长	1986.10.15	院干字（1986）第149号	正处级。列张功煊同志之后
张润生	南昌航空工业学院夜大学副校长	1988.4.2	院干字（1988）第63号	副处级。列甘登和同志之后

续表

姓名	职务	发文时间	文号	备注
甘登和	成人教育处处长	1991.10.4	院人字（1991）第196号	正处级
张润生	成人教育处副处长	1991.10.4	院人字（1991）第196号	副处级
罗志华	成人教育处处长兼夜大学校长	1992.7.14	院人字（1992）第169号	正处级
	成人高等教育学院院长	1994.2.22	院人字（94）第4号	正处级。至1997年12月19日
张润生	成人高等教育学院副院长	1994.2.22	院人任字（94）第4号	副处级。至1995年9月28日
郑长林	成人高等教育学院副院长	1995.9.7	院人任字（95）第14号	副处级
刘高航	南昌航空工业学院副院长兼任成人高等教育学院院长	1997.12.24	院人任〔1997〕第13号	副厅级。1997年12月19日党委会研究决定，兼任至1998年6月19日
刘九生	成人高等教育学院副院长	1997.12.24	院人任〔1997〕第13号	副处级。1997年12月19日党委会研究决定
	成人高等教育学院院长	1998.6.23	院人任字（1998）第76号	正处级。1998年6月19日党委会研究决定
敖冬元	成人高等教育学院院长（正处级岗位竞聘上岗）	2001.4.30	院人字〔2001〕57号	正处级。五届十七次党委会研究决定，至2004年7月7日

续表

姓名	职务	发文时间	文号	备注
吴朝栋	成人高等教育学院直属党支部书记	2000.3.2	党任字（2000）第1号	正处级。2000年3月1日党委会研究决定，至2002年5月31日
	兼任成人高等教育学院副院长	2000.3.2	院任字（2000）第27号	正处级。2000年3月1日党委会研究决定
	成人高等教育学院直属党支部书记	2002.6.3	党任字（2002）3号	正处级。五届三十五次党委会研究决定
	兼任成人高等教育学院副院长	2002.6.3	院任字（2002）87号	正处级。五届三十五次党委会研究决定
夏璇	成人高等教育学院党总支书记	2003.9.26	党任字（2003）5号	正处级。五届五十六次党委会研究决定
	成人高等教育学院院长	2004.7.8	院任字［2004］112号	正处级。五届六十次党委会研究决定
	继续教育学院院长	2007.5.10	校任字［2007］77号	正处级。至2007年8月30日
刘九生	成人高等教育学院党总支书记	2004.7.8	党任字［2004］2号	正处级。五届六十七次党委会研究决定
	兼任成人高等教育学院副院长	2004.7.8	院任字［2004］112号	正处级。五届六十七次党委会研究决定
	成人高等教育学院调研员	2005.10.26	校任字［2005］172号	正处级。五届八十次党委会研究决定
	继续教育学院调研员	2007.5.10	校任字［2007］77号	正处级
徐传新	成人高等教育学院副院长	2005.7.6	校任字［2005］128号	副处级。五届八十四次党委会研究决定

续表

姓名	职务	发文时间	文号	备注
	兼任成人高等教育学院党总支副书记	2006.5.15	党任字（2006）3号	副处级。五届九十八次党委会研究决定
	兼任继续教育学院党总支副书记	2007.4.29	党任字（2007）3号	副处级
	继续教育学院副院长	2007.5.10	校任字〔2007〕77号	副处级
	免去继续教育学院副院长	2013.7.23	校任字〔2013〕7号	2013年7月20日第二届第二十一次党委会研究决定
	免去继续教育学院党总支副书记	2013.7.23	党任字〔2013〕5号	2013年7月20日第二届第二十一次党委会研究决定
徐传新	继续教育学院副院长	2018.9.9	校任字〔2018〕8号	2018年6月21日第一届第一五五五次党委会研究决定
	免去继续教育学院副院长	2019.6.25	校任字〔2019〕7号	2019年6月14日第三届党委第十二次常委会研究决定
	党务校务督查工作组正处级督查员	2019.6.25	党任字〔2019〕7号	2019年6月14日第三届党委第十二次常委会研究决定。6月27日下午宣布，继续履行继续教育学院工作职责。2021年在督查办退休
	继续教育学院党支部书记	2007.6.21	党任字（2007）5号	正处级。2007年5月25日五届一百一十次党委会研究决定
钱振林	兼任继续教育学院副院长	2007.6.21	校任字〔2007〕146号	正处级
	兼任继续教育学院院长	2007.9.5	校任字〔2007〕194号	正处级。2007年8月30日第一届第三次党委会研究决定

续表

姓名	职务	发文时间	文号	备注
钱振林	免去继续教育学院院长	2013.7.23	校任字［2013］7号	2013年7月20日第二届第三十一次党委会研究决定
	免去继续教育学院党总支书记	2013.7.23	党任字［2013］5号	2013年7月20日第二届第三十一次党委会研究决定
谢友宝	继续教育学院副院长	2007.12.21	校任字［2007］306号	副处级。2007年12月7日第一届十一次党委会研究决定
	免去继续教育学院副院长	2013.7.23	校任字［2013］7号	2013年7月20日第二届第三十一次党委会研究决定
杨志明	继续教育学院（网络教育学院）党总支书记	2009.9.25	党任字［2009］5号	正处级 2009年9月11日第一届三十四次党委会研究决定
	继续教育学院党总支部书记	2013.7.23	党任字［2013］5号	2013年7月20日第二届第三十一次党委会研究决定
	免去继续教育学院（网络教育学院）党总支部书记	2016.10.19	党任字［2016］8号	2016年10月17日第二届第一二次党委会研究决定
雷荣兴	继续教育学院（网络教育学院）助理调研员	2009.11.11	校任字［2009］14号	副处级。2009年10月30日第一届三十五次党委会研究决定
冷福全	继续教育学院助理调研员	2011.11.24	校任字［2011］12号	副处级。第一届第七十次党委会研究决定。2013年10月退休

续表

姓名	职务	发文时间	文号	备注
郑初华	继续教育学院（网络教育学院）副院长	2012.1.5	校任字〔2012〕1号	副处级。第一届第七十一次党委会研究决定
卢再鸣	继续教育学院副院长	2013.7.23	校任字〔2013〕7号	2013年7月20日第二届第三十一次党委会研究决定
	继续教育学院院长	2013.7.23	校任字〔2013〕7号	2013年7月20日第二届第三十一次党委会研究决定
	免去继续教育学院院长	2016.5.30	校任字〔2016〕5号	2016年5月13日第二届第一〇四次党委会研究决定
乐军	继续教育学院副书记	2013.7.23	党任字〔2013〕5号	2013年7月20日第二届第三十一次党委会研究决定
	兼任继续教育学院副院长	2013.7.23	校任字〔2013〕7号	2013年7月20日第二届第三十一次党委会研究决定
	免去继续教育学院副书记	2014.4.28	党任字〔2014〕3号	2014年4月25日第二届第五十四次党委会研究决定
	免去继续教育学院副院长	2014.4.28	校任字〔2014〕6号	2014年4月25日第二届第五十四次党委会研究决定
程波	继续教育学院党总支书记	2016.10.19	党任字〔2016〕8号	2016年10月17日第二届第一一二次党委会研究决定
	免去继续教育学院党总支部书记	2018.1.5	党任字〔2018〕1号	2017年12月21日第二届第一四三次党委会研究决定

续表

姓名	职务	发文时间	文号	备注
上官飞	继续教育学院院长 党总支部书记	2018.5.18	党任字〔2018〕5号	2018年4月27日第二届第一五一次党委会研究决定
	继续教育学院直属党支部书记	2022.6.10	党任字〔2022〕8号	因学校部分机构名称变化，经2022年6月7日第三届党委第八十三次常委会研究决定，任继续教育学院直属党支部书记；免去继续教育学院党总支书记职务
	免去继续教育学院院长	2023.1.19	校任字〔2023〕1号	2022年12月9日第三届党委第九十八次常委会研究决定
	免去继续教育学院直属党支部书记	2023.1.19	党任字〔2023〕1号	2022年12月9日第三届党委第九十八次常委会研究决定
王浩兰	继续教育学院副院长	2022.2.20	校任字〔2022〕4号	2022年1月18日第三届党委第七十三次常委会研究决定
	继续教育学院院长	2023.1.19	校任字〔2023〕2号	2022年12月23日第三届党委第九十九次常委会研究决定，并免去其继续教育学院副院长职务
	继续教育学院直属党支部书记	2023.1.19	党任字〔2023〕2号	2022年12月23日第三届党委第九十九次常委会研究决定
	免去继续教育学院直属党支部书记	2023.10.16	党任字〔2023〕12号	2023年9月27日第三届党委第一百一十七次常委会研究决定

续表

姓名	职务	发文时间	文号	备注
郭代习	继续教育学院直属党支部书记	2023.10.16	党任字〔2023〕12 号	2023 年 9 月 27 日第三届党委第一百一十七次常委会研究决定

附录三　继续教育学院部分工作人员名单

1. 2023年12月以来在职工作人员名单：

吴竹溪　余东明　章　萌　赵维洪　黄丽艳　杜　为　陈　平　占雄娥

钟　娜　聂银娣　樊帕洛　朱家群　林　立　张　帆　魏　真　游志群

刘立非　杨　伟　余欣艳　叶欣雨　许　瑞　刘　丹

2. 2023年12月之前，在继续教育学院工作的部分人员名单：

罗次曾　邓仕林　肖方珍　宗升翔　龚达亮　肖朝梁　何国毅

姜　伟　牛　馨　周　宁　杨　柳　杨　云　黄竹生　段小珍

吴小平　陈莉娜　吕　萍　龚　军　龙玉繁　陈贵玉

主要参考资料

1. 习近平：《决胜全面建成小康社会，夺取新时代中国特色社会主义伟大胜利——在中国共产党第十九次全国代表大会上的报告》，人民出版社2017年10月版。

2. 习近平：《高举中国特色社会主义伟大旗帜，为全面建设社会主义现代化国家而团结奋斗——在中国共产党第二十次全国代表大会上的报告》，人民出版社2022年10月版。

3.《习近平著作选读》第一、二卷，人民出版社2023年4月版。

4.《习近平谈治国理政》第一卷，外文出版社2018年1月第2版。

5. 江泽民：《全面建设小康社会，开创中国特色社会主义事业新局面——在中国共产党第十六次全国代表大会上的报告》，人民出版社2002年11月版。

6. 南昌航空大学档案馆电子档案。

7.《南昌航空工业学院（南昌航空大学）年鉴（1998年—2021年）》，南昌航空工业学院办公室、南昌航空大学档案馆内部编印。

8.《峥嵘岁月》编写组编：《峥嵘岁月》，江西科学技术出版社2022年9月版。

9. 夏立先主编：《岁月情深：昌航六秩回眸》，南昌航空大学校庆办公室2012年10月内部编印。

10. 南昌航空工业学院院史编委会办公室编：《南昌航空工业学院院史（1952—1985）》，南昌航空工业学院院史编委会办公室1988年1月内部编印。

11. 孙一先主编：《南昌航空工业学院史》，航空工业出版社2002年9月版。

12.《南昌航空大学校史》编写组：《南昌航空大学校史：1952—2012》，航空工业出版社2012年10月版。

13.《南昌航空大学校史》编写组:《南昌航空大学校史:1952—2022 》,江西科学技术出版社2022年9月版。

14.《南昌航空工业学院成人高等教育:1997》,南昌航空工业学院成人高等学院1997年11月内部编印（赣新出内准字第60号）。

15. 齐高岱、赵世平主编:《成人教育大辞典》,石油大学出版社2000年9月版。

16. 董明传、毕诚、张世平:《成人教育史》,海南出版社2002年3月版。

17. 江西省教育考试志编委会编:《江西省教育考试志（1977—2010）》,江西高校出版社2015年12月版。

18. 李昕阳、李晓白、罗兆博主编:《现代继续教育研究》,吉林人民出版社2020年6月版。

19. 张建飞、邢国平主编:《现代继续教育导论》,吉林科学技术出版社2006年3月版。

20. 黄继晏主编:《拼搏·创新·和谐:江西省自学考试理论与实践》,江西高校出版社2008年10月版。

21. 何东昌主编:《中华人民共和国重要教育文献》,海南出版社1998年9月版。

22. 中南军政委员会教育部编:《高等教育文件及参考资料》,中南军政委员会教育部1950年9月编印。

23. 辽宁省高等教育局、沈阳师范学院教育科研所合编:《高等教育文件选编（1977.11—1982.6）》,辽宁省高等教育局1982年12月编印。

24. 中共辽宁省委宣传部编写:《十三大报告学习对话》,辽宁人民出版社1987年11月版。

25. 北京师大高等学校干部进修班编:《中国高等教育文献法令选编》,北京师大高等学校干部进修班1982年10月编印。

26. 臧永昌编著:《中国职工教育史稿（1915—1983）》,辽宁人民出版社1985年12月版。

27. 舒新城:《中国近代教育史资料》上册,人民教育出版社1961年10月版。

28. 交通部教育司交通普通高校成人教育协作组编:《高等学校成人教育文件选编》,大连海运学院出版社1994年3月版。

29. 包华影:《高校继续教育变革与发展》,高等教育出版社2019年12月版。

30. 杨润勇:《国家中长期教育改革和发展规划纲要(2010—2020年)学习读本》,吉林大学出版社2010年8月版。

31. 郭代习:《大学特质文化的传承和创新:南昌航空大学的实践探索》,九州出版社2022年11月版。

32. 沈国英、罗黎明主编:《奋飞》,航空工业出版社2002年9月版。